Georg August Bachmann

Betrachtungen über die damaligen Verhältnisse im Elsaß

Von einem Pfälzischen Patrioten

Georg August Bachmann

Betrachtungen über die damaligen Verhältnisse im Elsaß
Von einem Pfälzischen Patrioten

ISBN/EAN: 9783743603004

Hergestellt in Europa, USA, Kanada, Australien, Japan

Cover: Foto ©ninafisch / pixelio.de

Weitere Bücher finden Sie auf **www.hansebooks.com**

Betrachtungen

über

die dermalige Verhältnisse

im Elsaß,

insbesondere

in Rücksicht auf die

Pfalz-Zweybrükische Besitzungen

unter Königlich

Französischer Hoheit.

Von

einem Pfälzischen Patrioten.

Frankfurt im Jahr 1791.

Vorrede.

Bey der Ungewißheit, welche Wendung endlich noch die neue Konstitution der Französischen Nazion nehmen, und auf welchen Weg die, unter Königlich-Französischer Hoheit, begüterte Teutsche Reichsstände für ihre, durch die einstweilige Exekuzion der Nazional-Versammlungs-Schlüsse, erleidende enorme Schäden und Benachtheiligungen, auf einen bleibenden Fuß entschädigt werden

Vorrede.

könnten, hatte ich einstweilen, so viel mir die Umstände gestatteten, gegenwärtige Betrachtungen niedergeschrieben, und in denenselben diejenige Thatsachen und Gründe in einer natürlichen Folge aufgesammelt, die, heut oder morgen, bey irgend einem Arrangement, zu dem es doch absolute einmal noch kommen muß, Entscheidungs=Quellen seyn dörften.

Meine Absicht war aber ganz und gar nicht, solche Arbeit dem Druck zu übergeben: dann sonst würde sie vielleicht anderst ausgefallen seyn: — vielmehr war sie lebiglich zum privat Gebrauch bestimmt.

Da aber nunmehr selbst aus denen Procès verbaux der Volksversammlung zu ersehen gewesen, daß einer ihrer Mit-

Vorrede.

glieder, Herr Vicomte de Noailles, den Antrag gethan habe, das französische Ministerium zu befehligen, daß durch Memoires und andere Ausführungen alle zu Entschädigung und Befriedigung derer leidenden Teutschen Reichsständen dienende Quellen gesammelt, geprüft, und so ein System aufgestellt werden solle, das demnächst zur Basis einer gütlichen Vergleichung dienen könne; So glaubte ich, meines geringsten Dafürhaltens, dem französischen Theil noch eine Gefälligkeit erzeigen zu können, wenn ich ihm durch Herausgabe meiner Privat-Arbeit, wie sie da lag, einen Fingerzeig geben dörfte, auf welche Hauptgründe sein Gebäude aufgeführt werden müßte, wenn etwas Ganzes gemacht werden wolle.

Vorrede.

Uebrigens hoffe ich, wird mir, als Pfälzischem Eingebohrnen, zu gut gehalten werden, wenn ich den Faden meines, auf Geschichte und Friedensschlüsse befestigten Vortrags hauptsächlich um das Pfälzische Interesse gewunden habe. Geschrieben im Monat Sept. 1791.

Einleitung.

§. 1.

Es enthielten vor kurzem einige öffentliche Blätter die Anzeige, (1) daß „unter „der Hand bey der Reichsversammlung auch „einige Ausgleichungs- und Tauschvorschläge „bekannt gemacht worden seyen, welche die „Comite der Nationalversammlung in Paris „zu Hebung der Beschwerden der Teutschen „Reichsstände entworffen habe."

Unter andern soll dann auch „das „Pfalz-Zweybrückische Haus durch „Einschränkung der Französischen Ter- „ritorial-Hoheit von der Queich bis „an den Fluß Lauter befriediget, und an „seinen eigenen Gränzen arrondirt werden."

Diß wäre dann, in Ansehung des Zwey- brückischen Hauses, das Resultat von denen, in der Notorietät beruhenden Vergütungen,

---

(1) s. auch die Ministerial-Zeitung im XXIII. Stück vom 22. Merz 1791. unter dem Artikul Reichs- tag.

(2) welche die Französische Nazionalversammlung, durch einen eigends ausgeschickten Geschäfftsträger allen, unter französischer Hoheit possessionirten teutschen Reichsständen für alles dasjenige wollte anbieten lassen, was diese, durch Exekution der Nazionalversammlungs-Dekrete, an geist- und weltlichen Hohen Gerechtsamen, Rechten, Renten und Gefällen, gegen den Innhalt der heiligsten Friedensschlüsse und Verträge, bereits verlohren haben, oder noch weiter etwa verliehren dörfften.

§. 2.

Durch diese Zeitungs-Anzeigen wird indessen der Leser von eben diesen Friedenschlüssen und Verträgen, aus welchen allein eigentlich eine allenfalls mögliche Vergütung geschöpft werden müßte, ab- und auf den Punkt der durch die Franzosen bisher strittig erhaltenen Gränzen des Untern-Elsasses, (oder des ehemaligen grosen Nordgaues) gegen den

---

(2) s. die sehr angenehm und meistens gründlich geschriebene Brochüre: der Deckel vom Hafen oder das Elsassische Volksbüchlein §. 39. 40. u. s. Strasburg 1790.

Speyergau oder das alte Rheinische Franzien überhaupt, hingeleitet, und man sollte wohl fühlen dörfen, wie sich mancher wünschen mögte, über den Punkt der Gränzen des Elsasses überhaupt, als insbesondere auch darüber, warum wohl gerade die Lauter zur nördlichen Gränze des Elsasses vorgeschlagen werden mögen, einigermasen unterrichtet zu seyn: man darf auch an der Bedenklichkeit nicht zweifeln, die jeder, bey Lesung jener Stellen sich wohl bilden müßte, wie nemlich Frankreich seine Territorial-Hoheit zwischen der Queich und Lauter zurück-biß zu diesem Fluß einschränken könne, da doch so vieles teutsche Reichsland dazwischenliege, das bisher das französische Scepter noch nicht habe küssen müssen.

§. 3.

Wer sich der Mühe unterziehen will, jenen Unterricht zu geben; diese Bedenklichkeiten zu heben; der wird ganz unvermerkt auf ein Feld geführet, auf welchem schon manche Lanzen gebrochen worden sind; er wird sich bey dem Punkt der Gränzen nicht allein verweilen dörfen, sondern er wird weiter gehen müssen.

§. 4.

Wenn man in die ältere und mittlere Geschiche zurückblikt, so wird man finden, daß die abendländischen Franken jede Gelegenheit gerne ergriffen haben, ihre bey jeweiligen Vorfallenheiten geäusserte Behauptungen, daß ihre Gränzen bis an den Rhein vorragten, zu realisiren. Man darf sich z. B. nur erinnern, daß Frankreich, von Kayser Friederich III. gegen die Schweizer zu Hülfe gerufen, (3) nicht als Freund agirte, (4) und schon dazumalen einen redenden Beweiß von der Wahrheit dargelegt habe, daß ihme der Besiz des schönen Elsasses unwiderstehlich entgegenlächele, (5) auch als der sicherste Weg geschienen haben müsse, jene Ausdehnung seines

---

(3) Pütters vollst. Handbuch der teutschen Reichs-Historie Seite 427. III.
(4) nach Kremers Gesch. Friedrichs I. Churfürsten von der Pfalz B. I. II. not. 5. S. 5. marteten die Franzosen nicht einmal auf ihre Herbeirufung.
(5) Pütter a. a. O. Kremer a. a. O. und der in der not. 2. alleg. Lehmann in s. Speyer. Chronik Buch VII. K. 99.

Reichs-Gränzen bis an den Rhein von einer Zeit zur andern, nach Umständen und schicklichen Gelegenheiten ins Werk zu richten. (6)

Dieser Plan scheint auch in dem französischen Kabinet zu einem Ministerial Glaubens-Artickel beståttigt geblieben zu seyn, den endlich näher zu vollführen, nur dem feinen und klugen Kopf eines Richelieu vorbehalten seyn mogte, als er, anfänglich von dem zum Vortheil Frankreichs ausgeschlagenen (1630) Mantuanischen Succeßions-Streit mit Oesterreich, Gelegenheit geliehen, vor allen Dingen Frankreich in wehrhaften Stand zu setzen, und dann erst, als bloser Zuschauer, den jungen, muthigen, ohnediß von Oesterreich beleidigten, immer aber gerade gesinnten König der Schweden, Gustaph Adolf, unter Anbietung eines sehr auf Schrauben gesetzten, im Grund verstellten, aber darum von dem König eben sobald ausgeschlagenen, als von Richelieu wieder zurückgenommenen Bündnisses, in Teutschlands blutige Kriege zu locken suchte; gleichwohl dagegen wieder, um den, nach Wunsch

---

(6) *Struv.* Corp. Hist. Germ. Per. X. II. §. 10. p. 726. not. 49. §. II. pag. 727.

angelandeten König im Feuer zu erhalten, mit demselben einen blosen Subsidien Traktat abschloß, und dabey nur auf des Königs Waffens Glück oder etwaiges Unglück lauerte, um, in ersterm Fall, seinen Antheil am Gewinnst planmäsig zu fordern, oder, in letzterm Fall, den Schwed in die Nothwendigkeit zu setzen, nun, umgewendet, das anfänglich ausgeschlagene Bündniß selbst zu suchen, und dabey Frankreich den Vortheil zu lassen, die Konditionen nach eigener Konvenienz zu fixiren: Dann es glückte in der That der Crone Frankreich, daß sie, nach der Schwedischen Niederlage bey Nördlingen 27. Aug. 1634. nur unter dieser Bedingniß in ein, an sie gesuchtes, Bündniß mit Schweden tratt, wenn ihr Philippsburg und Elsaß eingeräumt werden würde, welches auch die Schweden eingiengen. — Und wenn auch gleich Frankreich durch den Münsterischen Friedensschluß, unter dem Artickel der verlangten Satisfaktion, seine Absichten noch nicht völlig erreichen konnte, sondern mit eingeschränkten Gerechtsamen im Elsaß vorlieb nehmen mußte; so hat es gleichwohl seinen einmal stabilirten Plan sowenig aus den Augen verlohren, daß es vielmehr nach wie vor fortgefahren, solchen auf jeden dienlich befundenen Weg immer weiter zu treiben, und endlich seinen, im Elsaß ihm eingeräumten Fuß, unter dem eiteln Vorwand, da Landau zu den 10. Elsaßischen Reichsstädten gezählt würde, durch den Westphälischen Frieden aber an Frankreich cedirt worden wäre, (Art. XI. 73) solche Stadt also auch im Elsaß liegen müsse, mit grosen Schritten, ja wohl Sprüngen, bis an die Queich hervorzurücken.

Man wird schwerlich eine öffentlich bekannte Nachricht ausfindig machen können, daß vor dem Nimwegener Frieden 1679. die Frage von der eigentlichen Gränze des Untern-Elsasses gegen Norden, ventilirt worden seye. Aber eben die in dem folgenden Jahr 1680. von Frankreich, gegen alle Gesetzlichkeit angesetzte Unions- und Reunions-Kammern, und die von denselben erlassene Schlüsse und deren Exekuzion waren desto ergiebiger an Stoff zu nachheriger näherer Bestimmung dieser Gränzen.

§. 5.

Wie wenig gewiß man aber dazumalen

von Seiten Frankreichs selbst in der Bestimmtheit der nördlichen Gränzen des Elsaßes gewesen, kan man aus folgenden Umständen leicht ermessen.

Erstlich wußten die Herren Franzosen selbst nicht einmal, was vor Lande dann eigentlich zum Elsaß gehören; sie widersprachen sich darüber vor den Augen der Welt.

Die von altersher angelegte, in neuern Zeiten auch glücklich genug ausgeführte Absicht der Vergröserung war einmal Regel. — — Zu ihrer Ausführung sollten nun die 3. angesetzte Conseils und Kammern zu Breysach, Metz und Byfanz gemeinschaftlich operiren. Natürlicher Dingen sollte man erwarten dörfen, daß sie auch nach gemeinschaftlichen Grundsätzen gehandelt, und darum keine in den Wirkungs-Kreiß der andern eingegriffen haben werde? Keinesweges aber!

Die Kammer zu Metz (*) sprach das Herzogthum Zweybrücken mit allen An- und Zugehörungen darum an, weil sie einen Lehen-Revers (**) eines alten Grafen von Zwey-

---

(*) Beyl. Lit. A.
(**) Lit. B.

brücken, aus der Helfte des 13ten Jahrhunderts gefunden haben wollte, worinnen derselbe sich homme lige (hominem ligium) eines Bischoffen von Metz nannte (7). Unter diesem angeblich Metzischen lehenbaren Herzogthum [le Duché de Deuxponts] waren also auch die Aemter Bergzabern, Neukastel, Cleeburg, Annweiler u. a. m. so zwischen der Selz, Sur und Lauter und zwischen der Lauter und der Queich liegen, begriffen.

Gerade diese Aemter und noch andere Pfalzgräflich und Herzogliche Lande, so zwischen der Selz und Queich liegen, nahm aber auch zu gleicher Zeit der hohe Rath zu Breisach in gehuldigten Besitz. Da mußten dann, wie man bekanntlich weiß, (*) die entgegen gestellte Behauptungen, theils, „ daß die Gräne „ ze des Elsasses, wie solches an Frankreich,

---

(7) Der Gegenstand dieses Lehens-Verbands waren einige unbeträchtliche Güter, die gar nicht im Herzogthum liegen, noch weniger dem letztern Besitzer der Graffschaft Zweybrücken gehörten, folglich auch von ihm an den Kurfürst von der Pfalz, Ruprecht, im Jahr 1385. ganz nicht verkaufft werden konnten. s. Pf. Zweybr. St. R. §. 6.
(*) Lit. D.

„friedensschlußmäsig, abgetretten worden seye," bis an die Queich ziehe, theils, daß, „die Jurisdiktion des Weisenburger Mundats (*) sich „ebenfalls so weit erstrecke," mit unter den Hauptentscheidungs- Gründen zu diesen Breisachischen Reunionen dienen. Das Elend, welches sich durch diese Prozeduren zweyer entgegengesetzter Kammern schon im ersten Jahr über Unterthan und Landesherrn verbreitete, war, wie noch, unbeschreiblich; letzterm kostete es sein Land, seine Subsistenz, sein theures Leben. Herzog Friderich Ludwig, der Unglücklichste, starb den 1. April 1681, in der kläglichsten Armuth. Sein fideikommissarischer Nachfolger war König Carl XI. in Schweden. Seine Abwesenheit; besonders aber die Gefahr, daß die Kammer von Metz über sein verarmtes Herzogthum, als anmaßlich heimgefallenes Lehen, anderwärts disponiren könnte, und so das Land in fremde Hände brächte, bewog Herrn Pfalzgrafen und Herzogen Christian II. von Birkenfeld, ins Mittel zu tretten, die Metzische Lehenbarkeit, bis zu ausgemachter Sache,

―――――――――――――――

(*) Lit. C.

Sache, anzuerkennen, und mit Vorbehalt der Königlich Schwedischen Rechte, Besitz von dem Herzogthum, in eigener Person, zu nehmen. In dem von der Chambre de Metz darüber ausgefertigten, gedruckten, Arrêt vom 30. April 1681. (*) werden ausdrücklich die oben bemerkte Lande, als Bestandtheile des Herzogthums, aufgeführt, und als Herzog Christian zu Bergzabern, am 25. May, die Huldigung eingenommen, deklarirte (**) der dabey gegenwärtig gewesene Bischöffliche Kommissar, Sr. Simon, nicht nur mündlich, daß die Besitzergreifung des Conseils zu Breysach, so kaum ein Jahr vorher, aus obangeführten Ursachen, geschehen war, ungebührlich und null seye, sondern er protestirte auch dagegen weiters durch öffentliche Anschlagung eines Patents, worauf dato noch eine Erklärung des Raths zu Breysach nicht angegeben werden kann.

Fürs andere, hat der französische Intendant des Elsasses, Mr. de la Houssaye (†) in seinem Mémoire, das er Anno 1713. dem

---

(*) Lit. E.
(**) Lit. F.
(†) *Crollius* d. Anvilla p. 35. in not.

Canzlar des Königs, Voysin, zu Behuf der Instruktion der Gesandten bey den Utrechter ꝛc. Friedens-Unterhandlungen überreichte, selbst ganz deutlich angeführt, wie er der Konvenienz der Krone völlig angemessen halte, wenn die Gränze des Untern-Elsasses nur bis zur Lauter fixiret werden könnte (*). Diese, eines

---

(*) Dieser de la Houssayeische officielle Antrag hat auch wirklich bey des Königs in Frankreich Majestät Wurzel gefaßt, dann der Anno 1726. f. als Königlicher Gesandter am Wiener Hof gestandene Maréchal Duc de Richelieu hatte den geheimen Plan mitgetheilt bekommen, daß der König am Ende doch nicht auf der Queich beharren, sondern sich mit der Lauter begnügen wolle. f. darüber die merkwürdige Stelle in den *Mémoires du Maréchal Duc de Richelieu. Paris 1790. Tom. IV. seconde Partie, Chapitre LVIII. p. 105. sq.* Weil diß neue Werk noch nicht überall bekannt seyn dörfte, so rücke ich hier die eigene Worte des Verfassers ein:
„Le Roy n'ignoroit pas non plus combien il étoit délicat relativement à l'Empire de traiter cette question sur le fondement des Traités de Westphalie parce qu'il contient plusieurs questions embarassantes sur lesquelles le Roi ne pouvoit pas céder sans préjudicier à ses droits & qu'il étoit impossible, pour ainsi dire, de soutenir en discussion reglée, sans alarmer plusieurs Princes de l'Empire. C'est aussi par cette raison que, d'un côté, le Roi n'avoit jamais crû, qu'il convint à ses intérêts que cette question fût examinée par des

§. 6.

Es wird also keinem Privatmann und Geschichtliebhaber verarget werden können, wenn er bey diesen eigenen französischen Ungewißheiten, die sich zudeme noch mehr auf Konvenienz, (9.) als Recht, (10.) gründen mögten, dem Verhalt der Dinge näher auf den Grund zu gehen wünschen oder sich gar anschicken wollte. Selbst die viele in neuern Zeiten von französischen Dienern und Scribenten, theils in Druck, theils in Manuscripten herausgegebene Abhandlungen und Memoires über diesen Gegenstand, unter welchen sich die Klinglinische und Sponische auszeichnen,

---

(9) wie aus der Houssayeischen Aeusserung zu lernen ist. §. 5. oben.

(10) es wäre dann, daß französischen Theils eingesehen werden wollen, wie es ohnmöglich die Gesinnung des teutschen Reichs, ohne einen Widerspruch zu begehen, habe seyn können, in dem Ryswikischen Frieden dasjenige, was die Herren Franzosen unter dem Titel der Union und Reunionen gethan hatten, d. i. die Extension der nördlichen Gränze des Elsasses bis an die Queich, mit der einen Hand zu cassiren und annulliren, und gleichwohl wieder mit der andern Hand unter dem Titel der totalen Cession des Elsasses denen Herren Franzosen in salvo zu lassen.

und auf denen die neueste, oft wörtlich, beruhen, scheinen die teutsche Gränznachbaren zu berechtigen, ein gleiches von ihrer Seite zu thun, und unverfänglich ihre privat Meinungen zu äussern. Es scheinet vielmehr solches so nützlich als gewissermassen nothwendig zu seyn, wenn anderst noch ein friedenschlußmäsiger Gränz-Congreß einmal auf irgend eine Art zu Stand kommen sollte, und der Gegenstand dieses lang erwarteten Geschäfts durch Produkte von beyden Seiten, in einigem Betracht zu Unterstüzung der beydertheiligen Herren Kommissarien, ins Klare gesezt werden müßte.

§. 7.

Die Anno 1783. von dem jüngern Herrn von Pfeffel, übrigens sehr männlich und überaus gelehrt verabfaßte Inaugural-Dissertazion de limite Galliae — scheinet auch zu diesem Ende geschrieben zu seyn. (11.)

---

(11) Es sind in derselbigen die neueste französische Grundsäze sehr glücklich dargestellt. Meinem geringsten Erachten nach wird freylich bey einigen derselben noch mancher Zweifel zurückbleiben, unter denen wohl voranstehen dörfte, daß das aufgestellte Gränz-System §. 50. auf der un=

§. 8.

Ich gestehe gerne ein, daß dieser Gegenstand, ich meyne die Berichtigung der nördlichen Gränzen des Elsasses, welcher sich bißher zu Gelehrten-Streitigkeiten gebrauchen lassen muste, mich sehr interessire. Ich habe bey demselbigen nur immer die Bemerkung gemacht, daß ein Theil dieser Gelehrten seine Meinung nur mit Urkunden und Auctoritäten, der andere Theil aber die Seinige noch mit einer formidablen Kriegsmacht dazu, vertheidigen können. Auf wessen Seite also bisher das Recht verblieben, wird nicht schwer zu errathen seyn. Ist es mir erlaubt, meine geringe Meinung zu äussern, so scheinet mir die Bestimmung der Frage nicht müßig zu seyn, sondern gar vieles auf sich zu haben. Dann nur aus derselben kan man, meiner Einsicht nach, erlernen, ob der Grund, auf welchem grosentheils die Reunionsschlüsse ruhen sollten, fest liege, oder

---

richtigen Frankfurter Ausgabe der Lehmännischen Speyerischen Chronik beruhe; (man vergleiche gegen das allegat §. 50. not. 83. Die ächte Edizion de 1662. p. m. 763. u. s. w. auch *Crollium* in Orat. d. Anvilla.

wanke? ferner: was in Gemäsheit des Ryßwickischen Friedensschlusses Art IV, als extra Alsatiam situm, von Frankreich habe restituirt werden sollen; und dann auch: auf was
vor Lande Frankreich einigen vermeintlichen
Anspruch noch machen, und ob es wirklich,
heut oder morgen, bei einem allenfallsigen
allgemeinen oder besondern Gränz-Regulatif-
Kongreß dergleichen Ansprüche in die Bilanz
werfen dörfe, (12) u. s. w.

§. 9.

Ich weiß gar wohl, daß S.H Pfalz-Zweybrücken seit dem Ryßwicker Frieden über die
Frage: ob seine ihm durch den IV. und IX. Art.
ad normam pacis Westphalicae von Frankreich
zu restituirende Herzogthums Lande inn oder
ausser dem Elsaß belegen seyen, ganz wegsezen
konnte, und würklich auch weggesezt habe: denn

---

(12) Ein dergleichen Anspruch würde z. B. die angezeigte Einschränkung der französischen Suprematie über die Pfälzische Lande zwischen der
Queich und Lauter erst noch legalisiren müssen,
dann bis dato weiß man nicht anderst, als daß
diese Lande teutsches Reichsland sind, und wohl
immerhin bleiben werden.

einmal sollte ihm nach dem IX. Art. dieses Friedens Ducatus avitus Bipontinus *liber* & *integer* cum appertinentiis & dependentiis &c. restituirt werden, und dann, wenn auch, nach dem Französischen System, der Inhalt des IV. Artikels dem IX. Art. eine Gränze sezen dörfte; so konnte doch solches um so weniger auf Zweybrücken seine Anwendung finden, da in der von dem Französischen Minister übergebenen liste der Restituendorum vom ½₁ Aug. 1697. (13.), gleich am Anfang, die Stadt und das Herzogthum Zweybrücken avec les appartenances & dependances *reunis à l'Evesché de Metz* par arrêt de 1680. voranstehet, folglich die Frage, ob solche Appertinenzien und Dependenzien unter des IV. Art. Stelle: „ *extra* Alsatiam sita " begriffen seyen, ganz überflüßig geblieben, da sie vielmehr unter dem dürren Buchstaben der weitern Stelle dieses Art. IV: „ aut Indice Reunionum a legatione *Gallica* „ exhibito expressa sunt" (14) klärlich enthal-

---

(13) Actes & Mémoires des Negot. de la Paix de Ryswick Tom. II. p. 381.
(14) Neueste Samml. der R. A. Tom. II. Th. IV. S. 165.

ten sind: es mußte diese Frage um so weniger einem Zweifel unterworfen bleiben, da ja in frischem Andenken war, was sich die Chambre de Metz zu reuniren herausgenommen hat, und man alle Augenblicke den Kommentarium zu ihrem arrêt d. 1680. in ihrem weitern arrêt vom 30. April 1681. — (s. oben §. 5.) finden konnte, in welchem ganz deutlich das Amt Bergzabern, Neukastel, Cleeburg, Annweiler u. a. benahmst sind, und weßfalls auch der Bischöfliche Kommissär bey der von H. Christian eingenommenen Huldigung öffentlich durch ein angeschlagenes ⹀ sicherlich nicht unbekannt gebliebenes Patent protestirt hat, daß diese Orte, (und andere, so jenseits der Queich liegen) nicht unter den Ressort des Conseil zu Breysach gehöreten, und dessen Elsassische Reunion derselben darum auch ungebührlich und nichtig seye. Welchemnach also obige Lande ganz ausser dem Verband mit Elsaß bleiben mußten, da sie, friedensschlußmäsig, als Metzische reunita, nach Maasgab der liste der restituendorum, ohne weiteres, frank, frey und integer wieder in den Besitz des rechtmäsigen Landesherren herausgegeben werden mußten und sollten.

§. 10.

Und gleichwohl wäre es, halte ich dafür, von unendlichem Nutzen gewesen, wenn damals die nördlichen Gränzen des Untern-Elsasses fixirt geworden, und dem französischen Theil sein Echappatoire, das auf einer offenbaren petitione principii beruhet, und jeder willkürlichen - durch Gewalt unterstützten Auslegung unterworffen geblieben ist, genommen worden wäre, ich meyne den Ausdruck des IV. art. P. Ryſw. „ quæ *extra* Alsatiam sita. „ Hanau-Lichtenberg war wegen seiner, theils unwidersprechlich im Elſaß — theils auſſer demſelben belegenen anſehnlichen Landen, in dem nemlichen Fall, wie Pfalz-Zweybrücken. Es sollte, ohne Rückſicht auf den situm terrarum suarum, plenarie restituirt werden: der Art. XV. IV. und die Liste vom $\frac{11}{21}$ Aug. 1697. sprechen hier das Wort. Es saget es auch der Intendant de la Houssaye in seinem oben §. 5. bereits angezeigten Mémoire vom 27. Mart. 1713. umständlich, daß, wenn der Herr Graf von Hanau-Lichtenberg von dem Gang der Ryßwicker Friedenshandlungen und dem trockenen Buchſtaben des Friedensſchluſſes ſelbſt, den rechten Gebrauch hätte machen, und nicht den, dem König angenehmen Schritt (la demarche agréable au Roi) thun und freiwillig die französische Hoheit über seine restituenda durch Annehmung Königlicher Lettres-Patentes anerkennen wollen, er nicht absehen könne, wie dem Herrn Grafen die plenare Restitution seiner sämtlichen Aemter innerhalb dem Elsaß habe versagt werden können.

Ich glaube, man müsse bey diesem Hanauischen Vorgang fühlen, daß Frankreich hinter den Ausdruck des IV. Art. P. R. *extra Alsatiam*, gleichwohl das ganze System seiner angemaßten aber cassirten Ausdehnung der nördlichen Gränzen des Elsasses bis an die Queich nach wie vor, versteckt zu erhalten, trachtete, und man kan sich auch daher ganz einfach erkldren, daß es in nachherigen Zeiten seine Anmaßungen über die Pfalz-Zweybrückische Aemter Elee, und Catharinenburg, Bergzabern, Neukastel, Wegelnburg, Falkenburg, Annweiler und alle übrige Pfälzische Lande innerhalb der Selz und der Queich, aus der irrigen Unterstellung von neuem hervorsuchte, weil solche nicht namentlich und specifice in der liste vom

$\frac{17}{27}$ Aug. 1697. stünden, und die französische Ministers, auf die Kaiserliche Liste der restituendorum, sich in der weitern Deklaration vom $\frac{18}{28}$ Aug. 1698. (15) ausdrücklich solche Lande reservirt hätten, ,, welche von der Provinz Elsaß seyen ", und derentwegen sie erklärt hätten, ,, daß solche Lande unter der Souveränete des Königs bleiben müßten. "

§. 11.

Wäre der Punkt der eigentlichen Gränzen, als das Relatum, bey diesem Frieden, als dem Referens, oder auch bey nachherigen Friedensschlüssen, bey welchen er zwar angeregt, aber ohnentschieden belassen worden, ein vor allemal fixirt worden; so würden, meines geringen Ermessens, weder die Häusser Pfalz, noch andere Teutsche, innerhalb der Queich, Lauter und Selzbach, possessionirte Stände, von einer Zeit zur andern, in der Gefahr geblieben seyn, ohnkräftig und ohne teutsche Un-

---

(15) Act. & Mémoir. de la Paix d. R. T. II. p. 402. wobey zu merken, daß die irrige Jahrzahl 1698. zu corrigiren und 1697. zu setzen seyn dörffte.

terstützung, zusehen zu müssen, wie ihnen ab
seiten Frankreichs der gesetzliche Innhalt der,
für sie sprechenden Artickel des Nyßwicker
Friedensschlusses wirklich vereitelt worden,
oder, wenigstens mit unsicherm Erfolg, ver
eitelt werden wollen; sie würden sich nicht
so oft, unter den drohenden zweyen Uebeln,
entweder zermalmet zu werden, oder doch
wenigstens mit grosem Verlust das fran
zösische Scepter küssen zu müssen, das
kleinere Uebel zu wählen, bewogen gesehen, und,
gegen Aufopferung derer mit der französischen
Hoheit incompatiblen landesherrlicher Gerecht
samen, Königliche Lettres Patentes über den
sichern Genuß ihrer übrigen Rechten, hart ge
nug, angenommen, (16.) und solchergestalt dem
allgemeinen Ruhestand ein unvergeßliches
Opfer gebracht haben. Alle diese spätere Er
eignisse würden nie geschehen seyn, wenn Frank
reich nicht immer Zeit gelassen worden wäre,
unter dem wahrhaftig sehr wächsernen passu
des IV. Art. P. R. seinen Erweiterungsplan,

---

(16) Darmstädtisches = Promemoria §. IX. p. 11.
(1790.)

obschon seine vorher dazu gebrauchte Kriegs-
gewalt einen Pfahl gesteckt bekam, dennoch
durch irrige Syllogismen, freylich mit der
Hand am Schwerdt, durchzusetzen.

§. 12.

Wenn ich mir, besonders auf geneigte Er-
munterung eines meiner würdigsten Freunden,
Herrn Rath und Prof. Chr. G. G. zu T.
vorgenommen habe, nach meinen noch schwa-
chen Einsichten, in gegenwärtigen Betrachtungen über die dermalige Verhältenisse im
Elsaß, besonders in Rücksicht der Pfalz-
Zweybrückischen Besitzungen unter französischer Hoheit, dasjenige niederzuschreiben,
wodurch etwa obige §. 2. bemerkte Umstände
in ein näheres licht gesetzt werden können, so
glaube ich, mir schuldig gewesen zu seyn, diese
Einleitung vorangehen zu lassen. Aus derselben scheint sich mein Plan in den ersten Wegen
zu rechtfertigen, warum ich in der

ersten Betrachtung den Punkt der Gränzen vor allen andern, und zwar ganz nakt, vor-
ausschicken mögte. Es deuchte mich, daß er,
wegen seiner engsten Verwebung mit den Frie-

bensschlüssen selbsten, in jetzigen Zeiten, um so mehr mitwirkenden Aufschluß geben müsse, als er ja lange genug die Stelle derselben einnahm... Da ich aber weit entfernt bin, eine Streitschrift zu fertigen, und das vor und gegen sorgfältig zu sammeln, welches nicht allein nichts zum Zweck beytrüge, sondern vielmehr davon abführte, so begnügte ich mich auch damit, nur die Hauptbeweißthümer zu Festsetzung der nördlichen Gränze des Elsasses auszuheben und aufzustellen.

Die zweyte Betrachtung kan zwar als eine Fortsetzung der erstern angesehen werden; Sie gehet aber schon näher und zeigt, daß die successive Assoziation und Inkorporation der beyden Speyergau-Städten Weisenburg und Landau zu den Elsaßischen Landvogtey-Städten keine Veränderung der originellen Gränzen erzeugt habe.

Die dritte Betrachtung lehret, daß die Ausdehnung des Landgraviats Elsasses nie über die Selzbach gereichet habe; die Präfektur Hagenau aber wohl weiter gehen konnte, von letzterer ihrem simpeln Gerichtssprengel hingegen,

weder

weder ein Schluß auf das Landgraviat, qua Territorium, noch eine Jdentificirung gelte.

Die vierte Betrachtung legt kürzlich die Lande vor Augen, welche die Pfälzische Häuser zur Zeit des Ausbruchs des 30jährigen Kriegs bis zum Westphälischen Frieden, und nach ihm bis zu den Reunionen (Mon. Dec. 1679. 1680. ff.) diß= und jenseits der Selzbach besessen; ferner gibt sie zu erkennen, wie diese Lande an das Hauß Pfalz gebracht, und welcherley hohe Gerechtsame darüber ausgeübt worden.

Die fünfte Betrachtung wird sich mit dem Hergang bey den Westphälischen Friedens=Handlungen und dem Frieden selbst beschäftigen, aus dessen Disposition, mit Zuhülfnehmung der 3ten Betrachtung, die Cession des Elsasses zu bestimmen suchen, und zugleich das nöthige mitnehmen, um zu lernen, was Frankreich, gegen seine vorherige Aeusserungen, nachher und besonders durch Execution seiner Reunionsschlüsse, zum Nachtheil des W. F. verübt, und wozu sich Pfälzischer Seits bequemt werden mußte.

Die sechste Betrachtung handelt von dem Ryßwickischen Frieden, und worinnen gegen denselben in folgenden Zeiten den französischen Absichten nachgegeben werden mußte.

Die siebente Betrachtung prüfet als ein Résumé und Beziehungsweise auf die vorhergehende, die französische principia über die angebliche Cession des Elsaßes, über dessen Zugehörden und Ausdehnung auch Gränzen, und schließt mit der Beantwortung der oben §. 2. aufgestellten Sätze.

Die achte und letzte handelt endlich davon: daß bey den vorliegenden Nazionalversammlungs=Dekreten der Zustand der Dinge wieder auf denjenigen Fuß reduzirt worden, auf welchen er gewesen, ehe Pfalz=Zweybrücken sich bequemen mußte, gegen die Vorschrift des Rißwicker ꝛc. Friedens den Absichten Frankreichs nachzuleben. Aus dem Schluß dörfte sich der obige §. 1. näher erläutern.

Ich führe nur diß noch bey, 1.) daß ich mir vorbehalte, meine Irrthümer, in die mich theils die Quellen, woraus ich schöpfen mußte, theils der Mangel hinlänglicher Zeit, verführt haben mögen, bey besserer Belehrung zurückneh= men zu dörfen; 2.) daß ich mich bestrebt habe, deutlich zu schreiben, um zu bewähren, daß meine

Abſicht nichts anders, als mein Privatwille ſeye, andern zur Prüfung meine individuelle Meinung auf die nemliche Weiſe vorzulegen, wie bisher mancher gethan hat, und nach mir ſicherlich noch mancher thun wird. Vielleicht habe ich dennoch nicht ganz ohne Nutzen gear‑ beitet. Geſchrieben den 18. April 1791.

Erste

Erste Betrachtung.

Von den eigentlichen Gränzen des Elsasses, ins besondere des Untern-Elsasses, gegen Norden.

§. 1.

Die eigentliche Gränzen des Untern-Elsasses sowol überhaupt, als besonders gegen Norden, sind, wie ich glaube, so genau bestimmt, daß, wenn man die einzige veraltete Absicht Frankreichs, seine Gränzen, so weit als möglich an den Rhein hin, auszudehnen, abrechnet, fast kein denkbarer Anlaß eines Zweifels übrig bleiben sollte. Leider hat aber seit 1680. das französische vorschreitende System, mit dem Teutschen nur vertheydigenden Saz nicht übereingestimmt, sondern weit von einander abgestanden. Jenes hat die Queiche, so aus dem vogesischen Gebürg durch Annweiler, bey Landau und Germersheim vorüber in den

Rhein fliesset, adoptirt (a), dieser beschränkte sich auf der Selzbach, welche in der Gegend des Städtchens Gersdorf entspringt, bey Surburg vorbey, gegen Sulz, langs dem alten Sattgau unterhalb dem iezigen Zweibrückischen Amt-Städtgen Selz in den Rhein fällt (b).

Zwischen beyden obgesagten Flüssen strömt die Lauter, nur mit dem Unterschied, daß sie um ein Ziemliches näher der Selzbach als der Queiche laufe. Von ihr wird Weisenburg durchschnitten, und der Speyerischen Stadt Lauterburg, unterhalb welcher sie in den Rhein fleußt, der Name gegeben (c).

§. 2.

Derjenige Theil Teutschlands, so unter der Bottmäsigkeit der Römer stand, hatte dem Kaiser

---

(a) Und neuerlich fand es seinen Vertheydiger in der mit tiefer Gelehrsamkeit geschriebenen Pfeffelschen Dissertazion de Limite Galliæ §. L. sqq.

(b) Solches behaupteten zwey vaterländische — leider zu früh verstorbene Gelehrte; ich meyne Herrn Hofrath Kremer in seiner Geschichte des Rheinischen Franziens und sein akademischer Mitarbeiter Herr Hofrath *Crollius* in Act. acad. Theod. Palat. Tom. III. p. 333 sq. Selbst Herr Pr. Schöpflin seel. konnte diesem Saz nicht abstehen, und hat daher, um doch an die Queich zu kommen, neue Gränzen bilden müssen.

(c) s. Herzogs Elsassische Chronik L. III cap. II.

Betrachtung. §. 2.

August die Abtheilung in Germaniam superiorem oder primam und inferiorem, oder secundam zu danken. Zu jenem gehörte Unser heutiges Elsaß, Speyer, Worms, Maynz. Lezteres zog sich bis zum Niederrhein (d).

Unter Konstantin gewann die politische und geistliche Verfassung eine andere Gestalt (e), doch blieb *Germania prima*, nur mit der nähern Bestimmung, daß sich unter demselben ein eigener *tractus argentoratensis* erhebt (f); an den sich der grose tractus Moguntiacensis anschloß. Dem Tractui argentoratensi stand ein *Comes* rei militaris vor; der Maynzische Distrikt hatte aber seinen Herzogen, [*Ducem*]. Zwischen diesem Duce Moguntiaco und dem Duce *Sequanico* lag jener Comes mitten inne, der gleiche Ehre und Ansehen mit diesen hatte.

Da, wo des Ducis Sequanici Commando im Elsaß aufhörte, fieng des Comitis seines an, und endigte sich an Selz (g); des Maynzischen Herzo-

---

(d) Pütter vollständiges Handbuch der teutschen R. Hist. zweyte Ausgabe, 1772. p. 61 not. b.
(e) daselbst Seite 69. 70. 71. not. k.
(f) „Sub dispositione viri spectabilis Comitis Argentoratensis, *Tractus argentoratensis*. (Not. Imp. occid. vltr. Arcad. Honoriique tempora.)
(g) *Schöpflin* Alf. Illustr. T. I. p. 309 & 310. „Argentoratensis ergo Comitis Tractus incepit, „ubi Alsatia inferior initium sumsit, & ad „oppidum *Saletionem*, quod hodieque Epis„copatus Argentoratensis cis Rhenum limes „est, terminabatur. „

4 Erste

gen Kommando erstreckte sich aber von Andernach bis Selz (h).

Wie nun bekannt ist, daß der kleine Bach Efenbach, ohngefehr eine viertel Meile oberhalb Schlettstadt der Gränzanfang des Untern Elsasses von Süden ist, zugleich aber auch solcher von dem Comitatu oder Tractu Argentoratensi war (i), so läßt sich abnehmen, daß das Untere Elsaß auch gerade gegen Norden, das ist an der Selzbach wenden müsse, wo besagter Tractus gränzte. Aus demselben lernt man also schon die fundamental Anlage zu der nördlichen Gränze des nachher sogenannten Elsasses. Der Verfolg soll auch lehren, daß dieser Saz in der That noch heute die Regel, wenigstens von den ältesten Zeit her unverändert geblieben seye (k).

(h) Jeder Herzog des Germaniæ primæ hatte eine gewisse Anzahl von præfectis militum unter sich. Pütter a. a. O. not. k. In der *notitia imp. occid. vltra Arcad. Honoriique tempora* p. 321 heißt es: Sub Dispositione viri spectabilis Ducis Moguntiacensis: Præfectus Militum Pacensium, *Saletione* (zu Selz) Præfectus Militum Menapiorum *Tabernis* (Rheinzabern) Præfectus Militum Andercianorum, *Vico Julio* (Germersheim) Præfectus Militum Aciscensium, *Antonaco* (Andernach.)

(i) s. *Schöpflin* in not. anteced. g.

(k) Vergleiche *Laguille* hist. d'Alsace p. 8 & 16. auch *Freher*. d. Orig. Pal. P. II. c. 16. *Obrecht* Prodrom. rer. Alsat. C. XII. p. 247. *Serrarius* Rer. Mogunt. T. I. p. 35.

§. 3.

Nachdem die Gothen (l), Burgunder (m), und Britten (n) sich in die Römische Besitzungen in Gallien, zum grosen Theil, nach und nach festsetzten, zu gleicher Zeit auch die Alemannier im Elsaß bis an die Vogesische Gebürge Eroberungen machten, endlich aber einer dieser Eroberer nach dem andern von den Franken wieder besiegt worden (o), so haben dennoch diese grose Umwälzungen auf die vorige Provinzialverfassung so wenig Einfluß gehabt, daß sie vielmehr in der Hauptsache die Nemliche geblieben (p): Gauen wurden durch Grafen, ganze Provinzen durch Herzoge verwaltet (q).

Von dieser Zeit sind die Duces Alemanniæ abzuleiten, unter welchen das Obere- und Unter Elsaß

(l) Mascov Gesch. der Teutsch. part. 2. p. 34 und 47.
(m) Daselbst p. I. pag. 380. und p. 2 Anmerk. 1 sq.
(n) Das. p. 486.
(o) Pütter a. a. O. §. 38. 39.
(p) Franc. Ant. Dad. *de Haute Serre (Alte Serra)* Tr. de ant. Duc. & Com. Franc. C. III. ubi: Galliarum partem postquam insedere *Gothi*, „ etsi Romani nominis infensissimi hostes, *sta-* „ *tum provinciarum non innovarunt*, Duces pro- „ *vinciis*, Comites singulis civitatibus, exem- „ *plo Romanorum*, præfecerunt. und weiter „ *Francis* igitur armis parta Gallia, *Duces* & *Comites, ortu Romanos*, usu suos fecerunt, & quidem ab ipsis incunabilis Regni.
(q) Pütter a. a. O. S. 91. VI.

gestanden hatte (r). Jenes, oder der Sudgau-
und dieses oder der Nordgau hatte seine Grafen.

§. 4.

Gegenüber wurde der Speyer Gau unter seinem Herzogen des Rheinischen Franziens von meh-
rern Grafen administrirt (s).

§. 5.

Es ist geschichtlich bewiesen (t), daß die Eintheilung in Provinzen und Gauen, in Herzoge und
Grafen, zu Errichtung der Erzbistümer und Bistümer, zu Erzbischöffen und Bischöffen die Gelegenheit gegeben, dann jene Eintheilung ist zuverläsig
älter, als letztere geistliche oder kirchliche Anstalten (u).

Selbst denen Concilien war diese Uebereinstim-

(r) *Pfeffinger* ad Vitriar. II. 291. sq. Kremer a. a.
O. S. 77.
(s) Kremer G. d. rhein. Franc. S. 155. XXIV.
(t) Ebendas. S. 30. sq. sparsim.
(u) *Strabo*. d. n. e. cap. 31. Metropolitanos autem Ducibus comparemus: quia sicut Duces
sunt singularum provinciarum, ita & illi in
singulis Provinciis singuli ponuntur. Quod
Comites vel Præfecti in seculo — hoc Episcopi ceteri in Ecclesia explent. Bernh. Herzogs Chronik. Buch 3. K. 2. p. 3. Lehmanns
Spey. Chr. B. 2 K. 8. S. 70. *Laguille* l. c.
p. 8.

mung der politischen und geistlichen Verfassung angemessen (v).

§. 6.

Da es nun ebenmäſig bekannt ist, daß die Strasburger (w), und Speyerische (x) Diözesen an der Selz sich begegnen, jene aber die Ausdehnung des Nordgaues — so wie diese die Ausdehnung des Speyergaues zu ihren Gränzen haben, so fällt von selbst in die Augen, daß, so wie, noch zur Zeit der Römer, die beyde Gouvernements, das Maynzische und Strasburgische, an der Selz zusammen stiesen , (§. 2.) nachher das Rheinfranzische und Alemannische Herzogthum, so wie insbesondere, der unter jenem stehende Speyergau, (§. 4.) und der unter diesem gelegene Nordgau (§. 3.) ebenfalls,

---

(v) *Schöpflin* A. ill. T. p. 344.
(w) *Schöpflin* l. c. oben §. 2. not. g. Bernhard Herzog Elſ. Chron. Buch 3 K. 2. bemerkt, daß das untere Elſaß die nemliche Gränze wie die Strasburger Diözes habe, welche oben durch den Ekenbach oder Landgraben von der Baselischen, und unten an der Selz von der Speyerischen Diözes begränzet werde.
(x) Vergl. Kremer a. a. O. S. 31. Nach der in actis archivi Bip. liegenden Versicherung des Speyerischen Hofrath und Geh. Secr. Herrn Blums d. 1745. ist der Beweiß zu Speyer in promtu, daß sich die Speyerische Diözes biß über den Hattgau erstreckt habe.

und noch früher, die Selz zu ihrer Scheidelinie gehabt haben müße (y).

§. 7.

Nach der von dem Herzogen Leutfried in Allemannien im Jahr 588. gewagten Empörung, ist das Elsaß von Allemannien getrennt, und einem eigenen Herzogen anvertraut worden (z). Die Gränze des Elsasses hat sich aber dadurch nicht im mindesten geändert. Wir können, zum Beweiß davon, dieses aufstellen. Durch die Disposition Childeberti II. in Austrasien sollten sich seine Söhne Theodobertus II. und Theodoricus II. theilen. Lezterer bekam Burgund und Elsaß. Ersterer behauptete, daß dieses Herzogthum oder Provinz zu seinem Theil gehöre: es kam zum Krieg, aber auch wieder zu gütlichen Vergleichshandlungen. Der Ort des Friedenscongresses war Selz, welches dem Theodobert gehörte, (a) und darum ohnmöglich zum Elsaß, das er erst noch in Anspruch nahm, gehören konnte, folglich zum Speyergau gezehlt werden mußte.

(y) Kremer l. c. XIII. & p. 77. XXII.
(z) Pütter a. a. O. S. 99. not. (s).
(a) f. Kremer a. a. O. S. 80. 260 und 261. Laguille l. c. P. I. L. 6. p. 66. 67. ab *Ekhardt. Comm. d. Reb. Franc. orient.* T. I. lib. X. §. 22. Convenitur *Salißione*, quod Castrum inter Argentoratum & Tabernas ad Rhenum & quidem in ditione Theodeberti erat.

Betrachtung. §. 8. 9

Eine gleiche Konferenz wurde zu Selz zwischen Carl dem Grosen und seinem Bruder Karlmann Anno 770 gepflogen (b).

§. 8.

Um so richtiger ist also der Ausdruck derjenigen Schenkungsurkunde, worinnen König Dagobert I. der Abtei Weissenburg die königliche Bäder mit Zugehörde samt der Mark über dem Rhein zustellte; 632, daß nemlich Weissenburg im Speyergau liege (c).

§. 9.

Unter Ludwig des Frommen Söhnen Theilung 843. blieben diese Gränzen unverändert. Lothar bekam in seinem Loos das Untere Elsaß, Ludwig der Teutsche, den Speyer- Worms- und Maynzgau. Beede Brüder waren, gegen Norden, so enge anstösig, als Lothar und sein Bruder Karl gegen Abend (d). Ludwig der Teutsche nennt deswegen auch in einer Urkunde von 863. den Abt von Weisenburg seinen lieben Getreuen; [féal] (e) darum,

---

(b) Kremer a. a. O. S. 298. 299.
(c) Beyl. N. I.
(d) Pütter a. a. O. S. 129. 130. Lehmann a. a. O. B. III. Cap. 40 & 46. Obrecht. Prodr. C, VI. p. 53. sq.
(e) *Schöpflin* All. ill. T. I. p. 645.

weil Weisenburg in seinem Speyergau liegt (f).

§. 10.

Nach Absterben Lothars I. fiel Elsaß seinem zweyten Sohn, **Lothar II.** zu; sein Reich, das sogenannte Lotharingen, wurde aber, nach seinem gleichmäsigen Hintritt unter Ludwig dem Teutschen und Karl dem Kahlen getheilt, wobey Elsaß ersterm zu Theil geworden (g).

Ludwig des Teutschen Söhne, Ludwig der Jüngere und Carl der Dicke theilten sich nach des Vaters Tod 876. auch wieder. Jener bekam unter andern den Speyergau, dieser das Elsaß u. a. Nach ihrem beyderseitigem Absterben bekam Arnulf und Ludwig das Kind — und alle nachfolgende Kaisere behielten auch — beyde Landesportionen nebst dem Obern = und Niedernlotharingen. Und solchergestalt blieb Elsaß teutsches Land und Kaiserliches Reichs Domanium (h).

(f) *Hadr. Valesius* setzt die obere Gränze derer Maynzer, Wormser und Speyergaue ganz richtig an die Selz in not. Gall. ord. lit. dig. p. 478.

(g) *Obrecht.* C. VI. p. 58. 72. *Calmet.* Hist. d. Lorr. T. I. Liv. 14. n. 58. 59.

(h) Darum drückt sich, ohne Zweifel, K. Ott I. in der Schenkungs = Urkunde von 968. darinnen er seiner Gemahlin Adelhaid die Dörfer Hochfelden, Sarmersheim, Schweighausen, Merzweiler und Selz abtritt, also aus: quasdam curtes *Ju-*

§: 11.

Auch während dieser hundertjährigen Epoke hat die originelle Gränze nichts gelitten. Der von Kaiser Ott I. seiner Gemahlin ausgesetzte — und von dem Hrn. Sohn Ott II. bestättigte Distrikt: Adelhaids Eigenthum erstrekte sich zum Theil in den Nordgau, zum Theil in den Speyergau. (i) Selz lag auf der Gränze; Odilo der Biograph der Kaiserin Adelhaide spricht darum von einer der Kirche Selz gehörigen leibeigenen Familie, die im Speiergau saß: (Lib. 2.) *pagi Nordgowi* appellati *accola;* durch welches Wort offenbar eine notorische Gränz-Nachbarschaft beider Gauen unter sich angedeutet wird. (k)

§. 12.

Das Speyerische Archiv besitzt noch mehrere Ur-

---

ris regni nostri; welches ich übersetzen mögte: "Land, wo teutsches Recht gilt.„ vergl. jedoch Kremer a. a. O. S. 227. desgl. *Freher* Orig. Pal. P. I. C. 16. p. 77. *Toln.* Cod. Dipl. Pal. N. XXIV. Herzog a. a. O. B. 2. S. 63.
(i) z. B. Münchhausen, Eberbach, Winzenbach.
(k) Darum setzt K. Ott I. in dem nemlichen Jahr der, nota h.) oben angezeigten Schenkungs-Urkunde, d. i. 968. als er die Abtey Weisenburg der Kirche Magdeburg assignirte, ganz unbedenklich jenes Weisenburg in den Speyer-Gau. s. Beyl. N. II. *Sagittar.* antiqu. Magd. Archiepisc. §. LXIX.

kunden von den Kaisern Ott. III. Heinrich II. III. IV. von den Jahren 982. 1006. 1046. und 1057. welche nicht allein das Land zwischen der Queich und der Lauter, als Speyergau=Land deklariren, (l) sondern auch die Gränze des Speyergaues biß zur Selz hin näher bestimmen. Diß thut die Urkunde von 1046, von K. Heinrich III. ausgestellt, am deutlichsten. In derselben schenkt er der Ecclesiæ spirensi einige Kaiserliche prædia in den Dörfern Lauterbach und Salmbach, welche aber beyde zwischen der Lauter und der Selz liegen (m).

§. 13.

Mit diesem Gränz=System stimmt auch die Gränze Alemanniens, wozu seit 917 das Elsaß wieder geschlagen worden, (n) gegen die Franken, vollkommen überein; Ich meyne die Teutsche Seite Alemanniens, oder auf dem rechten Ufer des Rheins. Da schied die Murg und Oos, die Mortenau — von dem Uffgau; (o) gleichwie aber nun die Oos mit der Murg verei-

---

(l) In der Urkunde von 982. wird Minfeld und Frekenfeld (Mundifeld & Vrekkenfeld) in der heutigen Herrschafft Guttenberg zu dem Gau des Ottonis Wormatiensis d. i. dem Speyer Gau gerechnet.
(m) „In pago Spirechgowe in Comitatu Hugo-„nis Comitis sita, cum ceteris adjacentibus „villis in eodem Comitatu.„
(n) *Obrecht* l. c. Cap. X. p. 220.
(o) **Kremer** Gesch. des Rh. Franziens S. 29.

niget, fast der Selzbach gegen über in den Rhein fällt, solchergestalt also von der östlichen Seite des Gebürgs — das pláne Land hindurch — biß zum Rhein — in Gemeinschaft der Selzbach biß zum westlichen Gebürg eine natürliche Gränzlinie ungezwungen formirt, so erklärt sich, wie natürlich also die Selz den Norh= und Speyergau von einander geschieden habe.

§. 14.

So wie nun über Allemannien Herzog — Grafen — und Landvögte stufenweis unter dem Kaiser zu befehlen hatten, also stunde auch das Rheinische Franzien unter seinem Herzog. (§. 4) Wer wolte aber noch zweifeln, daß diese Fürsten die Vorfahren unserer Pfalzgrafen und Kurfürsten gewesen waren, (p) und diese daher mehrere Rechte und Vorzüge überkommen und biß auf die neueste Zeiten in Uebung hatten? Wechselseitig lassen sich ein und andere dergleichen hohen Gerechtsame desswegen leicht aus einander erklären: Aber auch die Gränzen des Elsasses bekommen daraus neues Licht und Bestimmtheit. Eines der vorzüglichsten Rechte der Fränkischen Herzoge war die Superiorität auf dem Rhein (*) und unter andern

---

(p) Kremer a. a. O. S. 2. I. *Cluveri* Introduct. in universam Geograph. tam veter. quam nov. Brunsvic. 1652. C. X. p. 78. *franconiae quondam pars, nunc Palatinatus Rheni* caput habet Heidelbergam.

(*) s. Kremers Gesch. Kurf. Friedrich I. von der Pfalz, S. 144.

auch das Recht, in diesem Fluß Gold zu waschen. Es gieng aber dieses Goldwasch-Recht nicht weiter als bis auf Selz. Desgleichen das Wildfangiat, hohe Geleit, Bastardfälle und Hagenstolz-Recht. Alle diese und andere dergleichen Gerechtsame exerzirte das Hohe Churhaus Pfalz von den Zeiten Herzog Konrads und Henrichs her, in den Landen zwischen der Lauter und der Selz, ins besondere in dem Speyerischen Ober-Amt Lauterburg, in den Aemtern Selz, Hagenbach, Cleburg ꝛc. als unstrittigen Dependenzien des alten Herzogthums Rheinfranken. Unten wird desfals näher zu sprechen, Gelegenheit werden.

Diese Umstände erläutern auch, warum schon im dreyzehenden und vierzehenden Jahrhundert die Selz als die Gränze des Elsasses gegen die Churpfalz angegeben wird. (§. 18 unten)

§. 15.

Das grose Hagenauer Gewäld wurde vor alters von der Selzbach begränzet. Daher finden sich mehrere urkundliche Nachrichten, daß beydes öfters vor synonimische Ausdrücke gebraucht worden, da, wo von Bestimmung der Landes-Gränzen selbsten die Rede seyn sollte. Ich will, in dieser ersten Betrachtung, nur einige Beyspiele ausheben.

Otto, Bischof von Freisingen bezeugt, daß das von dem Vater seines Kaisers Friederichen I., nemlich Friederich von Schwaben, im Hagenauer Forst

geſtiftete St. Walpurgis=Cloſter auf den Gränzen des
Elſaſſes liege. (q)

So erzählt der Autor der Senoniſchen Chronick,
(r) welcher um 1215 geſchrieben, die Ankunft des H.
Diey im Elſaß (Lib. I. Cap. 5.) ad quendam locum
pervenit, qui Theutonico idiomate *heiligenforſt*,
latine ſancta ſylva vocitatur, juxta oppidum quod
Hagenowia dicitur, *in Alfatiæ finibus ſitum.*

Johannes Herculanus (s) ſpricht von dem nem=
lichen St. Diey: Pervenit autem ad Eremicolos
commorantes non longe ab oppido hagenowia,
locus *ſilva ſancta* vocatur; und ſein Herausgeber (t)
macht noch die Bemerkung dabey; *Locus ille ad ul-
timos alſatiæ fines exiſtens*, hodie **heiligen Wald**
dicitur apud Germanos.

§. 16.

Walther, Biſchof von Strasburg, wurde Anno

(q) Hiſt. Imp. Frid. I. Lib. I. C. 39. Fridericus
(cocles Dux Sueviæ) vim doloris non ſuſti-
nens, non multis poſt diebus vivendi finem
fecit, ac in monaſterio, quod S. Walpurgis
vocatur, *in terminis Alſatiae ſito*, humatus
eſt. **Kremer** a. a. O. S. 80. *Act. acad.* Theod.
Pal. T. III. p. 363 & 364.
(r) ſ. Preuves de l'hiſt. de L. T. III. p. 144.
(s) Hiſt. antiqu. Vall. Gall. C. VII.
(t) *Abbé hug. d'Eſtival* Monumenta Sacra antiquita-
tis, 1725. p. 179.

1258 zum Landvogt des Elsasses von Basel bis nach Selz ernannt (u).

Im Jahr 1285 stellt Rudolf von Habsburg einen gewissen Henrich Bannacker zum Provinzial=Richter oder Landgrafen des Speyergaues an (v). Ohne allen Zweifel reichte sein Distrikt von unten auf, bis an die Selz, so wie Bischofen Walthers Distrikt, von oben herunter bis an die Selz reichte.

Diese Vermuthung wird zur Wahrheit, wenn man folgende Umstände damit vergleicht. Anno 1309 1310 ernennt K. Henrich VII. Grafen Georg von Veldenz zum Landvogt des Speyergaues (w). Nach der Urkunde von 1309, werden ausdrüklich die Städte Weissenburg, Lauterburg, Landau, Selz, Hagenbach, Germersheim und Annweiler aufgeführt (x). Zu gleicher Zeit 1308 bestellte der nemliche Kaiser Sybothen, Herrn von Lichtenberg, Bischofen von Speyer, zum Land-

---

(u) *Obrecht.* Prodr. p. 324. 325. ibique alleg. Chron. Alſ. (*Herzog.*) L. 4. p. 88.
(v) Lehmann a. a. O. B. IV. K. VII. p. m. 296. Und ist zu merken, daß man vor dem grosen Interregno wohl keine Spuren von eigenen Landgraviis, advocatis, Comitibus, judicibus oder villicis Provinciæ f. pagi ſpirenſis entdecken werde. Dann es wurde dieser Speyergau von mehreren Grafen unter ihrem Herzog des Rheinischen Franziens befehliget und administrirt. (§. 4. oben.)
(w) Kremer a. a. O. S. 79.
(x) N. III. Beyl. ex orig. D. Spire ij. kal. mart.

Betrachtung. §. 17.

Landvogten im Elsaß (y), desgleichen vier Jahre darauf 1312 Gottfrieden, Grafen zu Leiningen, (wie solches der Kaiserliche Lehenbrief, worinnen der Herr von Rappoltstein die Stadt Berkheim zu Lehen empfängt, bezeugt (z); ich sage, beydes zu gleicher Zeit, da unser Graf von Veldenz seit 1309 1310 über die Städte Weisenburg und Selz, als Landvogt im Speyergau, zu befehlen hatte.

§. 17.

K. Ludwig der Baier bestätigte auch diesem Grafen Georg Anno 1314 sein Landvogtey officium. Dieser residirte zu Germersheim. Ludwigs Thron-Rival, Friederich von Oesterreich, ernennte den Ott, Herrn von Ochsenstein, zum Gegen-Landvogt, und wies ihm Landau zur Residenz an (a); Beede Residenz-Orte liegen im Speyergau, (s. den vorhergehenden §.) waren mithin, der Natur der Dinge nach,

---

(y) *Obrecht* l. c. p. 321.
(z) Beyl. N. IV. ex orig.— add. aliud Dipl. Joannis Regis Bohem. & Imp. Vie. d. a. 1319 *in oratione de Annvilla* p. 41.
(a) Otto war schon vorher Landvogt im Elsaß, konnte also, bey seiner Anstellung zum Landvogt im Speyer Gau nicht in einen Ort seine Residenz aufschlagen, der zum Elsaß gehört hätte, sondern mußte einen solchen wählen, der im Speyer Gau lag. s. auch die ächte Ausgabe der Speyerischen Chronik von Lehmann. B. IV. Cap. 8. p. m. 297. Buch VII. K. 24. p. m. 763. *Crollius de Anvilla.* p. 39.

völlig zu der Residenz eines Landgrafen im Speyergau geeigenschaftet.

§. 18.

Im folgenden Jahr 1315 beliehe Leopold von Oesterreich, als Landgraf des Obern Elsasses, den Konrad von Wittenheim mit einigen Landgraffschaftlichen Rechten im Dorf Saiternheim im Obern Elsaß, und namentlich mit einem Theil der Schatzung auf einziehenden Fremden (b). Die entscheidende Stelle ist werth, daß man sie einrückt:

" vnd alle die Lewt die darkommen von fremden
" Landen vnd frömbe Lewt werin, die über den
" Hawenstein kement, oder über den Schwarz-
" wald kement, oder über die Vierste kement,
" oder über die Selz kement, vnd sich zu Hey-
" ternheim niederliesen ꝛc.

Hier sehen wir das ganze Obere und Untere Elsaß authentisch begränzt. Der Hauenstein ist die mittägliche — der Schwarzwald, die östliche, die Vierste, oder das Vogesische Gebürg, die westliche und die Selzbach die nördliche Gränze.

Friederich, Leopolds Bruder, und Ludwigs Gegen-Kaiser (§. 17.) bestätigte diese Belehnung in dem nemlichen Jahr (c). Das merkwürdigste dabey

---

(b) Beyl. N. V. ex Cop. antiq. Archiv. Rappoltstein.
(c) Beyl. N. VI. ex origin. Arch. Rappoltstein.

Betrachtung. §. 18.

ist erstlich diß: daß diese Konfirmations-Urkunde von Selz aus datirt ist, folglich mit voller Ueberzeugung angenommen werden muß, daß die nördliche Gränze des Elsasses ganz in der Notorietät beruhete (d); und dann: daß dieser Bestättigungs-Brief auf einem Certifikat (e) von drei alten sachkundigen Breysacher Bürgern vom vorhergehenden Jahr 1314, welches durch den Bruder Johannes, Augustiner Provinzial daselbst legalisirt ist, beruhe, welches Certifikat die Pfalz zum angränzenden Land gegen Elsaß, jedoch mit dem Unterschied angibt, daß es sich statt Pfalz, des Worts Bayern bediene.

Beede Ausdrücke: Pfalz und Baiern, sind aber für den gegenwärtigen Gränz-Berichtigungs-Gegenstand völlige Synonimen (f).

(d) Eben daher läßt sich auch behaupten, daß Friederich von Oesterreich wohl gewußt habe, daß Landau zum Speyergau gehöre, als er Otten von Ochsenstein dahin zum Landgraven bestellte.
(e) Beyl. N. VII.
(f) Man sehe nur den Pabischen Vertrag (in der Vorlegung der Fidei-Commissarischen Rechte des Chur und Fürstlichen Hauses Pfalz. Urkunden Buch n. XIX. p. 43.) und *Henrici de Rebdorff* Chronicon (1295 — 1363) über diese Pabische Theilung, wo dieser gleichzeitige Scribent sagt (1329):

„ Ludovicus anno regni decimo quinto de Italia reversus est in *Alemanniam* & tunc *Ducatum Francorum Bavariae*, quem antea post expulsionem & obitum fratris sui Rudolphi pro majore parte solus occuparat,

§. 19.

Anno 1331 verpfändete Kaiser Ludwig an seine Neffen, Kurfürst Rudolf II. und Ruprecht I. Pfalzgrafen Gebrüdere, die Landvogtei über das ganze Speyergau (überall in dem Speyergau) nebst der Stadt Weisenburg, (g) welche dazumalen, als eine der vornehmsten Speyerischen Gau=Städten bereits von der Provinzial=Präfektur eximirt (h), und mit einem eigenen Beamten versehen war. Demohnge-

---

cum filiis ejusdem fratris, Rudolpho & Ruperto diuisit, quibus cesserunt oppida circa Rhenum, videlicet *Haydelberga* &c. „

Seitdem durch die G. B. Kap. VII und XX. das Wahlfürstrecht auf die Untere Pfalz, als den Ueberrest des alten Rheinischen Franziens, (oben §. 14. not. p.) und deren Besitzere, die Rudolfinische Linie übertragen worden, kommt das Wort Bayern als Gränzland von Elsaß nicht mehr so oft vor. Wo und wann es aber noch okkurrirt, (z. B. Strasburger Chron. ad ann. 1372. K. V. §. 171. §. 183. §. 186. §. 234. Lehmann a. a. O. Buch VII. K. 69. *Calmet.* Hist. d. Lorr. T. III. p. 506.) kan es nichts anders bedeuten, als was es würklich ist, nemlich die Rheinpfalz.

(g) Beyl. N. XI. Ex orig. in arch. Elect. Palat. deposit.

(h) Speyer war es schon seit 1315. s. den für ihren Vortheil beygelegten Stritt zwischen dieser Stadt und dem Pfälzischen Unter-Landvogt Werner Knebel in Lehmann Sp. Ch. B. VII. K. 29.

Betrachtung. §. 19.

achtet blieb ſie, nach wie vor, im Speyergau liegen, wie ſich noch der Orleaniſche Plenipotentiar am Churpfälziſchen Hof, Theſut, bey den bekanten Orleaniſchen Kompromiß-Handlungen, in der als Beylage übergebenen deſignatione feudorum pignoratitiorum (i) deutlich desfals ausdrükt:

" Idem Imperator (Ludovicus) iiſdem (comi-
" tibus palatinis) oppignorat *urbem Weiſſenburg*
" et totam Landvogteiam *de Spirgow, cujus*
" *pars iſta erat.* "

Landau war damalen dem Biſchofen von Speyer verſetzt. Aber Anno 1343 geſtattete der nemliche Kaiſer ſeinen Vettern Rudolf und Ruprecht, dieſelbe dem Biſchofen auszulöſen, mit Vorbehalt jedoch der Kaiſerlichen Rücklöſung. Angeregter Orleaniſcher Plenipotentiar ſetzt a. a. O. die Stadt Landau ganz richtig ebenfals in den Speyergau (k).

(i) Acta Compr. aurel. p. 129. woſelbſt dieſer Pfandbrief von 1331. unter dem irrigen Datum 1341. eingetragen iſt.

(k) *Acta Comprom.* all. l. c. Idem Imperator iisdem concedit licentiam reluendi urbem *Landau, in Spirgau ſitam*, ab Epiſcopo Spirenſi; ſaluo in gratiam Imperii jure reluendi. Cf. *Schattemann* d. Oberheingereida §. XI. ubi 1753. in alma Argentorat. publice defend. ,, Judicium *Neoſtadienſe* (daſelbſt reſidirte der Churpfälziſche Unterlandvogt) quod quondam in tota *Spirgovia, in qua ſita eſt Landavia, Imperatoris nomine,* Juriſdictionem exercebat.

§. 20.

Dieſer beiden Städte und der Speyeriſchen Land⸗
vogtei Verpfändung ſchien nur eine Wirkung von ei⸗
ner gleichen — im Jahr 1330 beſchehenen (1), und
Anno 1335 zum Theil erweiterten Verpfändung Kai⸗
ſerlicher Domanial-Lande im Speyergau geweſen zu
ſeyn; ich meyne den dermaligen zwiſchen der Selz,
Lauter und Queich liegenden Diſtrikt meiſtens Pfalz-
Zweybrückiſcher Lande, als: Wegelnburg, Guttenberg, Neukaſtel, Trifels, Annweiler, Falkenburg und
das Pfälziſche Amt Germersheim ꝛc.

§. 21.

Wenn man ſich nun erinnert, daß Churpfalz ohne⸗
hin ſchon Gränz-Nachbar des Elſaſſes war, ſelbſt in
ſolchem Beſizungen hatte, und nunmehr dieſe groſe
Pfandſchaftliche Erwerbungen dazu nimmt, ſo wur⸗
de dieſes Churfürſtliche Hauß auf ſolche Art faſt
ganz illimitirter Gränznachbar des Elſaßiſchen Land⸗
vogtei Sprengels an der Selz, dann bis dahin gieng
die Landvogtei im Speyergau.

Bey den damaligen politiſchen Verhältniſſen konnte
eine ſolche vorrückende Vergröſerung des Erzpfalz⸗
gräflichen Hauſes denen im Elſaß ſituirten unmittel⸗
baren Ständen bedenklich werden. Die Städte, ſo
immer auf ihre Freiheit und Immediatät eiferſüchtig

---

(1) Beyl. N. X.

Betrachtung. §. 21.

waren, mogten wohl zuerst auf ihre Erhaltung Bedacht genommen haben (m).

Ich lasse mich gerne bewegen, zu glauben, daß diß grosentheils mit Ursache war, warum in dem nemlichen Jahr 1343 (f. oben §. 19.) sich der Bischof von Strasburg, die Grafen von Oettingen, als Landgrafen des Untern Elsasses, sodann die Städte des Obern und Untern Elsasses, als: Strasburg, Hagenau, Kolmar, Schlettstadt, Ehenheim, Roßheim, Mühlhausen, Türkheim, und Münster sich vereiniget haben, einen gemeinschaftlichen Landfrieden mit einander zu halten, und wechselseitige Hülfe und Vertheidigung zu leisten (n).

Das merkwürdigste für gegenwärtige Betrachtung ist dabey die Gränz-Beschreibung des Elsasses (o). Es beginnet solches nemlich von der Stadt Mühlhausen, das linke Rheinufer herab — bis an die Selz; von dem rechten Rheinufer aber, herab — biß zur Dos; und auf beyden Seiten schließt das Gebürge (p). Wer verkennet in dem Augenblik das bisher

---

(m) f. die Brochüre Versuche einer aktenmäsigen Geschichte der zehn vereinigten Reichsstädte im Elsaß 1791. §. 9. 7. 10. u. f. sodann kurze unpartheyische Darstellung aller Tractaten und Verträge, auf welche Frankreich seine dermalige Angriffe auf das deutsche Reich zu gründen sucht, S. 27. 1791.
(n) Beyl. N. VIII.
(o) f. Kremer a. a. O. S. 79. not. i).
(p) Vorläufig bitte ich, das Original selbst zu le-

vorgetragene? — doch der Verfolg wird noch dasselbige immermehr bestättigen (f. §. 13. oben).

§. 22.

Es scheint indessen, daß sich die Städte mit diesem Landfrieden noch nicht hinlänglich gesichert zu seyn glauben mochten. Sie liesen sich, und namentlich: Colmar, Schlettstadt, Enheim, Roßheim, Mühlhaußen, Kaisersberg, Türkheim und Münster noch dazu Anno 1349 von Kaiser Karl IV. eine Versicherungs=Urkunde ausstellen, daß er sie nie versetzen, noch verpfänden wolle (q).

Ich bemerke nur diß dabey, daß die beyde Speyergau=Städte Weissenburg und Landau, dazumalen in der Pfälzischen Pfand=Innhabung gewesen, mithin per rerum naturam in gegenwärtiger Urkunde für die Elsaßische Städte nicht begriffen — noch weniger genennt seyn konten.

§. 23.

Wir wollen dieser Betrachtung, der Kürze wegen, hiemit ein Ziel stecken. Ich glaube, daß aus der bisher vorgetragenen, durch eine Kette von vielen Jahr=

---

sen, weil solches im Verfolg zum Aufschluß dienen wird.
(q) Beyl. Num. IX. Hagenau hatte in dem nemlichen Jahr eine dergleichen Versicherung vor sich allein bekomm---

hunderten, troß mancher, in derselben sich zugetragenen Staats=Revolutionen, gleichwohl sich stracks erhaltenen Gleichförmigkeit, die Behauptung gar wohl gerechtfertiget seye, daß die Selzbach die ursprünglich nördliche Gränze des Untern Elsasses ist. Da diese Selz, nach wie vor, ihren Gang behalten, mithin ohnmöglich die nördliche Gränze verlohren gehen lassen konnte, so sehe ich nicht ab, warum solche nicht solange auch als Gränzmaal beibehalten werden müsse, als kein urkundlicher Beweiß einer politischen — die interessirte Theile gleich stark verbindenden Abänderung bekannt ist.

Zweyte Betrachtung.

Die successive Assoziation und Inkorporation der beyden Speyergau Städten Weisenburg und Landau zu den Elsaßischen Landvogtei Städten hat keine Veränderung der originellen Gränzen des Untern Elsasses erzeugt: — Eine Fortsetzung der ersten Betrachtung. —

§. 24.

Werfen wir einen Blik auf die erstere Betrachtung zurük; so finden wir, daß sich die Städte des Elsasses, ohne Zweifel aus Verlegenheit über die Ausdehnung der Pfälzischen Gerechtsame gegen den Elsaß zu, (§. 19. 20.) enger zusammen gezogen haben, (§. 21.) und einen Versicherungs-Schein von Kaiser Karl IV., daß er sie niemalen, nach dem Beyspiel des Speyergaues 2c. verpfänden wolle, sogar förmlich ausstellen lassen (§. 22). Dieser leztere Umstand mag aber zuverläßig noch eine nähere — aus gleichmäsiger Besorgnis, erzeugte Ursache gehabt haben. Kaiser Karl war beyden obgenannten Pfalzgrafen aus dem Kurhaus nicht weniger günstig, als

Kaiser Ludwig der Baier. Dann im Frühjahr des nemlichen Jahres 1340 (r), in dessen Monat Dezember er den oben §. 22 angeführten Versicherungs=Schein hernach von sich gab, erhielt Kurfürst Rudolf der alte, die Verwilligung von ihm, 1. die Landvogtei im Elsaß von Johann, Herrn zu Vinstingen gegen 600 Mark Silber, 2. das Schultheißen=Amt zu Hagenau mit dem Forst und Wildpann ꝛc. von dem Herzog Friederich von Tekh, gegen 1400 Mark Silber, und 3. die Kaiserliche Rechte auf Kaisersberg, Blicksberg, Münsterthal, und Thoringheim von Burkard Münch zu Basel, gegen 1000 Mark Silber, auszulösen. Wiewohl nun auch Kurpfalz, nach würklich beschehener Auslösung, denen Elsaßischen Städten gebührliche Reverse ausgestellt hatte (s), sie bey ihren Rechten und Freyheiten zu schützen; So mag doch denenselben, bey dem Anblik dieser nunmehrigen Kurpfälzischen ausgedehnten Rechte, theils über besagte — nach teutschem Pfand=recht, innegehabte Elsaßische und Speyergauische Pfandschaften, theils über seine in solchen Gauen bereits vorher liegen gehabte Allodien mancher Skrupel übrig geblieben seyn. Vielleicht befanden sich noch angränzende, wie andere Elsaßische, Stände und Herren im nemlichen Fall.

(r) Beyl. Num. XII.
(s) s. Tr. Nullitas iniquitasque Reunionis Alsatiæ adj. n. 5. 1354.

§. 25.

Soviel ist gewis, daß die Speyergau-Stadt Weisenburg an jener Verlegenheit der Elsaßischen Städte gerne Theil genommen, welches um so leichter geschehen konnte, da, seitdem nun Kurpfalz die Landvogtei in Elsaß, und die im Speyergau, samt der Stadt Weisenburg, in Besiz hatte, eben so genau nicht mehr der Unterschied zwischen Elsaß und Speyergau in jeder Angelegenheit beobachtet worden seyn mogte; vielleicht hat dazu beygetragen, daß Kurpfalz, ausser seinem Unter-Landvogt im Elsaß, zu Hagenau, noch einen besondern Stadtvogt zu Weisenburg anordnete, der über die Stadt sowohl, als über einige in der Gegend liegende Kurpfälzische Orte Amtmann war; welche Einrichtung, der Stadt so unangenehm, als das grose Ansehen, in welches sich der Abt zu Weisenburg, in verschiedener Eigenschaft zu setzen wußte, ihr nachtheilig zu seyn, dünken konnte.

Alles schien sich zu vereinigen, diese Stadt Weisenburg, welche, seit ihrer Exemtion von der Speyrischen Landvogteilichen Jurisdiktion, ihren eigenen Beamten hatte, und schon einmal mit den Elsaßischen Städten sich einiger nähern Verbindung verglich, überzeugt zu halten, im Fall zu seyn, mit diesen Städten auf Erhaltung und Befestigung ihrer Freiheit und Unmittelbarkeit Bedacht nehmen zu müssen. Die Disposition der Elsaßischen Städte zum nemli=

Betrachtung. §. 26.

chen Zweck, und sonstige allgemeine Unruhen, mögen der Sache Beförderung und Ausschlag gegeben haben.

§. 26.

Es glückte dieser Speyergau=Stadt auch wirklich, daß sie sich noch das nemliche Jahr 1354 auf Zu=laſſung, oder Geheiß Kaiser Karls mit den übrigen Elſaßiſchen Städten in ein Bündnis einlaſſen dürfte. Vorläufig iſt aber dabey zu merken, daß ſie dadurch weiter wohl nichts, als ihre Unmittelbarkeit, erhal=ten haben mogte. Ich sollte meynen, diß läge in dem Ausdruck des Kaiſerlichen Diploms (t); welches ganz allgemein ſagt: „unter den Leuten, die Uns ”und dem heiligen Reich zugehören.”

Aber nichts weniger hat ſie ſich darum zu einer Elſaßiſchen Stadt, mit Verrückung der Gränzen des Elsaſſes, gemacht: nichts weniger iſt ſie unabhängig von dem Kaiſerlichen Landvogt und denen Kaiſerli=chen Unterbeamten, die beyde Kurpfalz war — und ſezte, geworden. Leſe man nur, was den erſten Punkt betrift, den Innhalt des Kaiſerlichen Dekrets, wie es trocken daliegt, so ſieht man, daß der enun=ciirende Kaiser durch die Worte: im Elſaß, nicht sage, daß alle unten benahmſte Städte in Elſaß lä=gen, ſondern, daß die Gebreſte, Mishellen, und Aufläufte, ſo zu dieſer engern Aſſoziation hier den

---

(t) Beyl. Num. XIII.

Anlaß geben müſſen, bisher im Elſaß getobt und vorgewaltet hätten; und was den zweyten Punkt betrift, ſo wird expreſſe ausbedungen, daß dieſer Städte-Verein, ſich weder gegen Kaiſer und Reich, noch den Kaiſerlichen Landvogt und andere Kaiſerliche Beampten erſtrecken dörffe.

Es konnte alſo dieſer Beytritt der Stadt Weiſenburg — als einer für den Elſaß fremden und benachbarten Stadt, zu dem Verein der eigentlichen Elſaßiſchen Städten, abſolute keine Aenderung der Gränzen der beyden Provinzen, zu welchen jene und dieſe gehörten, hervorbringen: die ganze Anſtalt war nur temporariſch und nach den damaligen Konjunkturen auf die nemliche Art eingerichtet, wie man unter andern Städten verſchiedener Provinzen Teutſchlands mehrere Beyſpiele noch genug beſitzet: Wenigſtens haben die Herren Präpoſiti der Abtei Weiſenburg, wohl ſchwerlich an eine vorgegangen ſeyn ſollende Aenderung der Landes-Gränzen gedacht, wenn ſie, nach wie vor, wie man von Speyer aus, vor gewiß verſichert iſt, das Datum ihrer Urkunden ſo ſetzten: „zu Weiſenburg am Unter Elſaß."

§. 27.

Vier Jahre darauf wurden, auf die nemliche Weiſe, die Städte Selz und Hagenbach im Speyer-Gau (ſ. oben §. 16.) zum Elſaßiſchen Sädte Verein gezogen. Es hatte aber dieſe Anſtalt — als der Jurisdiktion, Advokatie und dem Eigenthum der Kirche

Salz präjudizirlich, keinen Bestand, sondern cessirte wieder, als Kurfürst Ruprecht I. im Jahr 1361, mit Kaiserlicher Genehmigung, jene Jura, der Abtei, als Eigenthümerin — und dem Grafen Wilhelm von Eberstein — als beliehenen Advokat — abkaufte.

§. 28.

Mit der Inkorporation der Stadt Weisenburg zur Präfektur Hagenau, sodann mit gleichmäßiger Inkorporation der Stadt Landau, gieng es aber viel langsamer und später zu. Erstere wurde 1504 inkorporiert; letztere war, nach dem obigen §. 17. seit 1343 in der Pfand-Innhabung des Kaisers Vettern, Kurfürsten Rudolf II. und Ruperts I. Gebrüdern und deren Nachfolger. Lange hernach erst (1521) (u) löste sie sich, mit Kaiserlicher Einwilligung, selbst ab, und trat in ihre Unmittelbarkeit gegen Kaiser und Reich zurük. Kaiser Max I. und Karl V. bestättigten ihr solche, und verordneten erst nach und nach Anno 1509. 1511. und 1521., daß sie — zu besserer und wohlfeilerer Justizverwaltung — dem Landvogt zu Hagenau — künftig anvertrauet, dieser sie in dem Genuß aller und jeglicher Gnaden, Freyheiten, Recht, Privilegien, alt Herkommen, Gebrauch und löblichen Gewohnheiten schützen und handhaben — und, als ob sie der Präfektur Hagenau, oder

---

(u) Lunig. R. A. Part. Spec. Cont. I. p. 54. 57.

des Untern-Elſaſſes einverleibt ſeye, anſehen und behandeln ſolle. Andere Beweg-Urſachen, oder andere Wirkungen hatte gewißlich die Inkorporation der Stadt Weiſenburg einmal nicht in Rezeſſu, und waren die nachgefolgte Landauer Anſtalten auch nur dem Weiſenburger Beyſpiel gefolgt; ſo mögte ich wiſſen, wer mir aus dem dürren Innhalt oballegirter Urkunden vom 3. Mai 1509. und 14 April 1521. weiters etwas zu folgern im Stand wäre, als was ſie wirklich ſeyn ſollen. Am allerwenigſten aber läßt ſich im Ernſt der Schluß ziehen: daß ſich nun, ſolchergeſtalt, das Elſaßiſche Provinzial-Gebiet herüber an die Queich gewälzt und gleichſam alle in der Mitte liegende — mittlerweile ganz andere Regierungsformen genommene Teutſche — eigentliche Speyergau-Lande verſchlukt habe. Diß ſtritte ja gegen die Geſchichte, die doch vor jedermanns Augen offen darliegt.

§. 29.

Wenn alle dergleichen — uns bekannte Verbind- oder Vereinigungen (v) hinreichend geweſen wären,
die

(v) Ich will zu Illuſtrirung einige Beyſpiele anzeigen.
   a. Mühlhauſen, eine ohnſtreitig im Obern Elſaß belegene Stadt, riß ſich gegen Anfang des 16. Jahrhunderts von dem Städte-Verein des Elſaſſes los, und ſchloß ſich dagegen an

Betrachtung. §. 29.

die Gränzen von den vereinigten Landen und Städten zu umwälzen, was für gefährliche, und oft lächerliche Erscheinungen würden nicht da am politischen

---

den Helvetischen Bund an. Hat sie aber dadurch wohl die Gränze des Elsaßes gestört, und das Schweizerische Territorium ausgedehnt?
b. Anno 1247 haben sich die Städte **Worms**, **Speyer** und **Oppenheim** mit **Strasburg**, desgleichen in den Jahren 1325. 1332. 1338. 1351. u. f. die Städte **Strasburg**, **Hagenau** und **Weisenburg** — mit den Städten **Maynz**, **Frankfurt**, **Worms**, **Speyer**, in ein Bündniß begeben. f. Lehmann a. a. O. B. VII. Kap. 27. 30. 31. 47. folg.
c. Bey dem grosen Bund von 1381. (Lehmann a a. O. B. VII. K. 66. p. m. 833. u. f.) tratten die Städte **Maynz**, **Straßburg**, **Worms**, **Speyer**, **Frankfurt**, **Hagenau**, **Weisenburg** ebenfalls in ein enges Bündniß. Unter der Reihe derer, so dabey, nach damaligem Brauch, von allen und jeden Städten ausgenommen worden, stehet unter Hagenau und Weisenburg:
".. und (wir) die von **Weisenburg** nement vß .. den Bund, den Wir hant,
" mit des Riches Städten im **Elsaß**."
woraus man sehen kan, daß sich diese Stadt 27. Jahr nach ihrer Assoziation (§. 26.) doch immer noch den **Elsassischen** Städten, oder den Städten in **Elsaß**, contradistinguire.

Wollte man auch einwenden, diese Beyspiele hinkten, weil die angeführte Bündnisse keine landvogteiliche Anstalt — sondern nur ein temporarisches Interesse intentirten; so kan auch dieser Instanz begegnet werden. Wir wollen

Horizont entſtanden ſeyn? Man kan vielmehr, wie ich dafür halte, den Satz herzhaft aufſtellen, daß ſich freye und unmittelbare Städte — aus ihrem freyen

---

ein ganz altes Beyſpiel nehmen, das Uns der Diſtrikt Landes zwiſchen dem Rhein und der Lahn, Einrich genannt, darleyht. Er war ein eigener Gau (ſ. *Kremer* vom Rheiniſchen Franzien S. 123. f.) und ſtand unter ſeinem eigenen Landvogt, zuletzt aber unter der Präfectur der Grafen von Arnſtein, die mit Ludwig dem jüngern, Stifter der Abtey gleiches Namens, ausgiengen. *Browkr*, in ſeiner Biographie dieſes Ludwigs (1616) drückt ſich aus:

 Erat ſub ipſius jurisdictione *Boppardia, Weſalia, Villa Sti Goaris, Confluentia* & aliæ plures villæ *Rhenenſes* & tota provincia, quæ dicitur *Einrichs*.

Nun iſt doch bekannt, und zur Genüge bewieſen (ſ. *Kremer* a. a. O.) daß dieſe Städte und Rheiniſche Orte nie zum Einrich gehörten, ſondern durch den Nieder-Rhein davon getrennt waren, und in den Trachgau gehörten. ſ. *Hontheim* Hiſt. dipl. Treu. T. I. p. 575.

Die Wetterau war eine der wichtigſten Landvogteyen im Reich. Sie erſtreckte ſich nicht über den Rhein, ſondern liegt weit davon ab. Und gleichwohl lernt man aus dem Diplom Kaiſer Alberts I. von 1300. (ſ. *Hontheim* l. c. T. I. p. 832. not. (e) *Bernhard* Antiqu. Wetteraw. p. 254.) in welchem er Ulrichen von Hanau zum Advocato provinciali (generali & Rectore) ernennet, und ihm auſſer den 2. Reichsſtätten der Wetterau, Frankfurt und Friedberg, ſodann Wezlar, im Lohn-

Willen, mit Kaiferlichem Konfens — oder auf Kai‑
ferlichen Befehl — wohl öfters der Protektion desje‑
nigen Landvogten allein — oder auch zugleich feines

---

gau und Gelnhaufen im Maynzgau, auch
die Städte Oppenheim, Boppard und We‑
fel anvertraut. Alle drey letztere liegen über
dem Rhein, und erstere gehört in den Worms‑
gau, letztere 2 aber zum Trachgau, jetzo un‑
ter Trierifcher Jurisdiktion. Wären diefe
Städte dadurch zu Wetterauifchen Reichs‑
Städten gemacht worden, wie hätte fich der
Kaiferliche Bestallungsbrief für den Wetterau‑
ifchen Landvogt Gottfried von Eppenstein von
1333. (f. Bernhards antiqu. Wetterav. p.
265) und für Grafen Walram von Spon‑
heim de 1345. (f. Beyl. N. XIV. ex orig.)
nur auf die 4. erste Städte, mit gänzlicher
Auslassung der 3. Letztern, beschränken kön‑
nen?

Hätten aber dergleichen Affoziationen unter
einem Landvogt auf die Gränzen Einfluß ge‑
habt, wo wäre nun, im umgewendeten Fall,
Worms hingerathen, als fie Kaifer May I.
anno 1505. zu gleicher Hand dem Landgra‑
fen des Elfaffes, dem Herzogen von Wür‑
tenberg, Marggrafen von Baden und Land‑
grafen von Seffen in Schutz gegeben hatte?
(Joh. Fried. Moritz vom Urfprung der
Reichsstädte IIr. Anhang p. 212. sqq. N.
XXXVII.)

Warum ist wohl die Abtey Schwarzach im
dermaligen Badifchen in ihrer Situation ge‑
blieben, obfchon Kaifer Adolph von Naffau
fie anno 1297. dem Speyergau‑Schultheifen
in Selz und dem Schulzen zu Hagenau im
Elfaß zugleich zur Protektion anvertraute;

landvogteilichen Städte-Verbands — anvertraut und angeschlossen haben, von dem sie, auf wenig oder lange Zeit, die sicherste Vertheidigung ihrer Freyheiten und Unmittelbarkeit, auch die geschwindeste und wohlfeilste Justiz-Verwaltung, erwarten durften; daß aber dabey so wenig allezeit auf die Situation selbst gesehen worden sey, als wenig auch dergleichen erfolgte Assoziationen wirklich eine Veränderung der Gränzen ganzer — unter einem gemeinschaftlichen Kaiser stehender Provinzen erzeugt haben. — Aus diesem Gesichtspunkt muß man die Assoziation der Stadt Weisenburg, und der Stadt Landau, beyde im Speyergau belegen, (§. 8. 16. 19.) zu dem Verein der Städte im Elsaß, oder der Präfektur Hagenau, beurtheilen.

§. 30.

Es seye mir erlaubt, mein Thema nun noch mit einigen Urkunden und Autoren zu unterstützen.

Nur fünf Jahre nach dem Weisenburgischen Hauptbeytritt zu dem Verein der Städte im Elsaß

---

warum ist sie nicht auch zum Elsaß gezogen worden, als sein Nachfolger Albrecht I. sie dem General-Landvogt im Elsaß zu gleichem Schutz übergab? (s. Immedietas Ord. St. Benedicti contra abusus advocatiæ cet. p. 93. 94. Und anderes war doch die Weissenburger und Landauer Incorporation nichts, als eine blose Schutz und Schirms Aufgabe.

Betrachtung. §. 30.

(§. 26.) nemlich im Jahr 1359. (w) verkauften Ludwig der ältere, und jüngere, Grafen von Oettingen Gebrüdere, und Landgrafen des Elsaßes (Landgravii Alsatiæ) dem Bischofen Johann von Strasburg, um 20,000. Goldgulden ihre Herrschaften, Renten und Güter, die sie von wegen des Landgraviats von ihm und seiner Kirche zu Lehen trugen; jedoch mit dem Ausbehalt derjenigen Lehen, die sie vorher, ehe sie Landgrafen geworden, getragen und entweder, mit lehenherrlichem Konsens, zu Heyraths-Gut angewiesen, oder etwa zu After-Lehen begeben hätten. Die Kauf-Urkunde liefert einen neuen Beweis, daß auch nach der Weisenburgischen Assoziation dennoch die Gränzen des Untern-Elsaßes, bis an die Selz in der Notorietät beruheten. Es heißt nemlich daselbst:

„ Noverint, quod Nos . . Landgravii Alsa-
„ tiæ *Argentinensis Diœcesis* vendidimus. . .

Nun haben wir schon oben gesehen, daß das Untere Elsaß immer mit dem Diözesan-Bezirk des Bischofen von Strasburg, ein und dieselbe Ausdehnung hatte; (§. 6. et not. w.) (dann die Ausdehnung der Strasburgischen Diözese in die Mortenau, welche neuerer ist, hebt die Regel in Ansehung des Elsaßes nicht auf, gehört also auch nicht hierher). Es ist auch weiter dargelegt worden, daß sich die Strasburgische Diözes, wie noch, bis an die Selz aus-

---

(w) *Obrecht.* Prodr. C. XII. p. 286.

dehne und einschränke, (§. 5. 6. und 2. not. p.) woselbst sie dem Speyerischen Hirtenstab schwesterlich begegnet. Der Schluß macht sich also für unseren Gegenstand von selbsten. Obrecht (x) macht daher auch ganz richtig die Bemerkung:

"Habent hæc ex se magnum equidem usum in describendis dijudicandisque *Landgraviatus* tam superioris *quam inferioris terminis.*"

Ich kan mich nicht entbrechen, hier schon im Vorbeygehen zu bemerken, a. daß sich hieraus bewahrheite; daß, wenn gleich die Stadt Weisenburg Anno 1354. 1504. zur Präfektur Hagenau geschlagen worden, sie doch darum noch nicht in das Landgraviat gekommen seye. b. Wie es weiter erhelle, daß das Territorium Alsatiæ, oder das Landgraviat engere Gränzen, als die Präfektur der zehen Elsaßischen Städte zu Hagenau gehabt habe; c. daß, dieses grosses Licht in die durch den Münsterer Friedens-Schluß konstituirte Cession, derer darinnen benannten Oesterreichischen, auch Kaiserlichen und Reichs-Gerechtsamen im Elsaß an Frankreich, verbreite. Doch dieses lassen wir der nachfolgenden Betrachtung zur Zergliederung über.

§. 31.

Ich muß mich bey diesem Kaufbrief noch ein

(x) a. a. O. p. 289.

Betrachtung. §. 31.

wenig länger verweilen. In Gemäßheit des vorbemeldten Verkaufs haben beede Gebrüdere, Grafen von Oettingen, ihren Vasallen aufgesagt, und sie an den Käufer, Bischof Johannsen von Strasburg gewiesen (y). Nun bedienten sie sich in diesem Aufsag=Zettel der Ausdrücke:

„ Omnibus Vasallis nostris.. *inter Ekenbach* (z) *et Sornam.*

Einige sind darum auf den Gedanken verfallen, daß die nördliche Gränze des Elsasses nur bis an die Sorne (a) gehe, und einige haben den weitern Zweifel erregt, ob unter diesem Wort Sorna die Sorn verstanden werden müsse, welche von Hochfelden und Brumt herab, bey Offendorff in den Rhein fällt — oder, ob es die Sauer oder Sur bedeute, welche der Stadt Surburg den Namen giebt, am Hagenauer Forst stracks herunter, den Hattgau umschließt, und bey Beinheim mit dem Rhein sich vereiniget.

Man kan aber diese Meinungen vereinigen. Sollte es wirklich die Sorne bedeuten, so mag es daher rühren, weil die Verkäufere entweder unterhalb derselben keinen Vasallen sitzen hatten, der von dem Landgraviat abhieng, und darum an den Bischofen hätte

---

(v) *Obrecht.* l. c. pag. 287.
(z) d. i. der südliche Anfang des Untern Elsasses. s. oben §. 2.
(a) noch einige Meile oberhalb Selz.

überliefert werden müſſen; oder weil gerade zwiſchen der Sorn und der Selz ſolche Vaſallen ſaſen, die ſich die Verkäufer in dem Kaufkontrakt vorbehielten; oder endlich, weil dergleichen Vaſallen nur von dem Oettingiſchen Haus relevirten.

Soll es aber die Sauer oder Sur bedeuten, ſo wird eine kleine Digreßion nicht zu vermeiden ſeyn.

§. 32.

Dieſe fließt nicht weit von und oberhalb der Selz. Das Land, ſo zwiſchen beyden Flüſſen liegt, bildet faſt eine Halbinſel, auf welcher nicht allein unſere dermalige Stadt Selz, oder Neu=Selz (*) unten, ſondern auch das Städtlein Gersdorff und ſeine im Sattgau belegene zugehörige Ortſchaften, belegen ſind.

Den gröſten Theil dieſes Diſtrikts hatte Kur= pfalz, zur Zeit ſeiner Pfandsinnhabung der Land= vogtei Elſaß ꝛc, (§. 24.) in eigenthümlichen Beſitz, gleich andern Städten und Ländern, ſo diſſeits der Selz liegen. Die Schlußfolge würde darum irrig ſeyn, wenn von der ehemaligen Ausdehnung der Pfäl= ziſchen Veſitzungen bis an die Sur, deswegen auch gleich die Gränze des Elſaſſes bis zu dieſem Flüß= lein zurückgeſetzt werden zu müſſen, zu voreilig ge= ſchloſſen werden wollte. Und dennoch muß hierbey,

---

(*) Act. Acad. Theod. Pal. T. III. p. 364.

Betrachtung. §. 33. 41

wie wir sogleich erfahren werden, mit Unterschied ver=
fahren werden.

§. 33.

Noch Anno 1390 bestellte Kurpfalz den Grafen
Friederich von Zweibrüken=Bitsch zum Pfälzischen
Amtmann über die Oerter im Elsaß (b). Unter denenselben ist nicht, wie Laguille meynt, das Amt
Guttenberg zwischen der Lauter und Selz zu ver=
stehen, dann solches war dazumalen im Pfand=Besitz
Gerhards Grafen von Kirchberg und seiner Erben
(c), sondern diß Gersdorff und andere Orte (§. 32.)
müssen darunter verstanden werden. Dahin, z. B.
sind auch die um Hagenau liegende, zur Landvogtei
gehörige — und vormals dem Kurfürsten von der
Pfalz, als Landvogten im Elsaß, zugestandene —
sogenannte Reichsdörffer zu zählen. Daher erläutert
sich auch gar natürlich, als in dem nemlichen Jahr
1390. bemeldter Friederich und sein Bruder Wecker
die von Hagenau in Schutz und Schirm genommen,
welches er als Kurpfälzischer in ihrer Nachbarschaft
angestellter Substitut gar wohl thun konnte.

§. 34.

Erst Anno 1391., verkaufte Kurfürst Ruprecht

(b) *Laguille* bringt den Gräfl. Bestallungs=Revers
d. 1390. in s. Preuves &c. p. 70. bey.
(c) *Schilter* Comm. ad Jus feud. allem. Cap. CXII.
p. 397. Guttenberg liegt auch nicht im Elsaß.

II. an Johann dem ältern, Herrn von Lichtenberg, um 15000 Goldgulden die Helfte an dem Städtlein Gerlingsdorff oder Gersdorff, samt dem halben Sattgau (oder der Helfte der Burg Satten, samt dem Dorff, gleiches Namens, Rittersboffen, der zweyen Betensdorff, Rielendorff, Schwaweiler, Rembertsweiler, Lutersweiler, Brunigesdorff, Oberndorff, Diefenbach, Müzigesdorff, samt Hauß, Höfen ꝛc.) wogegen aber der Herr Verkäufer wiederum die Quart vom Ganzen, pfandsweise — ohne Zweifel zur Sicherheit des rükständigen Kauffschillings, folglich drey Viertheile überhaupt im Besiz behielt (d).

Nachmals belehnte Kurfürst Ludwig der bärtige 1413. Ludemann Herrn von Lichtenberg, mit der noch pfälzisch gebliebenen Helfte; — und nach Ausgang dieser Familie ertheilte 1475. der Kurfürst Philipp dieses heimgefallene Mannlehen dem Grafen Philipp von Hanau, dessen Descendenz noch dato in dem Besiz dieses Distrikts unter dem Namen des Amts Satten ist.

§. 35.

Indessen ist wohl zu behalten, daß die Selz, bis zu ihrer Quelle bey Gersdorff, kaum die halbe Gränze des Untern Elsasses bestreichet, sondern daß dort nach einem kleinen Sprung auf dem Land, die

---

(d) *Tolner* l. c. C. III. p. 100.

Sauer oder Sur, die Gränze aufnehme, und rückwärts zum Gebürg leite.

Jetzt wird es verständlich seyn, warum Anno 1359. (§. 31.) die Landgrafen von Oettingen ihre Landgräfliche Vasallen nur zwischen der Eckenbach und der Sorne an den Bischofen zu Strasburg überwiesen haben, weil nemlich noch in dem nemlichen Jahr Kurpfalz in dem völligen Besitz des Distrikts Landes zwischen der Sorna, das ist Sur und der Selz gewesen, und ihn durch seinen eigenen Beamten verwalten lassen; folglich die Sur in alle Wege nur allein zur Gränze für das Oettingische Landgraviat im Elsaß dienen konnte (e) ohne doch, daß darum im geringsten die Gränze des Elsasses — solang die Selz lauft, verandert worden wäre.

§. 36.

Diß beweißt sich klar aus dem weitern Umstand. Es verliehe nemlich Anno 1361. Siegfried von Stralenberg seine von Kaiser und Reich zu Lehen tragende Keßler und Pfannenflicker Jurisdiktion im Elsaß an Johan von Rathsamhausen in Afterlehens weise (f). Der Distrikt wird alldorten angegeben von dem Hauenstein bis an die Selz und den Hagenauer Forst. Diß ist aber gerade die nemliche Gränze, welche der Wittenheimische Lehenbrief d. 1315. (§. 18.)

(e) Vergl. Kremer a. a. O. S. 29. 77.
(f) Beyl. N. XV.

und der Elſaßiſchen Städte Verein d. 1343. (§. 21.) und die §. 15. angeführte Urkunden vorzeichnen. — Die Rathſamhauſiſche Familie blieb nachher in dem Beſitz dieſer ſonderbaren Jurisdiktion, anfänglich von den Kurfürſten von der Pfalz (g), als Nachfolgern der Hohenſtaufer Herzoge, nachgehends aber von den Kaiſern unmittelbar, beliehen. In dem Sigismundiſchen Vergleich, und reſpektive Lehenbrief d. 1434 (h) ſind wörtlich die nemliche Gränzen beſtättiget;

„ zwiſchen dem Haueaſtein und dem Hagenauer Forſt ” (das iſt die Selz, ſ. §. 15).

Und ſelbſt das Conſeil ſouverain d'Alſace hat während ſeiner Reunionen den 13 Jenner 1685. dem von Rathſamhauſen, dieſes Lehen gerichtlich und in contradictorio zugeurtheilt (i), folglich auch per indirectum die Gränze des Elſaſſes agnoſcirt; wer daran zweifeln wollte, ſehe den Arrêt ſelbſt an, worinnen der Keßlerbezirk *la province d'Alſace* genennt wird, mithin was von der Gränze jenes wahr iſt, abſolute auch von der Gränze dieſer ſicher ſeyn muß. Ich bedarf nicht zu erinnern, daß, wie geſagt, Anno 1685. der arrêt erlaſſen worden, in welchem Jahr alſo das Conſeil die Gränzen des Elſaſſes wohl

---

(g) Kremer a. a. O. S. 204.
(h) Beyl. N. XVI. Ex Impreſſo: Privileges & ſtatuts accordés au métier des Chaudronniers des Cercles du Haut Rhin.
(i) Beyl. N. XVII.

kannte, obschon solche bis an die Queich gedrükt werden wollten (k).

§. 37.

Einen fernern Beweis gewinnt unser Thema,
wenn man der Herrn Grafen von Rappoltstein Pfeiffer
Königreich, oder Oberkeit über die Spielleute im Elsaß zu Hülffe nimmt, womit solche von Kaiser und
Reich beliehen waren (l).

Nach Innhalt dieser Kaiserlichen Lehenbriefe,
und nach der Königlich Französischen Konfirmations-

(k) Diß Raisonnement leidet keinen Abfall, wenn
gleich das Churpfälzische Keßler Privilegium
für den Rheinfranzischen Protektions = Bezirk,
(d. 1377. f. Kremer a. a. O. Seite 159. und
d. 1405. f. *Hertling*. Diff. d. Regal. Pal. §. IX.
p. 44.) welcher an den Elsassischen, womit die
Rathsamhausen beliehen sind, anstoset, an der
Sur anfangt und an derselben endet. Es ist ja
oben gesagt, (§. 35.) daß, wo die Selz ihren
Lauf endet, das ist, von dem Rhein seitwärts
gegen Abend an ihrer Quelle, alsdann die Sur
die Gränze rückwärts völlig zum Gebürg hin,
formire, und man kan dem noch zusetzen, daß
als Anno 1377. und 1405. besagte Privilegien
ausgefertiget worden, der Kurfürst von der Pfalz
den Distrikt zwischen der Sur und Selz theils
noch ganz theils zur Helfte, besessen, mithin sowohl Kurfürstliche als Rheinfränkische Jura dabey verbunden seyen.

(l) Beyl. N. XVIII. d. 1481.

Urkunde von 1700. (m) erſtrekt ſich dieſes Pfeiffer-Königreich (n)

„ oben von dem Hauenſtein bis in den Hage-
„ nauer Forſt, rechts den Rhein, links das
„ Vogeſiſche oder Lothringiſche Gebürg."

Das ſind dann abermalen in terminis die oben ſchon zur Genüge aufgeſtellte Gränzen des Elſaſſes. Sie ſind ſo unverwerflicher, als die angeführte Königliche Franzöſiſche in Contradictorio erlaſſene und verpönte Konfirmation von 1700, (folglich nach dem Ryswicker Frieden), in den Worten: „ que les dits
„ joueurs des violons & autres inſtruments *de la*
„ *Province* feront tenus..." ingenue bekennt, daß die Selz und Sur für die nördliche Provinzial-Gränze bis auf die neuere Zeiten gehalten werden mußten.

§. 38.

Will man auch die Relazion, welche gegen die Jahre 1516. 1519. die Kaiſerliche Räthe und Regierungs-Kommiſſarien von Enſisheim, in Betref der mit Lothringen gehabten Gränz-Irrungen dem Kaiſer Max I. erſtattet haben, hieherrufen (o); ſo wird man mit Ueberzeugung ſehen, daß auch im 16ten Jahrhundert nicht anders bekannt geweſen, wie ſich dann dieſe Kommiſſarien auch ausdrüklich berufen,

---

(m) Beyl. N. XIX.
(n) Kremer a. a. O. S. 78.
(o) Beyl. N. XX.

Betrachtung. §. 39.

als daß beyde in den obigen §§. angeführte Keßler und Spielleute Privilegien, so wie auch die Ausdehnung der Strasburger Diözes, der Münzkurs ꝛc. unstreitige und allgemein angenommene Beweisthümer der Gränzen des Elsasses gegen Lothringen — (folglich auch gegen den Speyergau, oder das alte Herzogthum des Rheinischen Franziens) seyen.

§. 39.

Und wie leicht wäre es, wenn ich mich von meinem Plan entfernen dürfte, noch eine grose Menge der bündigsten Beweise und der unbescholtensten Schriftsteller beyzubringen (p)? Immer wird man

---

(p) Ich will nur ein einziges Beyspiel anführen. In dem ersten Viertel des 16 Jahrhunderts lebte in dem Elsaß ein Gelehrter, welcher nach und nach öffentlicher Lehrer an den Gymnasien zu Hagenau, Straßburg und Schlettstadt gewesen: Hieronymus von Gebweiler. Dieser drückt sich in einem gedruckten Panegyrick auf Kaiser Karl V. Seite 12. aus: „*Alsatiæ* longitudo (das ist, mit Ausnahm des Sundgaues) viginti fere miliaria occupat.„

Diß wird der Entfernung Schlettstadts von der Surre wenig abweichen. „Latitudine, heißt es weiter, quam maxime patet, vix qua„tuor excedente. Ab occidente Vosago, ad „orientem vero Rheno flumine terminatur; „*Septentrionem versus Sornam & Ma-* „*tram* (d. i. die Sur und Selz, nach der jüngern Sprache; s. Kremer a. a. O. S. 77. XXII.) fluvios, *ac Sacram forestam limites habet.*

aber finden, daß Urkunden und Geschichtschreibere von den älteſten Zeiten — unter verſchiedenen Umſtänden, von verſchiedenen Orten, aus ganz entgegenſtehenden Quellen her, doch immer, wie von einem Geiſt belebt, darinnen vollkommen übereinſtimmen:

1. Da wo der Hagenauer oder heilige Forſt an die Selz gränzt, ſind beyde Namen, in Anſehung der Provinzial-Gränzen des Elſaſſes gegen Norden, wahre Synonime (q).

2. Sodann läuft die Selz, wo der Hagenauer Forſt dieſelbe verläßt, als nördliche Gränze fort, langs dem Hattgau bey Sulz, Surburg bis Gersdorff — an ihre Quelle zurück (r). Hier tritt dann
ein

Und auf der 13ten Seite:
„Quos recentiores Alſatas, Geographi veteres, Strabo ſcilicet & Ptolomeus, Tribochios ſeu Triboccos appellarunt, eosdem inter Rauracos & *Nemetes* (dieſe Völker bewohnten den Speyergau.) *Rheni Voſagique accolas*, ſtatuentes.„

Mit dieſem Gebweiler kommt auch *Chifflet* in Alſ. vind. p. I. überein „*Germanicae* CisRhenanae nobiliſſima Regis Alſatia ad *orientem* terminatur, *Rheno* flumine; ad occidentem, monte *Voſago*; ad *Meridiem, Sequanis*; ad *Septentrionem, Nemetibus*.

(q) *Marian. Vrſenſon*, in ſeiner Charte des Elſaſſes und BreysGaues iſt auch, wohl verſtanden, was den Lauf der Bäche betrift, ganz wohl zu gebrauchen.

(r) Bernhard Herzog a. a. O. Buch III. K. 18. p. 58. hält ein in die Selz ſtreichendes Neben-

Betrachtung. §. 40.

ein kleiner Zwischen - Raum - Gelånds ein, bis das Flüßlein Sur erreicht werden kan. Solchergestalt füllt diese Lücke der Speyergau zu Lande aus.

3. Aber bey Berührung der Sur — bey Mitsch- dorff oder Niedermattstadt nimmt dieselbe, auf ih- rem Weg nach Wördt, die Funktion der Gränze, rükwärts auf sich, zieht durch die Mitte, Frönsburg rechts und Schönau, Wegelnburg, Fleckenstein links, zu ihrer Quelle ans Gebürg.

§. 40.

Dieses vorstehende Resultat meiner zwey erstern Betrachtungen scheint mir, durch solche selbst, hin- länglich begründet zu seyn. Wenn ich auch noch an- führte, was wir aus dem in der not. p. des §. 39. ausgezogenen Gebweiler lernen (s), ich meyne, zwey — von den Jahren 1547. und 1548. wegen eines don gratuit von dem Kaiser Karl V. an die Rheinische Ritterschaft erlassene Schreiben; in wel- chen die nördliche Gränzen des Elsasses mittelbar angezeigt werden, gestalten sich der Kanton dieser Rheinischen Ritterschaft, welche immer von der El-

---

flüßlein für die Selz, und stituirt darum We- gelnburg noch ienseits der Selz ins Elsaß. Es ist aber irrig. Selzbach führt ohne Zweifel ihren Namen von den Salzquellen bey Sulz, und We- gelnburg liegt im Speyergau.

(s) add. Antiapolog. Nobilit. Trevirens. Beyl. Lit. C. C. 3. p. 12.

fasischen unterschieden war ('t), von dem Hagenauer Forst und der Sur, bis an den Erzstift
Köln erstreke; so würde gleichwohl das aufgeführte
Gebäude nur verschönert, aber nicht viel stärker, als
es schon ist.

§. 41.

Indessen seye es mir erlaubt, ehe ich zur dritten
Betrachtung übergehe, noch eine dreyfache Strebe
aus dem neuesten Zustand beyzusetzen.

I.

Die Ausdehnung der Strasburger Diözes ist
noch immer die nemliche geblieben, wie sie es von
den ersten Zeiten her gesetzlich gewesen ist. Geome-
trisch zu sprechen, dekte sie aber, wie oben bewiesen
ist, den alten Nordgau, oder das nachher sogenannte
Untere-Elsaß in Linien und Winkeln.

II.

Der Unterschied der Münz und Maaßung (u)
hat sich diß und jenseits der Selz unverändert erhalten: dann, wem ist es unbekannt, daß man im

---

(t) Kremer a. a. O. S. 78.
(u) Das nemliche Argument hatte bisher auch an
der südlichen Gränze des Elsasses gegen Basel
seine Anwendung.

Untern Elsaß nach Schillingen und Vierteln (boisseaux) auch das Fuder Wein nach 24 Ohmen zähle und rechne; gegenüber man im Speyergau nach Bazzen und Maltern, auch das Fuder Wein nach 12 Ohmen berechne.

III.

Die Kurfürstlich Pfälzische hohe Regal-Rechte des Wildfangiats, der Bastardfälle und dergleichen, wie auch der Goldwasche reichten, in blühender Uebung, bis auf unsere Tage, zur Selz.

Sie war die Linie, über welche die Landgrafen des Elsasses alles für fremd ansehen mußten (§. 18); sie war die Strecke und das Maal, bis wohin die Herzoge des alten Rheinischen Franziens jene hohe Rechte im Speyergau üben durften, und auf die Erzpfalzgrafen überlassen haben (§. 14.).

Was das Wildfangiat insonderheit betrift, so ist aus den verbindlichsten Verträgen zwischen Kurpfalz und Speyer bekant, deren zwischen 1491. und 1521. mehrere geschlossen worden, daß der Bischof von alters her solches Recht den Kurfürsten gestatten müßen. Selbst das Laudum Heilbronnense d. 1667. bestättigt solches (v). Es erstreckte sich dasselbe Recht sowohl über die Bischöflich Speyerische Lande zwischen der Lauter und Selz, als über das Ober-Amt Lauterburg, bis zum endlichen Vertrag zwischen dem

---

(v) Acta Compromm. p. 37.

Herrn Kurfürsten und dem Herrn Bischofen von 1709. So übte auch Kurpfalz das Wildfangs-Recht in dem zu dem Pfälzischen Amt Selz gehörigen, zwischen Lauterburg und Selz belegenen Ort Münchhausen aus, bis das Amt Selz an Pfalz-Zweibrücken vertauscht worden. Desgleichen in den zwischen der Lauter und Selz liegenden Mundat- und auch den vier Orten des Amts Cleeburg, so zum Weisenburger Mundat, unter gewisser Rücksicht, gehören (w), wie auch die Bastardfälle und Hagenstolzen Rechte (x), wie die darüber sprechende pfälzische Verträge mit Speyer d. 1502. und 1709. und mit Pfalz-Zweybrücken d. 1612 disponiren (y).

Minder nicht übte vor alters Kurpfalz die Rechte über die zu dem Schlos und Amt Wegelnburg, welches als Kaiserliches Domän Anno 1330. (§. 20.) an Pfalz verpfändet worden — gehörige — zu Bobenthal, Schlettenbach und Finsternheim im Weisenburger Mundat wohnende Leibeigene und ihr Vermögen, oder die sogenannte Königsleute aus, solange bis Pfalz-Zweybrücken durch Tausch in den Besitz dieses Rechts trat (1417) und darinnen durch den Landauer Vertrag bestättigt worden. Dieses Recht auf den ehemaligen Kaiserlichen Leibeigenen, oder Teutschen Königsleuten findet sich gar häufig im Speyergau.

(w) Pfalz Zweybr. St. R. p. 20.
(x) ebendaselbst, Seite 166. und 273.
(y) ebendaselbst §. all. 124. p. 166.

Betrachtung. §. 43. 53

Endlich stand auch dem Kurfürsten von der Pfalz von wegen des alt Rheinischen Franziens das hohe Geleit von dem Speyerischen Ober=Amt Lauterburg, bis an die Selz zu; es ist ihm auch solches durch das angeführte Laudum Heilbronnense de 1667. abjudicirt worden, und nur die Französischen Reunionen haben solches gehemmt.

§. 42.

Diese und dergleichen Rechte, die sich über Lande und Unterthanen im Speyergau überhaupt, als zwischen der Lauter und Selz insbesondere, ausdehnten, und zum Theil noch in Uebung sind, wo sie nicht wie vorhin gesagt, bisher sind gehemmt worden, zeugen alle von der Wahrheit, daß die Lande und Befugniße der Landgrafen im Elsaß, an der Selz und Sur wendeten, da dann die Lande, Befugnisse und Verfaßungen des Speyergaues, oder des Rheinfranzischen Herzogthums begonnen haben, und geographisch noch anfangen.

§. 43.

Diß seye genug, um einstweilen meinen Satz (§. 2.) erläutert zu haben. Weiter unten wird es noch Gelegenheit geben, zu mehrerer Aufrechthaltung dieser zweiten Betrachtung etwas anzuknüpfen: wir wollen uns noch vorher mit der Beschaffenheit des Landgraviats und der Präfektur im Elsaß ein wenig näher bekannt machen (s. oben §. 30).

Dritte Betrachtung.

Die Ausdehnung des alten Landgraviats des Untern Elsaßes, oder der in nachherigen Zeiten eingeführten Kayserlichen Reichs oder Provinzial Vogtei, reichte nie über die Selz; aber die Präfektur Hagenau konnte wohl weiter gehen: es gilt hingegen weder ein Schluß von dieser auf jene, qua Territorium, noch darf beydes identifirt werden.

§. 44.

In dem obigen 30. §. habe ich bereits im voraus bemerkt, daß das Landgraviat im Untern Elsaß, im Territorial=Gesichtspunkt, engere Gränzen gehabt habe, als der Dienstbezirk der Präfektur über die vereinigte Elsaßische Städte reichen konnte.

Die Bestellung dieser These hat vieles im Rezeß. Dann einmal wird daraus nicht allein noch immer mehr bestättiget, was in den zwey erstern Betrachtungen wegen Fixirung der Gränze des Elsaßischen Territorii aufgestellt worden, sondern es wird sich auch der Stoff zum Beweis schöpfen lassen, daß die Inkorporation der beyden Spenergau=Städte, Weisenburg und Landau, zur Präfektur Hagenau ab=

Betrachtung. §. 45.

soluta keine Erweiterung des Elsaßes habe erzeugen können.

Ich will nun versuchen, ob ich mit möglichster Kürze meine vorhabende Entwickelung ausführen kann.

§. 45.

Elsaß hatte von altersher zwo Hauptgauen, (§. 3. oben) ich meyne den Nordgau und den Sund- oder Südgau. Jener, oder das Untere Elsaß, wie dieser, oder das Obere Elsaß, stand unter seinem eigenen Grafen; diese, weil sie wieder mehrere minder-beträchtliche Grafen unter sich hatten, erhielten nach und nach, zur gehörigen Unterscheidung, den Namen Landgrafen. Ueber beyde Landgrafen stand aber noch ein Herzog, darum auch beyde grose Gauen, oder Landgrafschaften zusammen genommen, das Herzogthum Elsaß genennt wurden.

Sowohl die Herzoge als die Landgrafen waren enfänglich — nur lebenslängliche Kaiserliche Aemter; jener hauptsächlich für das Militär, und letztere für die Verwaltung der Kaiserlichen Domainen, und anderer für den Kaiser und das Reich reservirten Angelegenheiten, besonders aber der peinlichen und bürgerlichen Gerichtsbarkeit, und zwar letztere in Strittigkeiten unter den Reichsständen selbsten (z)

(z) So findet man einen merkwürdigen Ausspruch des Grafen von Werde d. i. des Landgrafen des Untern-Elsaßes, in Betreff der Daxburgi-

und über liegende Fundos. Es hatten aber die Landgrafen in ihren grosen Gauen, oder Provinzen darum nichts weniger, als eine ausgedehnte Gerichtsbarkeit. Die Kaiser hatten die meisten Stifter, Klöster, Städte und andere immediatos von derselben eximirt und sich selbst reservirt. Darum fanden sich so viele — von den Kaisern gesetzte, wenigstens bestättigte Stadt=(a) und Kloster=Vögte vor, die, als unmittelbar unter Kaiser und Reich stehende, Schuz- und Schirmvögte mit denen zwey Landgrafen in gar keiner Verbindung standen. Daher leuchtet auch, zum voraus schon, von selbsten ein, daß die beyde Landgrafen sich allezeit eher auf die — in ihrem Gau ihnen deferirte Jurisdiktion werden haben einschränken müssen, als ihre Amtsgewalt auszudehnen, den Gedanken sich anwandeln lassen dörfen.

Indessen kan man sich aber doch leicht vorstellen, daß diese Landgrafen deswegen immer schon mächtige Herren gewesen seyen: dann sie waren nicht allein, statt ihrer Besoldung, oder Dienst=Einkünften, mit ansehnlichen Kaiserlichen Fiskal=Gütern beliehen, wenigstens war nicht zu vermeiden, daß sie sich nicht solcher, unter der Hand, ermächtigten; sondern sie wußten auch ihrem Landgraviat noch andere beträcht-

---

schen Succession d. 1226. *Preuves de l'hist. a' Alsace* p. 34.
(a) Versuch einer aktenmäsigen Geschichte der zehn vereinigten Reichsstädte im Elsaß 2c. §. 9.

liche, Fürstlich= und Bischöfliche, Lehen zu erwerben, aus welchem allem dann, und wenn sie ihre eigenthümliche Güter damit verbanden, eine oft mehr — oft weniger — immer aber ansehnliche Masse erwachsen mußte.

Die Landgrafen des Sundgaues waren aber um deswillen weniger einem Wechsel des Ansehens und Reichthums unterworfen, weil sie sich, nach dem Beispiel der Herzogen, in ihrem Amt erblich gemacht hatten, wo im Gegentheil die Landgrafen des Nordgaues, oder Untern=Elsasses gemeiniglich aus verschiedenen Familien; einmal weltlich, einmal geistlich; und also ganz von der Willkühr der Kaisere abhängig, folglich auch einmal reich, ein andermal weniger vermöglich gewesen.

§. 46.

Mit Ausgang des Herzoglich Hohenstaufischen Hauses gewann aber die vorige Verfassung eine ganz andere Gestalt. Die damalige turbulenten Zeiten des grosen Interregnums hatten ohnediß schon das meiste dazu vorbereitet, so, daß sie zu der völligen Umschaffung nicht wenig beytrugen. Die unter ihren Landgrafen stehende Grafen, Herren, Ritter und andere rissen sich aus ihrem dienstlichen Verband heraus, und suchten ihre Freiheit, Selbstständigkeit und Unmittelbarkeit; Stifter und Städte suchten das, was sie von diesen Eigenschaften schon hatten, entweder zu erweitern, oder doch zu befestigen. Zuerst scheiterte dadurch die bisherige Landgräfliche Jurisdiktion, so daß am Ende den Landgrafen wenig oder nichts von ihren vorigen Präeminenzien übrig geblieben.

Bey dieser Epoke ist noch zurückzuholen, daß im Jahr 1238. (b) das sich erblich gemachte Ober-Elsaßische Landgräfliche Geschlecht ohnbeerbt ausgieng, zu der Succeßion in dessen Rechte und Lande, die zum Theil noch im Untern-Elsaß lagen, mehrere Kompetenten hervortraten, die, bey dem unerwarteten Eintritt obiger traurigen Erlöschung des Herzoglichen Geschlechts der Hohenstauffer, noch immer nicht völlig zufrieden gestellt waren. Alle diese Umstände, und eigene Vergröserungs-Sucht zusammengenommen, bahnten denen Landgrafen den Weg zu ihrer gleichmäsigen Erblichmachung, so daß sie aus vorigen Kaiserlichen Bedienten nun — auf ihre übrigbehaltene Lande — eingeschränkte Territorial-Herren zu werden begannen. Kaiser Rudolf von Habsburg ließ solches um somehr geschehen, da Er und seine Descendenten bey der Succeßion in die Ober-Elsaßische Landgrafschaft und deren Erblicherhaltung am meisten interessirt waren. Seine vor und nachgehende Kaiser setzten aber gleichwohl denen Landgrafen, damit einen Pfahl, daß sie, seit der Zeit, als die Landgrafen aus den Schranken der Dienerschaft auszutretten anfiengen, Kaiserliche Advokaten oder Landvögte anordneten, die darauf Acht nehmen und Gegenmittel anwenden mußten, wenn die Landgrafen zu weit gehen, und so-

Betrachtung. §. 48.

wohl Kaiserliche und Reichs = Domänen als andes
rer Unmittelbarer Besitzungen sich zu eigen machen
oder unterwerfen wolten. (b) Aus diesem Grund
geschah es auch, daß sich mehrere unmittelbare
Städte des Reichs enger zusammen setzten, und
von den Kaisern eigene Schultheißen und Vögte zur
Schirmung, Handhabung auch Rechts = Verwaltung
überkamen.

§. 47.

Durch diese Kaiserliche Land = und Stadt-
Vögte bekamen nun die Landgrafen ein Gegenge-
wicht und blieben darum auch in den Gränzen ihrer
alten Gauen oder vorherigen Landgraffschaften eingeschränkt (c). Das Untere Elsaß insbesondere behielt daher auch seine originelle Gränzen an der
Selz, wie oben bereits ausgeführt worden.

§. 48.

Von dergleichen Landvogteien gab Uns der obige
§. 16. schon Beispiele, da Kaiser Heinrich VII.
1308. Sybothen, Herrn von Lichtenberg, Bischoffen
zu Strasburg, und 1312. Gottfriden Grafen von

(b) Oben §. 16. sahen Wir ein Beyspiel, daß schon
1258. mithin noch vor Ausgang des Hohen-
staufer Herzogenhauses ein Landvogt zwischen
Basel und der Selz von dem Kaiser bestellt
worden.

(c) *Obrecht.* Prodr: C. XIII. p. 295.

Leiningen zu Landvögten im Elſaß beſtellte. Vor ihnen begleitete ſolche Stelle Otto von Ochſenſtein. (§. 17. not. a)

Im Untern-Elſaß wußte ſich zwar die Gräflich Oettingiſche Familie, welche Anno 1238. Mitcompetent an die Ober-Elſaſſiſche Landgraffſchaftliche-beſonders auch im Untern-Elſaß belegene Lande geweſen, zur Landgraffſchaft zu ſchwingen. Es iſt aber dieſe, gegen vorige Zeiten ſchon gar unbedeutend geweſen, und nach kurzer Zeit haben auch die Oettinger, anfänglich ihre Landgraffſchaftliche Würde und die damit verbundene Reichs-Lehen dem Kaiſer Karl IV. aufgeſagt — endlich aber ihre ſämtliche Rechte und Beſitzungen, Lehen und eigen, verſchiedentlich hin vollends verkauft, und ſolchergeſtalt dem Landgraviat des Untern-Elſaſſes ein völliges Ende gemacht. 1359. (d)

Die Landgraffſchaft des Obern-Elſaſſes blieb aber bey dem Habsburg-Oeſterreichiſchen Hauß, welches im Jahr 1238. ein Haupt-Competent zu der Succeßion der damalen ausgeſtorbenen Landgräflichen Linie geworden iſt. Oben (§. 18.) haben ſich auch im Jahr 1315. 1314. die Gebrüdere Leopold und Friederich von Oeſterreich als Landgrafen im Obern-Elſaß aufgeführt.

(d) *Schöpflin.* Alſ. ill. Tom. II. p. 128—134. gibt eine detaillirte Erzählung von dem ganzen Hergang. Cf. auch der §. 30. oben.

Betrachtung. §. 49.

Es hat solche Landgraffschaft aber ohne Zweifel einen starken Stoß erlitten, als dieser Friederich sich zum Gegenkaiser Ludwigs des Baiern aufwarf, seine Landgräfliche Rechte und Ländereyen ausnehmend erweiterte, und darum dem Letztern das Recht gab, dem Hauß Oesterreich hierunter Schranken zu setzen, wie er dann auch wirklich Anno 1341. seinen Sohn, Pfalzgrafen Steffan, zum Landvogt im Obern-Elsaß bestellte.

Und wenn auch gleich K. Karl IV. noch bey Lebzeiten Steffans ebenfalls einen Landvogt, nemlich seinen Eydam Rudolfen von Oesterreich ernennte; so war doch einmal die Landvogteyliche Würde gegen die Landgräfliche etablirt.

§. 49.

Des Zusammenhangs wegen will ich hier in das Gedächtnis zurück rufen, (§. 24.) daß Anno 1349. Churpfalz in den erblich-pfandschaftlichen Besitz der Landvogtey im Elsaß und des Schultheißen-Amts zu Hagenau — und daß Anno 1354. (§. 26.) die Vereinigung der Städte, unter ihrem Landvogten, zu Stand gekommen seye, und diese — ohngeachtet die Grafen von Oettingen ihre Landgraffschaft noch nicht völlig distrahirt hatten, dennoch einen eigenen unabhängigen und unmittelbaren Körper formirt habe.

§. 50.

Im Jahr 1371. (e) soll Kaiser Karl IV. den Söh=
nen obgenannten Rudolphs von Oesterreich, Albrecht und
Leopold, die **Reichs Landvogtey im Elſaß**
über alle Geiſt= und weltliche Stände und Untertha=
nen mit aller und jeder Gerichtsbarkeit ſamt dem
Patronats = Rechte über die Abteyen und Stifter
aufgetragen haben.

Da dieſe Land - Richterſtelle noch vorher den
Landgrafen, in ſoweit, zuſtand; ſo kan man bey ſotha=
ner Landvogtey= Ernennung fühlen, daß die Ober=
elſaßiſche Landgräfliche Gerichtsbarkeit der Herzoge
Leopold und Friederich de 1315. 1314. (§. 48.) ſo
wenig damalen mehr konnte beſtanden haben, als
wenig die vormalige Unter= Elſaßiſche Landgräfliche
Jurisdiktion mehr exiſtirte.

Nichtsdeſtoweniger hieß der neue Landvogt auch
noch: Land Vogt im Obern Elſaß, ohne Zweifel
zum Unterſchied von der Landvogten der Elſaſſiſchen
Städte, dann dieſe war ſeit ihrer ältern und neuern
Beſtimmung etwas ſeparates von den Landgraffſchaf=
ten, ſo wie hingegen jene Neue Reichs = Vogtei in
die Stelle der vorigen Landgraffſchaften tretten zu
ſollen ſchien. — Gleichwohl war dieſe Reichs-Vogtei
nichts weniger als erblich oder gar mit Landesherr=

(e) ſ. den arrêt de Réunion d. 22. Mars 1680. in
dem Recueil des Ordonnances d'Alſace. p. 97.

Betrachtung. §. 52.

lichen Territorial Gerechtsamen vereiniget. Es war solche ein persönliches Amt, welches aber, Namens des Kaisers, ausgedehntere Gewalt führte. Hieraus erklärt sich auch, daß diese Neue Reichs-Vogtei ohnmöglich über die einmal bekannten Gränzen der Landgraffschaften im Obern- und Untern Elsaß hinausreichen konnte.

§. 51.

Leopold war noch Anno 1382. Provinzial Landvogt, zu gleicher Zeit, als Churfürst Ruprecht I. von der Pfalz die Landvogtei der Kaiserlichen Reichsstädten innehatte. Nach Absterben jenes Leopolds und seines Bruders wurde aber dieses Landvogtei-Amt wieder vacant, (f) worauf Kaiser Wenzel dieselbe dem Jost von Lützelburg, Marggrafen von Mähren, verpfändete. Demohngeachtet behielten die Oesterreicher noch einen Unter-Landvogt über ihre in dem Obern-Elsaß und Sundgau belegene Allodien. (g).

§. 52.

Kaiser Wenzels Absetzung und Kurfürsten Ruprechts III. Gelangung zum Kaisers-Thron veranlaßte eine Veränderung.

(f) Herzogs Elf. Chron. IX. 152.
(g) Vergleiche Beyl. Num. XXI.

Letzterer tratt seinem ältesten Sohn und Kur=
folger Ludwig dem Bärtigen die erbliche Pfandschaft
der Land = Vogtei im Elsaß oder der Reichsstädte ab,
(1400.) und im folgenden Jahr, als er nach Italien
reißte und während seiner Abwesenheit besagten sei=
nen Kurprinzen zum Reichs Verweser ernannte,
bestellte er Reinharden von Sikingen, als Substitu=
ten Ludwigs, zum Unter Land = Vogt. (h) Die Land=
Vogtei im Obern = Elsaß aber ließ er durch eigene
Beamte einstweilen administriren. (i)

Nach seiner Zurückkunft aus Italien wurde
Ludwig von seinem Herrn Vater nicht allein wieder
in die Landvogtey eingesetzt, sondern auch 1408.
zugleich auf seine Lebenszeit, mit jener sogenannten
Landvogtey im Obern=Elsaß, jedoch gegen eine jähr=
liche Recognition von 2000. fl. bekleidet (k.

In solcher Qualität schlichtete er 1409. die Strit=
tigkeiten zwischen Herzog Leopold von Oesterreich
und Catharina von Burgund seiner Gemalin, ab
einer = und Schmaßmannen Herrn von Rappoltstein,
ihrem besondern Landvogten für ihre Oesterreichi=
sche Lande im Ober=Elsaß und Sundgau, ab der an=
dern Seite, des letztern Administration betreffend
(l): woraus am besten genommen werden kan, daß
diese

(h) *Schilter*. Comm. ad J. Feud. Alem. p. 152.
(i) *Preuves* de l'Hift. d'Alf. p. 134.
(k) ebendaselbst. p. 134.
(l) Beyl. N. XXI.

diese Landvogtey in die Stelle der alten Landgraf-schaften eingetretten seye, da dergleichen Rachtungen nur dem Landgrafen vorher zukamen. (§. 45. oben)

§. 52. b.

Kaiser Sigismund bestättigte zwar, nach dem Tod des Kaiser Ruprechts, 1410. dem Churfürsten Ludwig seine Reichspfandschaften und besonders die Landvogtey im Elsaß; hingegen die Reichsvogtey nahm er demselben ab, und verliehe sie dem Grafen Bernhard von Eberstein (m), welcher in solcher Qualität im Jahr 1413. einem gütlichen Vergleich zwischen dem Grafen Johann von Lupfen, Landgraven von Stühlingen und Herrn zu Hohenack und Schmaßmann, Herrn von Rappoltstein, beigestanden hatte.

Graf Bernhard von Eberstein durfte aber dieses Ehren-Amts nicht lange geniesen, dann nach seinem bald erfolgten Tod erscheint schon 1417. vorbemeldter Graf Johann von Lupfen, als des Kaisers und des heil. Reichs Advocatus *generalis per Alfatiam* (n), Landvogt in Elsaß (o).

(m) Beyl. N. XXII.
(n) *Lunig.* R. A. Cont. Spicil. Eccles. I. p. 987. n. 62.
(o) a. a. O. daselbst Cont. I. p. 988.

§. 53.

Es ist nicht wahrscheinlich, daß beyde Landvögte nur Substituten des Kurfürsten gewesen — und der Kaiser diesem in der Confirmations=Urkunde über seine pfandschaftliche Landvogtey (1410.) auch die von Kaiser Ruprecht ad dies vitæ 1408. verliehene General=Landvogtey im Elsaß confirmirt hätte; dann sonst würde es nicht wohl einer neuen Pfandverschreibung Anno 1423. bedürft haben, in welcher Kaiser Sigmund Unserm Kurfürst Ludwigen diese General=Landvogtey im Elsaß gegen 50,000 Gulden, bis auf Wiederersatz, verpfändete (p).

Daß diese neue Pfandschaft aber nicht die Landvogtey Hagenau gewesen seye, solches wird daraus ersichtlich, weil Churpfalz letztere, schon seit 1349., in Pfandung hatte und 1410. darinnen confirmirt worden: vielmehr war sie die nemliche Reichsvogtey, die die Herzoge von Oesterreich und Jost von Mähren (§. 50. 51.) sodann selbst Kurfürst Ludwig der Bärtige auf Lebzeit des Kaisers, seines Herrn Vaters, Anno 1408. gegen jährliche 2000. fl. (welche gerade die Zinsen zu 4. vom 100. von dem Pfand=Kapital der 50,000. fl. sind) innegehabt haben.

(p) *Laguille* Hist. d'Alsace P. II. L. V. p. 41.

§. 54.

Nunmehr hatte Churpfalz beyde Landvogteyen, die nemlich über das ganze Elsaß und die über die Städte und Reichsdörfer, zugleich inne.

Das Reglement Kaiser Sigismunds von 1425. worinnen er zu Gunsten der Elsaßischen Reichs-städte verordnete, im Fall zwischen dem Land-vogt, oder seinem Substitut (q), und ein oder anderer derselben, Jrrungen entstünden, solte Er seine Intention vor einem Ausschuß der übrigen Städte — und wenn er es mit dem ganzen Verein-Körper der Städte zu thun bekommen habe, solte Er vor dem Kayser und seinen Nachfolgern agiren, wie es altes Herkommen mit sich bringe, mag daher auf beyde Landvogteyen gehen.

(q) Dieß war eine Zeitlang in der Reichs-Vogtei, Kurfürst Ludwigs Bruder, Herzog Steffan, wie man aus einer Urkunde von 1429. worinnen er eine Jrrung zwischen Abt von Münster im St. Gregorien-Thal und Anton von Hattstadt (Beyl. Num. XXIII.) desgleichen aus einer andern Urkund von 1434. siehet, darinnen ihm der Kaiser die Protektion und Vertheidigung der Abtei Lüders gegen ihre Gegner aufträgt und ihn *Nostri & Imperii sacri in Terra Alsatiae Advocatum*, nennet. (f. *Lunig. R. A. Spicil. Ecclef. Cont.* I. p. 991. Aber zu gleicher Zeit waren des Kurfürsten Substituten in der Landvogtei Hagenau, Henrich von Boppart, Friederich von Flekenstein ꝛc.

§. 55.

Im Jahr 1436 überließ Kurfürst Ludwig der bärtige seinem 12. Jährigen Sohn, Ludwig IV. die Land-Vogtei über die Städte ꝛc. und sezte Grafen Emich von Leiningen zum Substituten. Nach des Kurfürsten Tod übernahm aber sein Bruder Otto von Mosbach, als Tutor und Administraror für den jungen Kurfürsten Ludwig, beide Land-Vogteien, wie man aus seinem, in Betreff der Irrungen über die Succession in der Herrschafft Hohenack zwischen dem Grafen von Lupfen und dem Hauß Rappoltstein, zum Vortheil des leztern, gegebenen Ausspruch d. 1437. (r) ersehen kan; woraus sich abermals bestättiget, daß die vormalige Oesterreichische Landgraffschafftliche Jurisdiktion oder Landrichterstelle im Ober-Elsaß schon lange aufgehört, und die Reichs-Vogtei in die Stelle der beyden Landgraffschafften im Obern- und Untern-Elsaß generaliter getretten seye. Indessen ist leicht zu erachten, daß, da dieselbe mit der Landvogtei über die Städte in Einem Fürstlichen Hauß beysammen waren; da beyde ihre Residenz zu Hagenau hatten und beyderley Ressort-Geschäften in Einem Conseil daselbst verwaltet worden, darum auch beyde Landvogteien gleichsam in Eines gegossen worden, woraus in nachherigen Zeiten keine heilsame Folgerungen haben gezogen werden wollen.

(r) Beyl. Num. XXIV.

§. 56.

Kaiser Friederich III. bestättigte Anno 1440. den nunmehrigen Kurfürsten Ludwig IV. in seiner Landvogtei und autorisirte ihn sogar, die Kaiserliche Investituren über die kleinere Reichs=Lehen im Untern=Elsaß zu ertheilen. Hierinnen liegt zwar der virtuelle Unterschied zwischen der General=oder Provinzial=Landvogtei und der Landvogtei der Elsaßsischen Städte, denn nur in Rücksicht der erstern konnte der Kurfürst die Kaiserliche Belehnung ertheilen, mit welcher letztere in keiner Verbindung gestanden; allein es blieb dann doch eine Vermischung beyder Landvogteien in dem allgemeinen Ausdruck: Landvogtei, einmal allezeit zurück.

§. 57.

Kurfürst Ludwig der Bärtige hat beyde Landvogteien im Jahr 1427. zu einem Etablissement für seine nachgebohrne Herren Söhne bestimmt; Friederich, sein nachgebohrner Sohn, solte solche zum Ansitz bekommen, hat aber als Vormunder seines ältern Bruders, Kurfürsten Ludwigen IV. unmündigen Kurprinzen, Philipps, und nachdem er sich selbsten zum Kurfürsten aufgestellt und seinen besagten Neffen an Kindesstatt angenommen hatte, Anno 1472. disponirt, daß solche Landvogteien künftig bey der Kur bleiben sollen. (s) Man fühlet, bey Lesung der Urkunde darüber, gar akkurat, daß in derselben die General-Landvogtei — von der Landvogtei der Städte und der seit 1331. pfandweis inngehabten Speyerischen Vogtei in der Stadt Weissenburg (§. 19.) unterschieden werden wollen; obschon der Namen: Land-Vogtei nur einmal daselbst vorkommt, und die Stadt Weissenburg unter den andern Städten des Obern- und Untern-Elsasses stehet.

§. 58.

Es ist bekannt, was zu dieser Disposition Anlaß gegeben. Kurfürst Friederich der Sieghaffte tratt seine Vormundschafft über seines Bruders Ludwig IV. Sohn Philipp in einer solchen Crisis an, daß alle Umstände anriethen, sich selbst zum Churfürsten darzustellen. Wie vielen Kampf ihm aber dieser Schritt kostete, und wie er nachher selbst den Kaiser Friederich III. zum Haupt-Gegner behielt, würde, hier zu wiederhohlen, vom Zweck abführen. —

Die Pfandschafften im Elsaß, so doch der Kurfürst, als väterliches Erbe überkam, wolten von den Lützelburgern darum in Anspruch genommen werden, weil solche einmal Kaiser Wenzel dem Jost von Lützelburg, Marggrafen von Mähren verpfändet hatte. (§. 51.) Erz-Herzog Albrecht von

---

(s) Kremer Gesch. Churf. Fried. I. von der Pfalz
S. 6. not. 2.)

Betrachtung. §. 58.

Oesterreich, ein Kompetent zu der, von den Kurfürsten — noch bey Lebzeiten des K. Friederichs III. vorgehabten — Röm. Königswahl, verpflichtete sich, auf den Fall seiner Gelangung zum R. Kg. Thron, gegen Unsern Kurfürsten, ihm seine Pfandschafften im Elsaß zu konfirmiren und vor den Lützelburgischen Ansprüchen zu garantiren. Allein Kaiser Friederich richtete selbst seinen Plan auf Rückziehung der Kurfürstlichen Landvogtei, nahm solche auch Ao. 1470. dem Kurfürsten faktischer Weise ab, ertheilte solche dem Herzog Ludwig dem Schwarzen von Pfalz-Zweybrücken, und als dieser sie am 2. Sept. 1471. wieder an Kurpfalz abtretten mußte, forderte endlich der Kaiser 1473. 1474. dieselbe in einem mit dem Kurfürsten einzugehen vorgehabten Vergleich, vor sich selbst zurück.

Obschon bey allen — während des mehrbesagten Kurfürsten Friederichs Regierungs=Zeiten gepflogenen — mir bekannten — Verhandlungen die zwey verschiedene Landvogteien im Elsaß auch nur unter Einem Namen — und gleichsam vermischt in Anregung kommen, so äusserten sich doch nachher auch immer noch Fälle, da man deren Verschiedenheit aus den Wirkungen abnehmen kan; z. B. so hat sich im Jahr 1493. Churfürst Philipp, als Land-Vogt, mit dem Grafen Sigmund von Lupfen wegen der Fremden — in die Lupfische Besitzungen im Ober-Elsaß einziehenden Unterthanen dahin verglichen:

(t) daß diejenige, welche aus dem Bißtum Straßburg und der Obern-Mundat, auch andern Geistlichen Stiftern, desgleichen aus der Herrschafft Horburg, Rappoltstein, Hattstadt und den freien Reichsstädten, von Neuem- oder Altem Herkommen, kämen, künftig dem Reich und dem Kurfürsten als Landvogten im Elsaß zugehören, alle andere aber, so ausserhalb der Provinz kämen, dem Grafen von Lupfen seyn sollen.

Wenn man nun berechnet, daß sich die Landvogtey der Reichsstädte auf dergleichen *Actus* nicht erstreckte; — daß das Recht, über den Einzug der Fremden zu erkennen, sonsten denen Landgrafen des Elsasses zugestanden; (oben §. 18. 1315.) — wenn ferner man bedenkt, daß sich das Recht des Churfürsten zu einem solchen Vergleich über die Provinz Elsaß ausdehnte, diese aber, wie oben bewiesen ist, nach wie vor ihre Landes-Gränzen behalten, wenn gleich die beide alte Landgraffschaften cessirten; so läßt sich bey diesen 3. Punkten der Schluß ziehen:

Daß die General-Vogtey im Elsaß von der Hagenauer Vogtey der Städte völlig verschieden gewesen; daß sie in die Stelle der Landgraffschaften des Elsasses überhaupt getretten, und folglich auch dererselben Gränzen an der Selz und Sur gehabt haben

(t) Beyl. N. XXV.

müsse, so weit sich auch die, in jener Generalen Landvogtey eingeschlossene Strasburger Diözes, oder, der Landgrafen von Oettingen Ueberbleibsele der alten Untern-Elsaßischen Landgraffschaft gegen Norden erstreckt hatten. (§. 2. not. g.) §. 47.)

§. 59.

Es konnte sich also auch diese General-Landvogtey, die aus den abgängig gewordenen Landgraffschaften entstanden ist, nicht über die Stadt Weisenburg erstrecken. Dann diese war, in sofern sie in dem Elsaßischen Städte-Verein stand, nur an den Landvogten zu Hagenau attachirt, und übrigens hatte sie ja ihren eigenen Vogt seit der Pfälzischen Pfand-Innhabung des Speyergaues de 1331. Ich wünschte einen urkundlichen Beweiß zu sehen, daß vor der Zeit, als beide Landvogteien zusammen in die Hände der Churpfalz kamen, 1423. der General-Landvogt sich über die Selz und ins besondere in die Stadt und Amt Weisenburg erstreckt habe? Wenn es also während der Pfälzischen Innhabung doch geschehen, so wird man immer annehmen müssen, daß solches in der Qualität des Hagenauer Landvogts oder Präfekts — nicht aber des General-Provinzialvogts geschehen seye.

§. 60.

Bey den Baierischen Fehde Zeiten, 1504. nah=

me endlich Kaiser Max I. dem Haus Pfalz beide Landvogteien weg (u).

In dem von diesem Kaiser als Oberlandvogt an die Stadt Kolmar ausgestellten Schutz- und Schirms-Revers von selbigem Jahr wird zwar Kurfürst Philipp von der Pfalz nur Ober-Landvogt im Untern-Elsaß genennt, ob er schon Landvogt der ganzen Provinz und Landvogt über die Elsaßische Städte ꝛc. ex diversis titulis gewesen; so wird in demselben angeführt, die Stadt gehöre zur Landvogtei des Untern-Elsasses, ob sie gleich im Obern-Elsaß liegt. Es kommt aber offenbar diese Vermischung lediglich von der Residenz des Landvogtei-Departements her. (§. 55.) Keinem Zweifel ist es unterworfen, daß die Stadt Weisenburg nicht auch einen dergleichen Versicherungs-Schein bekommen habe; der Schluß wäre aber irrig, weil solche zur Landvogtey der Elsaßischen Städte im Elsaß gehöret habe, also müsse auch solche zur Landvogtey der Provinz gehören: denn es ist ein großer Unterschied zwischen Elsaßischem Grund und Boden, und zur Elsaßer Städte-Präfektur gehörig seyn.

§. 61.

Ausser den oftberührten 2. Landvogteyen nahm

(u) Beyl. N. XXVI. Cf. *Schrag.* Nullit. iniquit. Reun. Alsat. Beyl. N. 17.

Betrachtung. §. 61.

auch Kaiser Max dem Churfürsten von der Pfalz die Vogtey in der Stadt Weisenburg samt den 4. Orten Altenstadt, Schleithal, Seebach und Schweighoffen, die vorher unter dem Namen des Amts Weisenburg oder Altstatt bekannt waren, nebst dem Amt Kleeburg weg. Letzteres bekam Herzog Alexander von Pfalz-Zweybrücken; (s. unten §. 71.) erstere 4. Orte aber warf er, nach dem Beispiel der Stadt Weisenburg, (1354.) ob sie gleich alle zur Speyerischen Landvogtey gehören, darum zum Zinnsmeister-Amt und der Präfektur Hagenau, weil erstlich sie derselben nahe lagen, und weil, fürs andere, die Kaiserliche Pfandschafft der Speyerischen Landvogtei seit 1495. (v) in ein Churpfälzisches-Erbmannlehen verwandelt war — mithin nicht mehr existirte. Von dieser Zeit an sind diese Orte als unmittelbare Reichsörter und Zugehörden der in Oesterreichischen Händen befindlichen Elsaffischen Landvogtei behandelt worden, auch hat der Kaiser der Speyergau-Stadt Weissenburg Reverfalien gegeben, sie bey ihren Mundats-Rechten und Gerichtsbarkeiten 2c. in bemeldten Orten zu beschirmen.

Dazu kamen auch des Abts Plane zu Begründung und Erweiterung seiner Obersten Gerichtsbarkeit in der Mundat, welche sich theils in den Speyergau, theils in den Elsaß erstreckte, und wovon der

---

(v) Acta Compr. Aurel. Feud. pignoratitiorum designatio sub Philippo. p. 132.

Abt den Einfluß derer benachbarten, an der Mundat interessirten, Landesherren und deren Richter aushalten wolte; Niemand konnte da besser helfen, als der Kaiserliche Landvogt in Hagenau, und zu dem Ende mußte sich auch die Stadt Weissenburg, die ebenfals ihr Interesse dabei hatte, der Landvogtei inkorporiren. (§. 28.) So wandelte unmerklich die besondere Protektion über die Stadt Weissenburg, welche als Speyerische Pfandschaft seit 1331. dem Haus Pfalz allein gehörte, über — zur Präfektur Hagenau.

§. 62.

Kaiser Karl V. hat nun zwar das Pfälzische Hauß Anno 1521. wieder in den Besitz obiger 4 Orten und der Vogtei in Weissenburg (als Speyerische Pfandschaft) gesetzt: allein Pfalz mußte sich gefallen lassen, dabey einen Vertrag mit dem Abt einzugehen, worinnen diesem die Helffte an solchen Orten abgetretten und die andere von ihm zu Lehen genommen, dabey auch dem Landvogt von Hagenau Vorzüge vor dem Kurfürsten, z. B. im Punkt der Frohnden, gestattet werden mußten.

§. 63.

In diesen nemlichen Zeitpunkt fällt auch die oben (§. 28.) vorgetragene Inkorporazion der Speyergau Stadt Landau in die Landvogtei Hagnau. (1521.) Kaiser Karl konnte aber wohl nicht anderst, diese Stadt einem nähern Kaiserlichen Landvogten anvertrauen und in Schirm geben, masen die Speyerische Landvogtei seit 1495. cessirte. (s. §. 61. not. v.)

§. 64.

Nun begreift es sich auch leichter, warum, als Anno 1530. Churpfalz auch wieder zum Besitz der beyden Landvogteien im Elsaß gekommen, nicht wohl zu vermeiden gewesen, daß nicht die General, d. i. Provincial-Vogtei — mit der Hagenauer Präfektur und den ursprünglichen Speyerischen Landvogtei Rechten zu Weissenburg und Landau vermischt blieben. —

Es erklärt sich auch jetzo, warum es auch auf diesem Fuß verblieben, als im Jahr 1558. der Kaiser, oder besser, das Hauß Oesterreich, den ganzen Inbegriff dieser einzelnen — in der Execution aber in einander geflossenen Land- und Vogteilichen Pfandschafften dem Kurhaus Pfalz ablösete. In dem zwischen K. Ferdinand und Kurfürst Ott Heinrich darüber ausgefertigten Diplom wurde sogar expresse stipulirt, daß diese Wiederlosung nach dem Fuß der, durch Kaiser Max und Karl gemachten Einrichtung und Assoziirung der Stadt und Amts Weissenburg zur Präfektur Hagenau bewerkstelligt werden soll.

§. 65.

Und so blieb dann auch der Zustand der Oesterreichischen Besitzungen bis zum Westphälischen Frieden; nur mit dem Unterschied, daß seit 1558. das Haus Oesterreich, aus mir nicht völlig bekannten Ursachen, den Nahmen eines Landgrafen von Ober- und Unter-Elsaß wiederangenommen hat. Zuverläsig konnte es aber damit nichts anders anzeigen, als daß es nun die Anno 1371. (§. 50.) oder besser 1417. (§. 52.) errichtete General-Landvogtey wieder innehabe, mit welcher diejenige Jurisdiktion innerhalb der Landvogtey oder Provinz Elsaß verbunden war, welche die im 14. Jahrhundert abgegangene Landgrafen Amts- und Lehensweise ausübten, und wohlgemerkt, zurückgelassen hatten. Daher erklärt sich, warum die regierende Herren des Hauses Oesterreich ihre Brüder- und Vettern mit dem Amt eines Oberlandvogts — nach wie vor beliehen hatten; und diese Benennung giebt die weitere Erklärung, warum die Landvogtey der 10. Städte nun den Namen Präfektur per Excellentiam beygelegt bekam.

Aus diesem Oesterreichischen Benehmen sollte man endlich auch die Folge ziehen dörffen, daß Oesterreich selbsten die Ausdehnung der Landvogtey- der Provinz- oder des Territorial-Bezirks von Elsaß, enger als den Bezirk der Präfektur Hagenau gehalten habe, weil jene in die Stelle der alten

Landgrafschaft, so viel davon noch übrig war, getretten ist, diese Landgraffschaft aber nie weiter als an die Selz und Sur reichte, wohingegen der Präfektur einige Orte und Städte der ehemaligen Speyerischen Landvogtey in Schutz, Schirm und Administration gegeben waren.

§. 65. b.

Und nunmehr, glaube ich, mein Thema, als Rekapitulation des vorgetragenen, rechtfertigen zu können:

1) Die Präfektur Hagenau hat bey ihrer Entstehung gar keine Verbindung mit den Gränzen der Provinz, sondern lediglich zum Zweck gehabt, die Städte und nachher einige unmittelbare Orte zu beschützen, schirmen und handzuhaben.

2) Sie hatte auch gar keinen Bezug auf die Landgraffschafften, oder die General-Landvogtei, sondern bestand vor sich; und hieng es allein von der Willkühr des Kaisers ab, welcherley freye, unmittelbare Orte oder Distrikte er derselben assoziiren und, gleichsam ex destinatione boni Patrisfamilias, zur beständigen Administration incorporiren wollen.

3) Hat sich daher auch gleich ihr Ressort sogar über die Selz und Sur erweitert, so war diß nur eine politische oder offizielle Ausdehnung; aber auf das *Territorium* Alsaticum hatte das gar keinen Einfluß; dieses blieb immer das Land-

und der Unter-Elsaß insbesondere allezeit, in der Gränze der Strasburger Diözes eingeschlossen, wie zuvor, das ist, bis an die Selz und Sur.

4) Eben so wenig kan also die Hagenauer Landvogtei mit der Elsasser Landvogtei identifirt werden.

Deme man vorläufig beysetzen kan:

5) Daß von der Präfektur Hagenau auf die Oesterreichische Landgräfliche *Jura* im Elsaß ganz und gar kein Schluß erlaubt seye: die seit 1371. und 1417. aufgerichtete Reichs- und General-Landvogtei war bey weitem das nicht mehr, was die in dem 14. Seculo abgegangene Landgrafen vor Alters waren, auch durften die Erzherzoge von Oesterreich ihr, Anno 1558. eingelößtes Elsaßisches - seit der Zeit wieder so betiteltes Landgraviat im Obern- und Untern-Elsaß nur gar erstaunlich restriktive exerciren, gestalten die im Elsaß angesessene Bischöfe, Fürsten, Aebte, Grafen, Herren, Ritter und Freye sich schon lange zu unmittelbaren Reichsständen zu schwingen wußten, so daß zur Zeit des W. Fr. 1648. kaum der Schatten des alten Landgraviats existirte (w).

(w) Man vergleiche die Brochure: Kurze unpartheyische Darstellung aller Traktaten und Verträge, auf welche Frankreich seine dermaligen Angriffe auf das teutsche Reich zu gründen sucht. S. 23. 24. 25.

Vierte

Vierte Betrachtung.

Welche Lande haben die Pfälzische Häuser zur Zeit des Ausbruchs des 30. jährigen Kriegs bis zum Westphälischen Frieden - und nach ihm - bis zu den Reunionen - biß und jenseits der Selz und Sur besessen; wie sind diese Lande an das Haus Pfalz gebracht - und welcherley hohe Gerechtsame darüber ausgeübt worden?

§. 66.

Das Kurhaus Pfalz hat sich durch die Theilung der Söhne Kaisers und Kurfürsten Ruprechts III. Anno 1410. (x) in vier verschiedene Linien getrennt. Zu gegenwärtigem Endzweck genüget Uns, bey der Kurlinie und der Herzog Steffanischen, d. i. Simmerisch- und Zweybrückischen stehen zu bleiben. Aus Letzterer bildeten die, sich abermals abgetheilte Steffanische weltliche Herren Söhne, Friederich und Ludwig, zwey fernerweite Linien, nemlich jener, die Simmerische - letzterer aber die

---

(x) s. Pf. Zw. St. R. §. 91. Seite 110. III.

Zweybrückische. Die Simmerische ist hernachmals der im Jahr 1559. ausgegangenen alten Churlinie in der Kur gefolget. Die Letztere war aber auf dem Punkt, auszugehen, da der junge Erbprinz Wolfgang von Zweybrücken von seinem zu früh verstorbenen Herrn Vater, Ludwig dem jüngern, zum unmündigen Waisen gemacht wurde. Letzteres sein Herr Bruder, Ruprecht, hatte sich dem geistlichen Stand widmen sollen, er übernahm aber die Mitvormundschaft über seinen unmündigen Neffen, wurde weltlich und vermählte sich. Bey Ablegung seiner Kuratel machte ihm sein dankbarer Mündel einen Ansitz, zumalen deswegen, weil ein Sohn, Georg Hanns, aus jener Ehe schon vorhanden war. 1543. (y) Daher kam es, daß nun die Zweybrückische Linie sich wieder in die Haupt- und Neben- oder Veldenzische Linie theilte.

Diese drey Linien, ich meyne, die Chur- die Herzoglich Zweybrückische und die Herzoglich Veldenzische Linie, waren Anno 1618. in völliger Blühung.

§. 67.

Disseits der Selz bis an die Queich liegen nun
1. Ein groser Theil des Aemtleins Selz;
2. Stadt und Amt Hagenbach;

(y) St. R. §. 96. S. 129.

Betrachtung. §. 68.

3. Das Amt Clee- und Catharinenburg;
4. Das Amt Wegelnburg;
5. Die Herrschaft oder das Oberamt Guttenberg;
6. Stadt Bergzabern und Amt Barbelrod;
7. Amt Neukastel;
8. Burg Trifels, Stadt und Vogtey Annweiler;
9. Amt Falkenburg;
10. Ein groser Theil des Amts Germersheim;

Sie sind alle unwiderlegliche Bestandtheile des Speyergaues (z) und haben niemalen, wie noch nicht, zum Elsaß gehört.

§. 68.

Jenseits der Selz liegt:
1. Die Stadt Selz [Neu-Selz (a)] samt Zugehörde.
2. Das Amt Bischweiler.
3. Das Steinthal.
4. Auf der Gränze des Elsasses am Vogesischen Gebürg, die Burg und Grafschaft Lützelstein.
5. Hierzu kan man zählen, die Grafschaft

(z) *Kremer* Gesch. des Rh. Franz. XXVI. Seite 155.
(a) *Crollius* in act. Acad. Pal. T. III. *de Ducatu Franciæ Rhenensis* §. XIII. p. 364.

Rappoltſtein in dem Obern-Elſaß. (wovon unten §. 109.)

§. 69.

Der Verfolg wird lehren, daß dieſe Lande alle — teutſches Land, urſprünglich Kaiſerliche und Reichs-Domänen oder eigenthümliche Beſitzungen unmittelbarer Grafen oder auch Adelicher geweſen, ehe ſie in den Beſitz der Pfalzgrafen titulo oneroſo gekommen ſind.

§. 70.

Zur Zeit der ausgebrochenen Böhmiſchen Unruhen beſaß aber von obigſpezifizirten Landen

(a) **Pfalz-Zweybrücken:**
1. Amt Cleeburg.
2. Wegelnburg.
3. Die halbe Herrſchaft Guttenberg.
4. Stadt und Amt Bergzabern oder Barbelrod.
5. Burg und Amt Neukaſtel.
6. Trifels. Annweiler.
7. Ein Viertel Renten an Falkenburg nebſt der Helfte der Hoheit darüber.
8. Amt Biſchweiler.

(b) **Pfalz-Veldenz:**
1. Die halbe Herrſchaft Guttenberg.
2. Das Steinthal.
3. Die Grafſchaft Lützelſtein.

(c) **Endlich Churpfalz:**

Betrachtung. §. 71.

1. Selz und die dasige Probstey.
2. Hagenbach.
3. Germersheim ꝛc.

§. 71.

Bey (a) 1. Cleeburg.

Dieses Amt, (in der Nachbarschaft der Stadt Weisenburg) bestehet eigentlich aus dreyerley Pertinenzien; nemlich

(1) Aus denen zum Mundats-Bezirk gehörigen Orten: Cleeburg, Rott, Steinselz und Oberhoffen.

(2.) Aus denen Dörfern: Hundsbach, Löffen, und Ingolsheim, die aber zum Mundats Bezirk nicht gehören. Beede Klassen sind die alte Bestandtheile.

(3.) Aus jüngern Erwerbungen, als Birlenbach, Kessenach, Schöneburg unter ihrem nachherigen Collektiv-Namen des Amts Catharinenburg.

Was die erste Classe betrifft, so waren diese 4. Orte = wie auch die 3. aus der zweyten Classe, in dem 14. Seculo, als Pfälzische Lehen, einigen von Adel zugehörig, von welchen sie zulezt an das adeliche Geschlecht der Puller von Hoemburg gekommen, (wie noch aus Kurfürst Ludwigs des Bärtigen Lehenbrief für Wyrich Puller v. H. d. d. zu Hagenau uff den Donrestage nach St. Vitus tag

1412. (b) zu ersehen ist) nach deren Abgang aber, als eröffnet, von Churpfalz eingezogen worden sind. Dabey blieb es bis zum Jahr 1504. in welchem (§. 60.) Kaiser Max, aus Veranlassung der Bayerischen Fehde und Churfürsten Philipps Acht=Erklärung, die Veste Cleeburg, mit zugehörigen Dörfern, Renthen, Nutzungen, Zinnsen, Regalien, Herrlichkeiten, Jagen, Fischen, hoher und niederer Obrigkeit, Rechten, Gerichten, Ein=und Zugehörungen, nichts ausgenommen, wegnehmen ließ und Herzogen Alexander von Zweibrücken, wegen aufgewandter Kriegskosten, solche nebst andern eroberten Orten geschenkt hat (c). Von solcher Zeit an auch Kleeburg mit Zugehörde, ein Appertinenzstück des Herzogthums Zweibrücken verblieben ist: nicht aber als pures Eigenthum, sondern, weil sich befunden haben sollte, daß verschiedene Rechte in gedachten vier Mundats=Orten, als: Gehorsam, Gebot, Verbot, Reiß und Frohnden vorhin von der damaligen Abtei Weisenburg zu Lehen gerührt haben, hat sich Herzog Alexander im Jahr 1519. auf Dienstag nach ascensionis Mariæ dahin verglichen, daß die Herzoge von Zweibrücken solche *jura* künftig ebenfals von der Abtei zu Lehen empfangen sollen, wie auch bisher in Fällen geschehen ist (d).

(b) *Schilter* in Comment. ad J. F. A. p. 337.
(c) s. Pf. Zweybr. St. R. §. 16. S. 19.
(d) ebendas. §. 126. S. 169.

§. 72.

Die Orte der zweiten Klasse waren ebenfals in der §. 71. angezeigten Kaiserlichen Schenkung begriffen. Sie waren aber Eigenthum, bis auf das Dorff Höffen allein, welches anfänglich ein von dem Abt zu Weisenburg relevirendes Ochsensteinisches separates — nachher erworbenes Kurpfälzisches Lehen gewesen; daher solches auch in angeführtem Verglich von 1519. von Pfalz Zweibrücken ebenfals, wie bisher, zu empfangen übernommen, Kurpfalz aber durch einen besondern Vertrag mit der Abtei vom Jahr 1521. davon entlediget worden ist.

§. 73.

Endlich die Orte der dritten Klasse sind, wie in dem Pfalz-Zweibrückischen Staats-Recht §. 16. ausführlich enthalten ist, titulo oneroso erworben worden. Keffenach und das halbe Dorff Schönenburg kam aber erst nach dem Westphälischen Frieden zu dem Herzogthum. Letzteres wurde wieder verkauft.

Ich hätte bey diesem Amt bemerken können, daß ehemalen eine eigene Pfalzgräflich-Zweibrückische Linie daselbst regiert habe. Dann erstlich gab Herzog Johann I., der Käufer des Fleckens Birlenbach, (1612) dieses *acquisitum*, jedoch mit Vorbehalt der Landesherrlichen *jurium* und Regalien, als des *juris conducendi*, der *appellation*, des Ehegerichts, Judengelds Bastardfälle und des Rükfalls, seinem dritten Bruder, Pfalzgrafen Johann Kasimir pro parte appanagii im Jahr 1618. vor erblich über; und die Orte der zwei erstern Klassen waren schon seit 1617. tauschweis besagtem Herzogen Johann Kasimir überlassen. Weil aber vor und nach der Existenz dieser Cleeburger Pfalzgrafen das Amt Cleeburg Zweibrückisches Herzogthums-Land war und geblieben, so habe ich für überflüßig angesehen, unter einer eigenen Pfalzgräflichen Linie davon zu handeln, und bemerke nur diß, daß Zweibrücken und unter ihm die appanagirte Cleeburger Linie, so viel ihr von Zweibrücken nachgelassen war, bis auf die verderbliche französische Reunions-Zeiten ganz ungestört alle mit dem Jure territoriali gemeiniglich verbundene — nur ersinnliche Effectus exerzirt habe, und niemalen die Frage in Zweifel bezogen worden seye, ob nicht das Haus Pfalz und Pfalz-Zweibrücken dieses Amt als teutsches — mit dem Elsaß — der Präfektur Hagenau und dem Abt zu Weisenburg, oder der Mundat (ausser den oben §. 72. 71. bemerkter Verhältnissen) in gar keiner dependenten Konnexion stehendes Land, mit allen Ausflüssen der Fürstlichen Landes-Hoheit, unmittelbar unter Kaiser und Reich besitze?

Zu dem Amt Cleeburg wollte ich noch d. grössere Helfte des Dorfes Langen Sulzbach zehlen, welches die freyherrlich Dürkheimische Familie seit 1530. auf Wiederlosen zu Erblehen inne hat. Es liegt aber dieser Ort über der Selz (e).

Endlich gehört auch in dieses Amt das von Kurpfalz rührige sogenannte Bremmelbacher Lehen (f).

Diese sämtliche, wann schon zu verschiedenen Zeiten erworbene, Parzellen gehören ohnstreitig zu dem Ducatu avito Bipontino, dann das zum allgemein verbindenden fideikommissarischen Gesetz angenommene Herzog Wolfgangische Testament von 1568. disponirt hierunter klar (g).

§. 74.

2. Wegelnburg.

Von diesem Amt habe ich schon oben §. 41. III. angeführt, daß es Anno 1417. zum Herzogthum gekommen seye (h). Es war solches unstreitiges Kaiserliches Domanium, und stand seiner Zeit unter der Landvogtei des Speyergaues, bis es Kaiser Ludwig Anno 1330. 1335. seinen Stammsvettern Pfalzgrafen am Rhein gegen einen ansehnlichen Pfandschilling, nach teutschen Pfandrechten innegab. (f. oben §. 20.) (i).

In der Theilung Kaiser Ruprechts Herrn Söhnen fiel es Kurfürsten Ludwig dem Bärtigen zu. Nur sieben Jahr hernach, 1417., tauschte dieser Kurfürst

---

(e) Staats-Recht §. 251.
(f) daselbst §. 124. p. 165. 166.
(g) ebendaf. §. 89. b.) p. 102. 103.
(h) ebend. §. 17.
(i) daf. §. 9.

dieses Amt gegen seines Herrn Bruders Steffans Antheil an ihrer Gemeinschaft von Ochsenstein, Reichshofen, Meisterfeld, Hochfelden, Morsmünster, Hüneberg, Wynstein, Lützelstein und Einarzhausen aus; und seit dieser Zeit macht dieses Amt einen unveränderten partem integrantem ducatus aviti Bipontini allodialem; auch haben die Herzoge von Zweibrücken seitdem nicht allein alle gewöhnliche Ausflüsse der Landeshoheit darüber ausgeübt, und deßfalls keinen Höhern, als Kaiser und Reich, über sich erkannt, sondern auch alle diejenige besondere Jura sich zu eigen gemacht, die vorher Kurpfalz, entweder als Pfandinnhaber, oder als Successor der Herzoge des Rheinischen Franziens zu exerziren befugt war; z. E. über die Königsleute (§. 41. III.) desgleichen des Wildfangiats, Bastardfälle, u. a. m.; dergleichen Rechte auch, Herzog Johannes II. von Zweibrücken, sich über Birlenbach vorbehielt, (§. 73.) als er diesen acquirirten Flecken seinem Bruder Johann Kasimir pro parte appanagii abtrat. Dieses Amt Wegelnburg bestehet aus den Dörfern Schönau, Rumbach, Nothweiler und Hirschthal.

§. 75.

3. Die halbe Herrschaft Guttenberg.

Die Herrschaft Guttenberg, zwischen der Lauter und Queich gelegen, hat den Namen von dem zerfallenen Schloß Guttenberg auf dem Waßgauischen Gebürg zwischen Weisenburg und Bergzabern, und be-

Betrachtung. §. 75.

stehet aus denen Dörfern Minfelden, Frekenfeld, Candel, Minderslachen, Höffen, Dörrenbach, Ober-Otterbach, Rechtenbach, Manchweiler, Nieder-Otterbach und Vollmersweiler. In dem XIV. Jahrhundert gehörte sie noch zu denen Reichs-Domänen, und stand unter der Verwaltung der Kaiserlichen Landvögte des Speyergaues. Mit den Landvögten des Elsasses stand sie per rerum naturam niemalen in einigem Verband (k), wie sie dann schon lange vorher, ehe die Landgraffschaft des Untern Elsasses ein Ende gewann, (§. 48. oben) und darauf von dem Kaiser ein advocatus generalis in Alsatia bestellt worden, (§. 50. und 52. am Ende) nach teutschem Pfand-Recht in den Händen des Kurhauses Pfalz gewesen, (§. 20.) (l) auch lange Zeit den Namen Pfalz führte. Als Anno 1330. Montags nach St. Agnesentag Kaiser Ludwig der Bayer (Beyl. N. X.) seines Bruders Söhnen Rudolf und Ruprecht Pfalzgrafen bey Rhein unter mehreren andern Reichs-Domänen auch diese Herrschaft Guttenberg zusammen um 6000 Mark Silbers verpfändete, erlaubte er ihnen, diejenige Städte, Burgen, Land, Leute und Güter, welche noch irgendwo vorher verpfändet stünden, statt des Kaisers auszulösen, und den abbezahlten Pfandschilling zu sothanen 6000 Mark Haupt-

---

(k) s. Beyträge zum Pf. Jbrkschn. St. R. 1791. IVr. Beytrag §. 12. Seite 42.
(l) St. R. §. 9. Seit. 10.

pfandgeld schlagen zu dörfen: Graf Emich von Leiningen saß in pfandsweise in der Herrschaft Guttenberg. Anno 1378 gab Kaiser Karl IV. Pfalzgrafen Ruprecht I. (vff Samstag vor Invocavit) Macht und Gewalt, den Grafen auszulösen, welches auch mit 40,000. Florenzer kleiner Gulden geschehen ist, wie dann solches aus einem das folgende Jahr auf Vinzentii datirten Brief Kaiser Wenzels zu ersehen, worinnen dem Pfalzgrafen weiterhin erlaubt wird, diese Pfandschaft gemeldten Grafen zu Leiningen, oder an wen er wolle, vor die gemeldte Summe, oder weniger, wieder zu verpfänden, welches auch in besagtem Jahr 1379, wie die Worte lauten, „ Guttenberg die Vesten halb; Falkenburg, die „ Vesten halb (von dieser unten §. 79.) Minfel= „ ten die Vesten halb und darzu die Drütheil an „ an allen Dörfern und aller andern Zugehörung, „ die zu den obgenannten Vesten gehörent,” vor 30,000 Gulden geschehen, mit angehängter Eigenschaft eines rechten Mannlehens vor Grafen Emichen und seine Leibs-Mannlehenserben, auch in eventum dessen Agnaten, oder wie es in dem auf Dienstag nach dem 12. Tag, Epiphania, 1379, datirten Lehenrevers heiset, die zu unserm Schild und Grafschaft von Leiningen gebohren sind. Diß ist die Veranlassung zu der seitherigen Benennung: Gemeinschaft Guttenberg. Anno 1410. fiel bey der obangeführten brüderlichen Theilung dem Herzogen Stefan eine Quart an den Renten und die halbe Obrig-

Betrachtung. §. 75.

trit von Guttenberg zu (m); im Jahr 1463. bekam aber Pfalz-Zweibrücken die gerade Helfte gegen Kurpfalz (n); Anno 1560. bekam Zweibrücken die pfälzische Helfte, in krafft Heidelberger Vertrags d. 1553. samt dem von Kurfürst Ludwig dem Friedfertigen 1525. von dem Stifft Weisenburg acquirirten Antheil Weinzehenden, und sechs Jahre darauf bekam solche der volljährig gewordene Pfalzgraf Görg Hanns von Veldenz (o).

Bey Ausbruch der Böhmischen Unruhen besaß Herzog Johannes II. von Pfalz-Zweibrücken seine Helfte, als ein onerose acquirirtes Bestandtheil seines Herzogthums, mit dem vollen Genuß aller einem teutschen Reichs-Fürsten und Pfalzgrafen zustehenden hohen Regalien, Rechten und Einkünften, wie er solche in einem Complexu mit allen seinen übrigen unmittelbaren Reichsständischen Landen von Kaiser und Reich zu Lehen empfieng. Keinem Menschen, am allerwenigsten dem Kaiser, als Verpfänder, ist eingefallen, die Herzogliche Rechte in Zweiffel zu ziehen; der Westphälische Friede hat solche vollends zu ewigen Tagen bestättiget, und man kan daher auf deren Unumstößlichkeit und gebührlichen, ungestöhrten Ue-

---

(m) **Beyträge** zu dem Pf. Zweybr. St. R. IV. §. 1. S. 37.
(n) **Beyträge** ꝛc. a. a. O. §. 2. S. 38. **Es wurde 1463 stipulirt, daß jeder Theil so viel daran haben solle, als der andere.**
(o) ebendas. §. 3. Seite 38.

bung einen Schluß um so mehr machen, als Herzog Friederich Ludwig von Zweibrücken, da er Anno 1665. (p) dem Herzog Adolf Johann diese Helfte an Guttenberg einräumte, sich das Appanagiat, den Rückfall, die Appellationen, Reichs-Kreis und Fräulein-Steuer, auch Gesandschafts-Kosten vorbehalten hat, welches alles die karakteristische Kennzeichen der hohen Landes-Superiorität und unmittelbaren Reichsstandschaft sind. In diesem Zustand blieb Unsere Helfte bis zu den Reunionszeiten.

§. 76.

4. **Stadt und Amt Bergzabern oder Barbelrod.**

Dieser uralte und primitive Bestandtheil des Herzogthums bestehet heutiges Tages aus der Stadt Bergzabern, und denen Dörfern Kapellen, Drusweiler, Niederhorbach, Mühlhofen, Winden, Sergersweiler, Barbelrod, Oberbach, Oberhausen. Die in dem Westrich angesessene, aus dem edelsten Geschlecht der Franken, dem Salischen, entsprossene — mit den vornehmsten Herzogen, Erzbischöffen, Bischöffen, Grafen und Herren, durch Blut und Heurath verbundene, Grafen von Zweibrücken waren eigenthümliche Innhaber dieses Länderstrichs, schon

---

(p) **Staats-Recht** §. 98. Seite 133 und 134. **Beyträge zum St. R.** a. a. O. §. 4. S. 39.

Betrachtung. §. 76.

zu Zeiten, als noch das Elſaß unter ſeinem Herzogen und ſeinen Landgrafen, Namens der Kaiſere, verwaltet worden, und ehe noch an den Ausgang des Herzoglichen Hohenſtaufiſchen Hauſſes, der engern Verbindung der Elſaßiſchen Städte und der Errichtung einer neuen General-Landvogtei nur gedacht werden konnte. Daß aber die Grafen von Zweibrücken nicht im Elſaß ihre Beſitzungen liegen hatten, kan am beſten aus dem Unions-Traktat Herzog Friederichs III. von Lotharingen und ſeines Tochtermanns Grafen von Freyburg d. 1289. erſehen werden, wornach ſich letzterer verbinden mußte, erſterm, wenn er dieſſeits des Gebürgs, welches Elſaß und Lotharingen ſcheidet, durch ganz Lotharingen in Krieg verwickelt würde, gegen jedermann Hülfe zu zuſenden, „ mit Ausnahm jedoch der beyden Gebrüdere „ Graf Eberhard und Walram von Zweibrü- „ cken (q).

(q) *Calmet* hiſt. d. Lorr. Tom. III. p. 138.
G. Chr. *Crollius* Geneal. Vet. Comit. Geminipontis. pag. 21. Quum Fridericus III. Dux Lotharingiæ a. 1289. ad conciliandam & confirmandam cum Comite Friburgenſi amicitiam huic filiam ſuam in matrimonium daret, factum eſt id inter alia hac lege, hunc illi, *ſi bella citra Alpes Alſatiae per totam Lotharingiam* geſſerit, ſerviturum & auxilium miſſurum eſſe aduerſus omnes homines, exceptis: — *Everardo & Walleramo* fratribus, Comitibus Geminipontis. —

Unsere Grafen waren über ihre Ländereien so unumschränkte Regenten, als alle übrige, deren wir seit der Theilung des grosen Herzogthums Lotharingen zwischen Saar, Mosel und Rhein eine Menge hervorsprossen und sich zu selbstständigen, unmittelbar unter Kaiser und Reich, mit Reichsstandschaft stehenden Landesherren haben bilden sehen. Sie exerzirten das Recht, Krieg zu führen, Frieden und Bündnisse zu schliesen (r). Hatten auch die Grafen von Zweibrücken, nach Verhältnis der Umstände, gutgefunden, sich mit einem ihnen benachbarten Welt- oder Geistlichen Fürsten in Lehens-Verband einlassen zu können (s), so konnte doch ein solcher partikular Nexus sich nicht weiter als auf den Gegenstand des Lehenendes erstrecken, und die Regel für die Allodfalität der Gräflichen Besitzungen wurde vielmehr durch eine solche einzelne Ausnahm noch immer mehr bestättigt.

Von oben bemerkten zwey Gebrüdern, die sich in ihre altväterliche Eigenthümer getheilt hatten, entsprossen zwey eigene Linien, die Zweibrücken Zweibrückisch — und Zweibrücken Bitschische. Sie giengen endlich Ao. 1333. (t) eine Todtheilung ein, durch welche Walrams

---

(r) ebendaselbst p. 20. „ Dux Lotharingiæ victus à Comite Geminipontis, vtrinque cediderunt multi & equi & homines.

(s) ibid. pag. 17. & adiuncta II. & III. s. oben in der Einleitung not. 7.

(t) Pf. Zweybr. St. R. §. 6. S. 6. und 7.

rams Abkömmlinge unter andern die Stadt und Amt Bergzabern zu freyer Disposition überkamen. Von dem letzten dieser Branche erwarb Kurfürst Ruprecht 1385. titulo oneroso die Graffschaft Zweybrücken, und Kaiser Ruprechts III. Herr Sohn Steffan bekam sie Anno 1410. nebst Simmern u. a. zu seinem Etablissement. Dessen Herr Sohn Ludwig der Schwarze, bekam die Grosväterlich Veldenzische Lande zu dieser väterlichen Graffschaft, und hatte somit den Stock zum Ducatu avito beysammen, worüber er auch Anno 1470. die erste Zweibrückische Thron=Lehen=Empfängniß vollzog. Seit 1459 war dieses Amt Bergzabern in unbestrittenem ruhigen Besitz der Durchlauchtigsten Pfalzgrafen und regierenden Herzoge, welche, im vollen Wortverstand, alle Landeshoheitliche actus, respée im Geist= und weltlichen, geübt haben, wie noch und immerdar, ohne den geringsten Einfluß eines Dritten dulten zu müssen. Das war immerhin die Regel, und die Reunions=Irregularitäten vermogten auch solche nicht zu alteriren.

§. 77.

5. **Burg und Amt Neu-Kastel.**

Dieses Landes Theil, welches heut zu Tag noch aus den vier Dorffschaften Albersweiler, Queichhambach, Ilbesheim, Leinsweller bestehet, und zu dem Oberamt Bergzabern gezählt wird, war eines derer Kaiserlichen Domanialstücken, so die Pfalzgrafen am Rhein Anno 1330. in pfandschaftlichen Besitz bekamen (Beyl. N. X.) (u). Anno 1410. war es unter dem Steffanischen Brüder=Theilungsloos, und dann fiel es 1444. und 1459. dem Herzog Ludwig dem Schwarzen zu. Auf dem alten Schloß Neu=Kassel war lange Zeit der Sitz der Bergzaberer Oberamtleute. In Ansehung des Zustands dieser Lande, welche ebenmäsig primitive Bestandtheile des Herzogthums sind, zur Zeit des Ausbruchs des dreißigjährigen Kriegs, des Westphälischen Friedens und der ausgebrochenen Reunions=Prozeduren, ist sowohl wegen der Pfalz=Zweibrükischen Landesherrlichen Befugnisse, als deren uneingeschränkter Ausübung das nemliche wahr, was oben §. 73. 74. 75. 76. schon hierunter angezeigt worden. Die Unterthanen standen unter ihren Oberbeamten, und Amtleuten, und diese mußten in Regiminal und andern Angelegenheiten ihre Weisungen von der Landes-Regierung nehmen, so wie auch in Justizsachen die Appellazionen an die Regierung oder Hofgerichte giengen. Alle bisher vorgetragene Pfalz=Zweibrückische Lande standen sowenig mit der Präfektur oder Landvogtei Elsaß im Verband, als dermalen Berchtolsgaden oder Tyrol.

§. 78.

6. Trifels. Annweiler.

Die Burg Trifels und die Stadt Annweiler mit

(u) Pfalz Zweybr. St. R. §. 9.

Betrachtung. §. 78.

allen ihren An= und Zugehörungen sind ebenmäsig unter der Reihe der an Pfalz Anno 1330. verpfändeten Reichs=Domänen begriffen. Erstere ist aus der Reichsgeschichte bekannt, weil eine Zeitlang die Reichs=Kleinodien daselbst verwahret wurden (v).

Sie war immer den Kaisern ein wichtiger und angenehmer Ort, und öfterer Aufenthalt (w). Es ist darum auch nicht unwahrscheinlich, daß sie immerhin unter der alleinigen Aufsicht der Kaiser gestanden, solange bis die Pfalzgrafen am Rhein, bey der schon öfters angezeigten Haupt=Verpfändung mehrerer Domänen im Speyergau 1330., Pfandherren davon geworden, seit welcher Zeit sie auch, bis auf die heutige Stunde, bey dem Haus verblieben ist.

Sollte indessen auch unser Trifels von den Kaisern einem Landvogt anvertraut geworden seyn, so läßt sich doch schon an den Fingern abzählen, daß die Reihe den Landvogten des Speyergaues getroffen haben werde (x): Und da der Pfandinnhaber dieser Feste seit 1331. auch die Landvogtei des Speyergaues pfandweiß überkam (§. 19.), so mögte ich wissen, ob man noch im Ernst behaupten könne, daß

(v) Oratio de celeberrimo Castro *Trifels* auct. Hening. Nicol. Joann. *Schlaaf*, habita Joann. Phil. *Crollii* ductu. Bipont. 1726.
(w) ebendaselbst, Seite 20. und 23.
(x) s. die Beyl. N. III. da Kaiser Henrich VII. anno 1312. dem Landvogten des Speyer=Gaues, Grafen Georgen von Veldenz die Burg Trifels und Neu=Kastel anvertraute.

Kurpfalz einen Einfluß des Elſaßiſchen Landvogten habe zulaſſen müſſen (y)? Vielmehr, da man urkundlich darthun kan, daß Kurpfalz und Herzog Steffan, dem dieſe Burg Trifels in der brüderlichen Theilung d. 1410. zugefallen, gewohnt waren, gewiſſen Familien oder Privatis die Burg mit Zugehörde in Amtsweiſe (z) einzugeben; ſo bewahrheitet es ſich, daß der Gedanke nie anderſt ſeyn können, als daß unſer Trifels ganz und gar der freyen und unumſchränkten Diſpoſition der Pfalzgrafen untergeben geblieben ſeye.

Die Stadt Annweiler kommt in der Urkunde von 1309. (a) worinnen Kaiſer Heinrich VII. den Grafen Georgen von Veldenz zum Landvogt im Speyergau beſtellte, ausdrüklich unter der Reihe der benannten Speyergau-Städte (b) vor. Der Queichbach durchſchneidet ſie, der mitten durch den Speyergau fließt, und von keinem Menſchen, der der Geſchichte getreu bleiben will, als ein Gränzmahl des Elſaſſes angegeben werden kan. Die Benennung des heutigen Beamten war von alters her: Vogt; welches gar

---

(y) Im Jahr 1346. wurde von dem Kaiſer Ludwig dem Churfürſten Ruprecht erlaubt, 1000 Pfund Heller an Trifels verbauen zu dörfen. ſ. die Urkunde in der angeführten Oratione de Anvilla p. 133. in not. *)
(z) ebendaſ. Seite 134. 135. in not.
(a) Beyl. N. III.
(b) *Crollius* Or. d. Anvilla p. 24. & 40. ubi in not.

Betrachtung. §. 79.

treflich illustrirt, daß die Kaisere dieser Stadt einen
Untervogt, nach dem Beyspiel der Städte Speyer,
Weisenburg ꝛc. gesetzt hatten, der sowohl der Stadt
ihre Freyheiten beschützen, schirmen und handhaben,
als auch die Kaiserliche Landesherrliche Gerechtsame
aufrecht erhalten und die höhere Justiz üben mußte.
Das Dörfgen Sarnstal war sonst nur das einzige
Zugehörde, es wurde aber auch das Dorf Ranschel=
bach, und seit 1785. die ehemalige Falkenburgische
Orte Wilgartswiesen, Rinthal, und Spirkelbach
dazu geschlagen: und so gehört endlich auch Hinter=
weydenthal (zum Zweibrückischen Antheil), zur
Vogtei.

§. 79.

7. Falkenburg.

Die Burg und das Aemtlein Falkenburg war
auch Reichs-Domän, und Anno 1330. an die Pfalz
gekommen. Leiningen war in dem Unterpfandschaft=
lichen Besitz der drey viertel Renten und Helfte der
Hoheit seit 1379. (s. oben bey Guttenberg) (§. 75.)
bis 1785. da Pfalz=Zweibrücken das Leiningische Haus
auf eine andere Weise abgefunden — somit nun alle
Gemeinschaft aufgehoben und sich in den alleinigen
Besitz der Renten und Hoheits=Rechte gesetzt hat. So=
weit aber die Pfalz=Zweibrückische und Leiningische
Nachrichten zurückreichen, hat außer den Gemeins=
herren keine Seele Anspruch an Landesherrliche Jura
gemacht. Alle Ausflüsse der Landeshoheit wurden ge=
meinschaftlich exerzirt, wo nicht eine Ausnahm statt

fand (c), sogar die Burg Falkenburg wurde gemeinschaftlich besetzt und behütet.

§. 80.

8. Bischweiler.

Diese Herrschaft, seit der Baierischen Fehde 1504. in den Händen mehrerer von Adel, gibt einen Beweis, wie wenig mehr zu sothaner Zeit die Landvogteiliche Rechte im Elsaß der Landeshoheit der Elsaßischen Ständen und Länderbesitzern hinderlich oder nachtheilig zu seyn vermögten: dann gerade damalen, da die General-Landvogtei in den Händen des Oesterreichischen Hauses — und die Präfektur Hagenau gleichfals Zuwüchse erhalten und bedeutender, als vorher gewesen, übten die Besitzere Bischweilers alle Jura aus, die man in jüngern Zeiten superioritatem Territorialem nennte. Seit 1609. als Pfalz-Zweibrücken sein Lehens-Eigenthum (d) onerose an sich zog, übte es darum auch alle und jede Jurisdiktions-Aktus im geist- und weltlichen, sodann Cameral- und Polizei-Rechte über Bischweiler und Hanhofen aus, deren ein teutscher, unmittelbarer Reichsfürst und Stand nur immer fähig und berechtiget ist, und die dieses Pfalzgräfliche Haus über das ganze hochlöbliche

---

(c) Pf. Zweybr. St. R. S. 16. §. 13. Die Episcopal-Rechte, Kirchen-Schultheissen und Gerichts-Satz ꝛc.

(d) Pf. Zweybr. St. R. §. 10. Seite 12. folg.

Betrachtung. §. 81.

Herzogthum, von welchem Bischweiler seit 1542. ein Bestandtheil war, wirklich geübt hatte.

Zur Zeit des W. Fr. u. des Ausbruchs der Französischen anmaßlichen, durch den Rysswicker Frieden jedoch kaßirten Reunionen war Bischweiler mit aller Hoheit in dem Pfandbesitz der von H. Christian I. abstammenden — von ihm gebildeten, Birkenfeld=Bischweiler Linie.

§. 81.

Bei (b) 1. die halbe Herrschaft Guttenberg.

Herzog Georg Hanns von Veldenz, dem diese ehemalige Pfälzische Helfte Anno 1566. zugefallen, (§. 75. not. o.) setzte sie durch seinen letzten Willen 1571. seinen zweyen jüngsten Söhnen Ludwig Philipp und Georg Hannßen dem jüngern zum Ansitz aus; da ersterer Anno 1601. und der zweyte Sohn Johann August zu Lützelstein Anno 1611. ohnbeerbt verstarb, succedirte jedesmalen, in krafft berührter väterlicher Disposition, Georg Hanns der jüngere, der auch Anno 1618. und 1648. in dem völligen Exercitio derer Landesherrlichen hohen Obrigkeitlichen Gerechtsamen gewesen ist. Bey seinem Ao. 1654. erfolgten, auch erblosen, Absterben folgte ihm seines ältesten Bruders Sohn, Leopold Ludwig und vereinigte damit die Großväterliche ohngetheilte Lande. Daß ihm niemalen, so wenig, als seinen Durch= lauchtigen Vorfahren Frage mobirt worden, unter welchen Eigenschaften, unter welcher Einschränkung oder Ausdehnung, Abhänglichkeit oder Unmittelbarkeit, und aus welchem Recht er seine Pfälzische alte Bestandtheile besitze — geniese und beherrschen dörfe, erhellet schon daraus am sichersten, daß ihm solche erst Anno 1680. durch die unerhörte Reunions-Prozeduren zum erstenmal genommen werden wollen, wogegen aber Herzog Leopold Ludwig, als teutscher Reichsstand, solennirter protestirt hatte. Da sein Antheil in der geraden Helfte der Obrigkeit und Renten bestanden, so kan ich mich auch nur auf den Inhalt des obigen §. 75. beziehen.

§. 82.

2. **Herrschaft Steinthal** (ban de la Roche).

Die Herrschaft Steinthal liegt im Untern-Elsaß und hat folgende Pertinenzstücke:

1. Die Burg zum Stein.
2. Zwey Höfe zu Ottenrod.
3. Ein Hof zu Ober-Ehenheim.
4. Ein Zehenden daselbst zu Ober-Ehenheim, der Friedel-Zehenden genannt.
5. Ein Drittel an der Odenburg zum Königsberg.
6. Oberrodau, das Dorff.
7. Niederrodau, das Dorff.
8. Wilgerspach, das Dorff.
9. Neuweiler, das Dorff.
10. Ringelsbach, das Dorff.
11. Schonenberg, das Dorff.

12. Wallerspach, das Dorff.
13. Urbach, das Dorff.
14. Sollbalden, das Dorff.
15. Belsuß, das Dorff.
16. Viele eigenthumliche Herrschaftliche Privatgüter an Aeckern, Wiesen, Feldern, Gärten ꝛc. in vorgedachten Dorfs-Bännen; endlich
17. Die Kirchen und Heiligen Güter der Evangelischen in der ganzen Herrschaft.

Beede leztere Num. 16. und 17. sind aus einer eigenen Beschreibung und Erneuerung von 1619. zu erlernen.

Diesen ansehnlichen Distrikt besaß vor Zeiten die Rathsamhausische Alt-Adeliche Familie, welche von Fällen zu Fällen unmittelbar vor Kaiser und Reich ihre desfalsige Reichsvasallitische Prästanda prästirt, und dagegen die Kaiserliche Lehenbriefe erhoben hatte. Die Lehenbriefe nennen aber nur die fünf erstere der oben angeführten Pertinenzien, mit allen ihren Inn- und Zugehörungen.

Herzog Georg Hanns von Veldenz, unversehens in einen fast unerschwinglichen Schulden-Last versenkt, wollte die von seinen und Pfälzischen Unterthanen ihm angebottene Hülfe nicht annehmen, gerieth daher endlich Anno 1583. auf den desperaten Ausweg, dem Herzog Karl von Lotharingen das Pfälzisch Fidei-Kommissarische Amt Pfalzburg um 400,000. fl. Rheinisch zu verkaufen (e). Die Sache konnte nicht verschwiegen bleiben, und daher war nichts natürlicher, als daß die Kur- und Fürstliche Agnaten des Hohen Pfälzischen Hauses feyerlichst protestirten und ihre Agnatische Rechte vorbehielten, auch von des Kaisers Majestät, als Obristen Lehenherrn, Dehortatorien an den Herrn Verkäufer, auswürkten.

Herzog Georg Hanns mag die Stärke dieser Agnatischen und Lehenherrlichen Widersprüche stärker gefühlt haben, als ihm bey dem anderseitigen Andringen seiner Gläubiger lieb seyn mogte. Selbst, da Herzog Karl von Lotharingen sich zurückziehen zu wollen, den Schein gab, mußte nothwendig die Verlegenheit des Alienators zunehmen. Er fiel daher auf einen gedoppelten Ausweg:

1. Das Amt Pfalzburg nur auf vierjähriges Wiederlösungs-Recht zu verkauffen: solange soll auch Lotharingen die Quart des Kaufschillings mit 100,000. fl. nicht zahlen, sondern nur verzinnsen.

2. Die dazumalen feil gewesene Herrschaft Steinthal als ein Surrogat, wo nicht zum ganzen — doch zum Theil Surrogat käuflich zu acquiriren.

Es ist unverkennbar, daß damit die Herren Ag-

(e) Diß Amt, ein Theil der Graffschafft Lützelstein hieß vorher Einartzhausen. s. Pf. Zweybr. St. R. S. 28.

Betrachtung. §. 82.

naten und der Kaiser befriediget werden sollten: dann allerdings hatten erstere das Recht, gegen ihres Stamvettern Handlung zu protestiren, die, weil er ohnehin die Hausgesetze der Unveräusserlichkeit genauest wuste, offenbar nichtig und diß um somehr gewesen, als ein Herzog von Lotharingen nur in einem sehr laren Verstand mit dem teutschen Reich in Verbindung gestanden und gewisser massen für extraneum erachtet werden mußte.

Der Kauf-Handel mit dem Stein-Thal kam Anno 1584. zu stand. Der Kaufschilling wurde aus dem Pfalzburger Kaufpretio genommen. H. Georg Hannß hatte schon Anno 1571. ein Testament über alle sowohl seine errungene, und erwerbende als vorher bereits überkommene väterliche und fidei Commissarische Lande gemacht, fort in demselben das Hauß-Gesetz der Unveräusserlichkeit noch mehr stabilirt. Da er nun Anno 1592. ohne über sein Steinthalisches acquisitum, als ob es ein Sondergut wäre, disponirt zu haben, abscheidete, so blieb auch solches unter der Masse seiner sämtlichen Pfälzischen Landen, mithin, der Pfälzischen Herrn Agnaten Succeſſions-Recht auf den Fall des Abgangs der Georg Hannsischen Descendenz in salvo. Ich kan einmal nicht anderst mich überzeugen, als daß das Steinthal mit Zugehörde in dem momento acquiſitionis & respective traditionis in dominium Palatino-Veldentinum, partem integrantem Fidei-Commiſſi Palatini univerſalis zu formiren angefan-

gen habe, und solches auch nachher verblieben und
dato auch noch seye. Wenigstens läßt sich nicht denken, daß die Herren Agnaten nach dem Kauf ge-
schwiegen hätten, würden sie nicht dadurch animum
gezeigt haben, nun künftig bey dem Steinthal sich
darüber zu erhohlen, was ihnen durch den Verlust
des fideikommissarischen Amts Pfalzburg für Schaden zugegangen.

In denen Rathsamhausischen Lehenbriefen sind
jederzeit die Stamms-Vettern des Aeltesten, der
gewöhnlich die Renovation der Reichs-Belehnungen
besorgen mußte, namentlich eingeführt. Herzog Georg Hannß lebte, nach Erwerbung des Steinthals,
wohl noch 8. Jahre; gleichwohl erneuerte er die Belehnung nicht, sondern überließ das seinen sub Tu-
tela & Curatela noch stehenden Herren Söhnen, deren es vier waren.

Die jüngere derselben waren bey der zwischen
ihnen und ihrem ältern Bruder Georg Gustav unterm 11. Nov. 1598. getroffenen brüderlichen Abtheilung letzterm nächst an 30000 Fl. schuldig geblieben, und tratten also, auf Abschlag und um 18000 Fl.
in solutum ihre Drey Antheile an die Herrschafft
Steinthal und unter der Bedingung ab, daß, im
Fall dieser Verkauf heut oder Morgen angefochten
würde, H. Georg Gustav doch nicht schuldig seyn
solle, die Herrschafft Steinthal anderst in Commu-
nione, als gegen Erlegung jener 18000. Fl. mit
Zinnsen wieder herauszugeben.

Betrachtung. §. 82.

Bey diesem Pacto Veldentino domestico konnten die Agnaten der übrigen Pfälzischen Chur= und Fürstlichen Linien ganz ruhig bleiben, dann ihre entferntere Agnatische Rechte waren auf jeden Fall in salvo.

Im Jahr 1604. empfieng darauf besagter H. Georg Gustav für sich und seine männliche Leibs-Lehens=Erben, folglich mutata formula investiturae und unter dem Vorwand, als sey ihm das Steinthal per testamentum paternum zugefallen, bey dem Kayser die Belehnung darüber.

Einige Jahre hernach finden sich Spuren in actis, daß die Brüder desselben, besonders Johann August (Philipp Ludwig war schon Anno 1601. todt) sich beschweren wollen, daß Georg Gustaf sie im Lehenbrief ausschliesen lassen; und, da dieser ihn unter gewissen Bedingungen 1607 zur investitura simultanea zulassen wollte, finden sich auch vorbereitende Anstalten, das Geschäft am Kaiserlichen Hof durchzusetzen. Es starb aber dieser gute Prinz 1611.; sein jüngster Bruder Georg Hanns war damals noch zu jung, starb endlich auch unbeerbt 1654. und darum lauten dann die Kaiserliche Lehenbriefe von 1613. 1621. — item von Georg Gustavs Sohn Leopold Ludwig 1651. 1659. sq. ganz auf die neue Formul: für sich und seine Männliche Leibs-Lehenserben.

Diese Veränderung des alten Formulars konnte aber denen Pfälzischen hohen Haus=Agnaten nichts präjudiziren. Einmal war das Angeben des H. Georg

Gustavs bey der Kaiserlichen Lehens-Kanzlei, als seye, vermög väterlicher Disposition, ihm allein diese Herrschafft zugefallen, historisch unrichtig; und dann konnte dieselbe nicht als ein neoacquisitum angesehen werden, auf welchem nur die Descendenten des ersten Erwerbers ein Erbfolge-Recht hätten, sondern es ist solche Herrschafft zur Entschädigung der sämtlichen Haus-Agnaten für ihren Verlust bey dem Amt Pfalzburg, das unter dem allgemeinen Pfälzischen Familien Fideikommis befangen war, erworben und aus dem Pfalzburger Kauffschilling bezahlt worden; sie tratt also mit allen Rechten und Verbindlichkeiten in die Stelle des veräusserten Amts ein; und endlich bedarf es in dem Pfälzischen Haus der Sächsischen Gesamtbelehnung nicht, um in einem eröfneten Lehen succediren zu dörfen. Ist die fideikommissarische Eigenschafft eines Landes ausser Kontest, wie hier der Fall ist, so ist auch die fideikommissarische Succeßion stärker, als die Lehens-Erbfolge, dann, das Fideikommis erstreckt sich über Lehen und Eigen, und der Kaiser hätte, ohnerachtet der vorgegangenen Georg Gustavischen Lehenbriefsformul-Aenderung, die einmal stabilirte fideikommissarische Succeßion denen unschuldigen Agnaten doch nicht nehmen können noch dörfen, dann seine Pflichten, als Kaiser, jeden Stand im teutschen Reich bey seiner Verfassung zu handhaben, sind stärker, als seine Rechte, als Lehenherr, nach dem Sinn der longobardischen subsidiar Geseze.

Betrachtung. §. 82.

Leopold Ludwig nahm Anno 1651. 1659. sein Lehen Steinthal bey Kaiser und Reich, zum Beweiß, daß die Ceſſio Alſatiæ Landgraviatus dem König von Frankreich die Obrist Lehenherrlichkeit über alle Elſaßiſche Lande ganz und gar nicht verschafft habe. Allein — mitten im Strom der unglückseeligen Reunionskriegszeiten erkrankte er, und starb 1694. — Frankreich, als prätendirter Souverain des Elſaſſes, mithin auch als Obriſt-Lehenherr, zog dieſes Steinthal, als angeblich apertes Mannlehen zur Krone ein, und nur à titre de grace behielten es die Veldenziſche Töchter bis 1723. im Genuß; seitdem es in mehreren Händen herumgeworfen worden.

Frankreich hat kein weiteres Recht, auf unser Steinthal, als sein Jure belli durchgeſetztes Eroberungs-Syſtem; Die Pfälziſche hohe Agnaten gründen hingegen ihre Rechte auf Hausgeſetze, die von dem ganzen ehrwürdigen Staatskörper des altteutſchen Vaterlands heilig gehalten und verehrt werden, und zur teutſchen Fundamental = Geſetzgebung gehören. — Doch unten etwas weniges noch hievon. Ich bemerke nur diß, daß seit 1584. die Veldenziſche Linie alle mit dem Begriff eines teutſchen Reichsfürſten verbundene Landeshoheit = und Landesherrliche Gerechtſame über Steinthal exerzirt habe, bis die — für die Ehre Frankreichs immer makulirende Reunions-Prozeduren Hemmungen veranlaßten.

§. 83.

3. **Die Graffchaft Lützelstein.**

Diese Grafschaft bestehet heut zu tag aus der Reihe folgender Ortschaften (f): (**Lützelstein,**) (**Petersbach**, Lohr, Schönberg, Struth), (**Pupperg**, Hunsperg, Frohnmühl, Tiefenbach), (**Sambach**, Bucsweiler vulgo Weißlingen, Vollsperg, Roßsteig), (**Bettweiler**, Gnugweiler, Durstel, Adamsweiler), (**Esperg**, Craufthal, Pfalzweiher, Behrlingen, Hangenweiler), (**Weschheim**, Wintersberg, Zillingen), (**Weinberg**). Wingen die Hütte und Schirmer allda.

Sie liegt nicht im Elsaß, sondern im Westrich, welches durch das Vogesische Gebürg von dem Elsaß geschieden und seit 939. zu einer unmittelbaren Provinz des teutschen Reichs gediehen ist, so wie dazumalen Elsaß zum Herzogthum Schwaben oder Allemanien geschlagen gewesen. (§. 13. oben) (g). Die zwey einzige Orte Weinberg und Wingen wollte ich noch ins Elsaß setzen.

Das alt Gräflich Lützelsteinische Geschlecht kommt aus

―――――――――

(f) Die in einer Parenthese stehende Orte formiren jedesmalen eine Stabhalterey, die unterstrichene Orte sind aber der Sitz und der Namen der Stabhaltereyen.

(g) Georg Christian Crollius Westricher Abhandlungen, Erstes Stück. 1771. §. I. Seite I.

Betrachtung. §. 83.

aus dem Haus der Herren von Luneville her (h), welches unter denen ersten Gräflichen Häussern des Westrichs diplomatisch parirt.

Ihre Besitzungen erstreckten sich weiter als auf die Graffschafft Lützelstein; sie sind aber durch verschiedene, theils Lehen-theils Heuraths-Verbindungen, u. a. m. von derselben Familie abgekommen.

Die Elsasser wußten selbst nie anderst, dann es war notorisch, als daß die Herren von Lützelstein ihre Gränz-Nachbaren und aus dem Westrich seyen. Solches kan man auch, zur geschwinden Einsicht, nur aus dem einzigen Fall sehen, da Anno 1390. der Graf Jakob von Lützelstein, Graf Eberhard von Zweibrücken u. a. nach Strasburg zum Turnier geritten, und unter den Herren und Edeln aus **Westerreich** aufgerufen worden sind (i).

Da die Absicht nicht ist, eine Lützelsteiner Landes- und Regentengeschichte hier einzuschalten, so bleibe ich dabey stehen, und führe nur diß an: daß der Anno 1220. von Grafen Hugo freywillig besche=

(h) ebendaf. und insbesondere §. 16. S. 55.
(i) *Senkenberg.* Med. d. univ. Jur. & Hist. Fasc. IIII. med. VI. des verbürgerten Adels zu Strasburg Turnier-Recht. " Turnier zu Strasburg " Anno 1390. Diese haben den Thurnier per-
" sönlichen besucht und haben turniert.... Her-
" ren und Edle aus Westerreich: Grafen: Ja-
" cob von Lützelstein, Eberhard von Zwey-
" brücken. "

henen Auftrag eines gewissen Theils seiner sonst eigentümlichen Veste Lützelstein, samt einem gewissen Distrikt um solche herum, zu Bischöflich Strasburgischem Lehen (k), keinesweges die Provinzial-Gränzen des Elsasses und Westriches alterirt habe; oder daß dadurch denen Grafen an ihrer Reichs-Unmittelbarkeit und Landeshoheit im mindesten einiger Abbruch zugegangen wäre.

Den Uebergang des Lützelsteinischen Distrikts mit Zugehörde an das Pfälzische Haus, hat Herr Geheimer Rath Bachmann in seinem Pfalz-Zweibrückischen Staatsrecht (l) vorgetragen. Ich bedarf also solche nicht zu wiederholen.

Seitdem die Pfalz-Veldenzische Kadettenlinie des Herzoglich Zweibrückischen Hauses diese Graffschafft überkommen hat, (1566) übte solche den ganzen Umfang aller und jeder Hoher Landesfürstlicher Regalien und Gerechtsamen darüber aus. Durch den letzten Willen Herzog Georg Hannßen 1571 bekam solche sein Sohn Johann August, der sie Anno 1611, nach seinem erblosen Tod, auf seinen jüngsten Bruder Georg Hanßen vererbte, der auch solche Anno 1618. und 1648., bis auf seinen Anno 1654. erfolgten Tod, mit allen Hoheits-Rechten abnutzte und be-

---

(k) Crollius a. a. O. §. 14. p. 50. 51. und der not. (*) allegirte Schöpflin Als. Illustr. p. 618. &c.

(l) in dem §. 20. Seite 23. u. f.

herrschte, von der Zeit an aber auf den Anno 1694. ohne männliche Descendenz verstorbenen Herzog Leopold Ludwigen, seinem Neffen, überließ, der bis auf die mehrberührte Reunionen ohngestört die großväterliche und seiner Pfälzischen Durchlauchtigsten Vorfahren Jura superioritatis fortübte, wo Er nicht durch die Französische Eroberungen verhindert werden wollte.

§. 84.

Bey (c) 1. **Selz und die dasige Probstei.**

Das heutige Aemtlein Selz bestehet aus denen Ortschafften Selz, **Münchhausen, Neubeinheim, Schafhausen, Kesselborff.**

Kaiser Ott der Grose schenkte 968. seiner Gemahlin **Adelheid** mehrere Kaiserliche Domanialgüter zu ihrem — nachher bis auf den heutigen Tag sogenannten — **Eigenthum.** Sie wählte sich Selz zu ihrem Wohnsitz, welches Ort Anno 987. aus einer Villa Regia zu einer Stadt erhoben worden. Sie stiftete, nach herrschender Sitte, auch ein prächtiges Benediktiner Kloster zu besagtem Selz, dergestalt, daß das eigentliche Patrimonium desselben besagtes der Sifterin Eigenthum gewesen. Zu desselben weitem Bezirk gehörten 14. Ortschafften, unter welchen disseits Rheins ausser der Stadt Selz, noch neun, und unter diesen, obiggenannte vier Dörfer gerechnet worden. Die übrigen wurden theils von den Aebten ver-

verſchenkt, theils von den Kloſtervögten, Baden und Fleckenſtein, an ſich gebracht.

Schon Anno 993. erhielt die Abtei Selz von K. Ott III. die Markt- und Münzgerechtigkeit, wobey jedoch verordnet wurde, daß ihre Münzen, weil Selz von undenklichen Zeiten her auf den Gränzen gelegen ſeye, ſowohl das Strasburgiſche — als Speyeriſche Gepräge haben ſollten. Im Jahr 1139. gab K. Konrad III. der Stadt Selz, die nemliche Freiheiten, wie ſolche die Stadt Speyer hatte, jedoch unbeſchadet der Abtey Rechte: zum Beweis, daß Selz noch zum Speyergau gezehlt worden; wie dann Anno 1309. Graf Georg von Veldenz, als er zum Landvogt über ſolchen beſtellt ward, auch Selz anvertrauet bekam. (ſ. oben §. 16.) Das ſiehet man auch daher, daß Selz bey dem Elſaſſiſchen Landfrieden von 1343. (§. 21) nicht vorkommt, dann es war ſolches ſchon ſeit 1331., in dem Umfang des Speyergaues, in des Churfürſten von der Pfalz Pfand-Innhabung. (§. 19.) Wir haben endlich oben §. 27. gelernt, daß Kurfürſt Ruprecht I. der Abtey ihre Jura auf Selz und Hagenbach abgekaufft habe 1361. Diß und die Gelangung des Kurhauſes Pfalz zum Kayſerthum bahnte zu den nachfolgenden Ereigniſſen den Weg. Dann Anno 1408. ſehen Wir die Stadt, Amt und Abtey Selz, mit dem Zoll und andern Gerechtſamen, in der Pfand-Inhabung Ludwigs, des Bärtigen; die auch Kaiſer Sigmund ihm beſtättigte. (§. 52. b.)

Betrachtung. §. 84.

Die Abtey trat auch verschiedene Gerichtsbar=
keitliche Rechte an Pfalz ab; Anno 1480. wurde sie
in ein Collegiat oder Chor=Herrenstift, Anno 1500.
aber in eine Prälatur verwandelt. Als Probstey
kommt sie Anno 1521. zum erstenmal in der Reichs=
Matrikul mit 1 zu Roß und 3 zu Fuß, und zwar
als eine gefürstete Probstey, vor.

Da immittelst, kraft Kaiserlicher Urkunde die
Pfandschaft der Stadt Selz in ein Eigenthum über=
gegangen war, so fehlte es nur noch, in Ansehung
der Probstey, an einem einzigen Schritt, um solche
ebenfals zu Pfälzischem Eigenthum zu machen. Die
Reformazion bot hierzu Gelegenheit. Friederich III.,
ein eifriger Vertheidiger und Ausbreiter der Evan=
gelisch Reformirten Lehre, ließ den Principatum
Selsensem das nemliche Schicksal, wie alle in sei=
nem Gerichtszwang belegene Stifter und Klöster,
erfahren. Er ward mit der nächsten Pfälzischen Präfektur vereiniget, ein Theil seiner Einkünften für
Stipendiaten bestimmt, seine Reichs=Onera aber von
dem Kurfürstlichen Reformator übernommen. Anno
1575. errichtete derselbe eine adeliche Ritterakademie
zu Selz; es waren schon gegen 60 Zöglinge von
Adel aufgenommen. Die Probstey Hert und Selz
mußten die Einkünfte zu Bestreitung dieses vortref=
lichen Instituts beitragen. Es hatte aber solches kei=
nen Bestand, dann der nachfolgende Lutherische Kurfürst Ludwig ließ es wieder eingehen.

Seit 1584. fängt dagegen die Reihe der reformirten Pfarrer und Inspectoren wieder an, die biß auf die Reunion fortdauerte. Eben so blieb auch die Stadt und Amt Selz unter der ungestörten alleinigen Pfälzischen Territorial-Hoheit, wie andere Pfälzische Patrimonial-Lande.

Zur Zeit der Böhmischen und dreyßigjährigen Kriegsunruhen lag bekanntlich Selz und Germersheim unter dem Scepter des erobernden Oesterreichs, insbesonders, der erzherzoglich Leopoldinischen Linie zu Inspruk, unterwürfig.

Der Westphälische Friede setzte aber Karl Ludwigen, ohne die geringste Widerrede Frankreichs, in den Besitz aller Hoheits- und Eigenthums-Rechte über das Amt Selz und die zu demselben gehörige Probstei wieder ein.

Kaum genoß aber die Pfalz am Rhein einige Ruhe, so erschien unversehens die unglückseligste Epoke, deren traurige Folgen wir noch heute empfinden müssen. Dann im Monat Merz 1674. wurde, nebst andern unschuldigen Städten, auch Selz von den Franzosen eingenommen, beynahe gänzlich in die Asche gelegt, und die Mauern nebst dem Schloß eingerissen. — Ich bleibe bey diesem Signal der Eroberungen Frankreichs stehen, um meinem Plan getreu zu bleiben.

§. 85.

2. Kellerey und Amt Hagenbach.

Die Kellerey und Amt Hagenbach bestehet heut

Betrachtung. §. 85.

zu Tage aus der Stadt gleiches Nahmens, und denen Dörfern **Wörth, Pforz, Neuburg** (m) **Berg.**

Es ist ursprüngliches Kayserliches **Domanial-**Gut, kam endlich unter Kurfürst Ruprecht an die Pfalz (n) und war schon im 14 Jahrhundert ein Bestandtheil der Landvogtey des Speyergaues zu Germersheim (o). Mit der Präfektur Germersheim war Hagenbach ein Theil des Wittums der Kurfürstin, Ludwigs des Bärtigen Gemalin. (p)

Es liegt dieses Amt noch disseits der Lauter. Bei der Kurpfälzischen unglücklichen Katastrophe hatte es mit Germersheim und Selz, zwischen welchen beyden Städten es liegt, gleiches Schiksal: wiewohl Churpfalz wahrer und alleiniger unabhängiger Landesherr darüber gewesen, und nach dem Westphälischen Frieden auch hätte bleiben sollen, wenn Frankreichs erobernde Fackel nicht alles verzehrt und die nachfolgende Veränderungen (wovon, an seinen Orten, unten ein Wort) vorbereitet hätte.

(m) Von den Schicksalen Neuburgs sehe Tolner. l. c. C. II. p. 51. und seitdem diß Städtgen durch den Rhein verstößt worden, blieb auf jener Seite desselben ein hameau: **Neuburgweier.** **Widder** Geograph. Beschr. der Unt. Pf. Th. II. S. 410.

(n) *Tolner.* l. c. C. II. 51. 2.)

(o) oben §. 16. Beyl. N. III.

(p) **Widder** a. a. O. Th. II. S. 409.

§. 86.

(c) Germersheim.

Alle die von §. 71. bis einschlüßlich 85 angeführte Lande sind dermalen in Pfalz=Zweybrückischem Besiz, ausgenommen das Steinthal §. 82. und die halbe Graffschaft Lützelsteinische Renten. (q) Das Obcramt Germersheim aber ist biß dato, seit 1330. in Churpfälzischem Besitz geblieben. Es gehört daher unmittelbar zu dieser Betrachtung nicht, und wird es, des Zusammenhangs wegen, hinlänglich seyn, wenn ich, mit Uebergehung des Details, worüber Widder (r) nachgelesen werden kan, nur soviel anführe, daß, da einmal französischer Seits noch immer behauptet werden will, daß die Queich die wahre nördliche Gränze des Untern=Elsasses seye, (s) hauptsächlich auch nur diejenige Orte dieses Obcramts in Frage kämen, welche disseits der Queich oder über deren rechten Ufer belegen sind.

Es besas aber Churpfalz solche schöne Anzahl Orte vor und nach denen dreisigjährigen und folgenden französischen Kriegs=Unruhen und Kalamitäten als wahrer und unbezweifelter Landesherr, der wegen dieser unwidersprechlichen Speyergau=Lande, auffer dem Verband mit Kaiser und Reich, in keiner denkbaren Abhängigkeit stehet, noch stehen kan.

(q) Pf. Zweybr. St. R. §. 20. S. 29.
(r) a. a. O. Th. II. S. 408. u. f. f.
(s) Widder a. a. O. S. 412.

Fünfte Betrachtung.

Ueber Frankreichs Betragen vor = bey=
und nach dem Westphälischen Frieden; und über den rechten Verstand
der Disposition desselbigen, insofern
Elsaß dabey in Vorwurff gekommen
ist.

§. 86.

Wenn man aus dem allgemeinen Gewühl, in welches die anfängliche Unruhen nach und nach so viele inn= und ausländische partikular Interesse und Verhältnisse verflochten hatten, die feine Conduite des Französischen Hofs aushebt, und ihren Gang, wie er sich unter so mancherlei Nuances, immer in einem vortheilhaften Licht, durchwand, isolirt; so bleibt es einmal eine unverkennbare Wahrheit, daß das Französische Ministerium, seinen geheimen — von langem her angelegten Entwurff, auf Ausdehn-ung seiner Gränzen bis an den Rhein, ins besondere aber auf das Elsaß — bey diesem allgemein über=handgenommenen zerstörlichen Disturbio — am sicher-sten ins Werk zu richten, sich überzeugt gehalten habe. Gewissermasen haben ihm auch alle äussere Umstände dazu den stärksten Vorschub angeboten. Bey der über=

haupt sich ausgebreiteten Kaiserlichen Uebermacht — bey der — der teutschen Stände Freyheit bald handgreiflich drohenden Gefahr — war es Frankreich ein leichtes, sich in die teutsche Kriegshändel Schritt vor Schritt einzumischen, und unter dem Vorwand, als ob es der angeblich beabsichteten Oesterreichischen Monarchie Gränzen setzen helffen müße, bey dem bedrängten — sich um Hülfe sehnenden Reichsständischen-Theil, als seinem Schützer und Retter, Eingang zu finden. Für seiner Entschädigung durffte diesem schlauen Hof nicht bange seyn: und gerade das, was er suchte, war der vorher berechnete Satisfaktionspunkt. Es hatte also Frankreich, zum voraus, gewonnen Spiel. Nur die Art der Ausführung war ein Werk der Klugheit. Frankreich konnte auf den besten Ausgang zählen, wenn es sich von einem Theil der Kriegführenden zu Hülfe rufen liese. Dann alsdann war seine Final-Entschädigungs-Forderung nicht mehr so auffallend unter die Klasse der Okkupationen — noch weniger Eroberungen mit dem Degen in der Faust — zu ordnen, und es war dabey zum voraus auf den Konsens desjenigen Theils zu zählen, der Frankreichs Hülffe anrufte. Es mußte aber doch zugleich auch ein Blick gegeben werden, daß man sich wolle rufen lassen.

Daher läßt sichs begreiffen, warum der Kardinal Richelieu durch den Abgeschickten, Baron Charnasse — den ohnehin von Oesterreich beleidigten König Gustav Adolf von Schweden zum Aufbruch reizen ließ, und mit demselben zu Anfang des 1621sten

Betrachtung. §. 85.

Jahres, nur einen simpeln Subsidientraktat abschloß, hingegen von denen proponirten Unions=Punkten, wobey Frankreich den Meister hätte spielen können, willig abstand; denn einestheils hatte sich Frankreich— vor den ersten Schritt — einmal hinlänglich an das allgemeine Interesse angekettet, anderntheils behielt es noch immer freyere Hände, zu thun, was künftige unvorgesehene Fälle, Glück oder Unglück seines Verbündeten, erheischen würden, und — was das beste war, Frankreich öffnete weder dem König von Schweden — noch dem Kaiser — noch dem getheilten Reich — die Augen über seine Plane, und blieb somit, unter dem Schein des Zuschauers, noch eine Zeitlang mit jedem Theil gut Freund, konnte daher zeitig genug sich rüsten, ohne bey einem oder dem andern besonderes Auffsehen zu erregen.

Wie richtig dieser Standpunkt berechnet gewesen, hat der Erfolg gelehret. Bey dem überhandgenommenen Kriegsglück Gustav Adolfs hat sich die anfängliche Aussenseite des Kriegs mit seinen Mitteln und Endzwecken sehr geändert gehabt. Es ist einem jungen König, der Muth und Geistes=Gröse besitzt, wohl zu verzeihen, wenn das menschliche sich einmischt, und Veränderungen der ursprünglichen Absichten erzeugt. Der Todt unterbrach ihn zwar in ihrer Ausführung: aber seine Plane, die so viel auf das privat, als gemeine Interesse abzielen mogten, pflanzten sich auf seine zurückgebliebene Generäle. Das mußte ihnen dann freylich mehrere Feinde erwecken, als sie nicht vorher schon hatten, selbst teutsche Freunde der Schweden, z. B. Brandenburg, die vier obere Kreise ꝛc. hatten Ursache, unzufrieden zu seyn. Zudem, daß Oxenstierna seine Truppen zu sehr theilte, sich dadurch schwächte, keinen Beystand von unzufriedenen Freunden mehr erwarten konnte, von den Kaiserlichen auch schon beträchtlichen Nachtheil in Schlesien erlitten — folglich mit groser Verlegenheit in die Zukunft sehen mußte; da konnte dann freylich Frankreich sich auch keinen erwünschten Dienst von den Schwedischen sieggewohnten Waffen mehr versprechen, und darum — mußte es im Jahr 1634. einen zweyten Schritt thun, und seine Privatabsichten, nemlich den ganzen Strich Landes, disseits Rheins, von Basel bis an die Mosel an sich zu ziehen, näher entdecken, wodurch Schweden nun neue Arbeit bekam. Und da vollends die schwedische Niederlage bey Nördlingen (27. Aug. 1634) dazu gekommen, so sahe sich Frankreich auch schon so gut, als in dem Besitz seiner Absichten, dann es konnte darauf zählen, daß Schweden nunmehr, und um nicht zwischen zweyen Feuern zu bleiben, die Allianz mit der Französischen Monarchie suchen werde, wobey letztere, die ihrer Konvenienz angemessene Bedingungen aufzustellen, im Vortheil blieb. Diß war auch die Ursache, warum sich Frankreich stellte, als ob es so schwer daran komme, mit Schweden das verlangte Bündniß einzugehen: dann natürlicher Weise liefen sich die schwedische Befehlshaber desto leichter zu — wenn auch gleich lästigen Bedingnissen bereden, je schwerer ihnen die Erfüllung ihres Wunsches gemacht wurde, den Beystand der Franzosen, der ihnen ganz unumgänglich nötig war, zu erwerben.

§. 87.

Durch diesen Streich kam nun Frankreich, unter dem Gewand eines Retters der Schweden und eines Vertheidigers der teutschen Freyheit, in das von Oxenstiern ihm eingeräumte Elsaß und die Veste Philippsburg: So wie auch nicht zu leugnen ist, daß durch sein Bündniß dem Schwedischen Theil und seinen alliirten teutschen Ständen neue Kräfte und Luft verschafft worden, so konnte auch Frankreich sich die schönste Zukunfft versprechen; dann von seinem Verbündeten war es, Dank zu erwarten, berechtiget; — und von dem Kaiser, gegen den nun die Französische Waffen gefällt wurden, konnte, bey einer Gelindigkeit und Nachgiebigkeit, auf wechselseitige Nachgiebigkeit und vortheilhaften Frieden, wenigstens die Belassung dessen, was schon unter Frankreichs Besitz lag, gezählt werden. Und das war es eben, was erreicht werden wollte.

§. 88.

Wann nun gleich diese Entwürfe mit dem Erfolg nicht in dem genauesten Ebenmaaß geblieben, selbst Frankreich den Schwedischen Feldherrn, H. Bernhard von Weimar, gegen die siegende Waffen Oesterreichs nicht nachdrücklich genug unterstützte, so lag doch der Grund davon eben nicht darinnen, daß Frankreich seine Absichten aufgegeben habe. Dieses offenbahrt sich am sichersten aus dem Schicksal des ebenbesagten Herzogen Bernhards. Dieser junge Held und Freund seines verewigten Königs Gustaf Adolfs hatte im Jahr 1638. das Glück, die Kaiserlichen zweymal bey Rheinfelden auf das Haupt zu schlagen, und seine glänzende Siege, mit Eroberung der unvergleichlichen Vestung Brysach, zu krönen. Wie er sich nun wieder damit zum Meister von Elsaß machte, auch sonst noch mehrere Städte in Burgund ꝛc. in seine Gewalt bekam, so lies er sich auf das Projekt verleiten, sich bey dem Besitz von Elsaß und Breißgau zu erhalten, die verwittibte Landgräfin von Hessen=Kassel, Amalie Elisabeth, aus dem Haus Hanau, zu heurathen, sich dadurch mit der Heßischen Armee zu verstärken, alsdann eine eigene und dritte Parthie, in diesem Krieg zu bilden, und die Franzosen sowohl, als die Schweden vom teutschen Boden zu vertreiben. Es erregte aber dieser Entwurff keine kleine Verwunderung bey denen Potentaten: und er konnte diesen nicht unerkannt bleiben, weil Herzog Bernhard, ohne Vorbewußt der Schweden, oder Franzosen, den Akkord mit dem Kommendanten zu Breysach blos in seinem eigenen Namen geschlossen hatte. Diese Festung stach aber dem Kardinal Richelieu selbst in die Augen. Er empfahl solche dem König als einen Hauptschlüssel zu Teutschland, schon vorher, wie Pignerol zu Italien, und Pergignan

Betrachtung. §. 88.

zu Spanien; und darum ließ er es auch an allen möglichen Mitteln und Vorstellungen bey Herzog Bernhard nicht ermangeln, daß diese Vestung an Frankreich überlassen — oder nur zur Helffte Franzosen hineingelegt — oder auch nur nach des Herzogs Tod ihnen überliefert werden möge. Es wolte dabei der Grund dazu angeführt werden, weil doch diese Festung mit Französischem Subsidiengeld gewonnen worden wäre, so müßte sie auch Frankreich bleiben. Da alle Vorschläge aber — selbst eine angebottene Vermählung mit des Kardinals Baase — von dem muthvollen Krieger standhafft ausgeschlagen blieben, so blieb die Sache beruhen, bis auf Herzog Bernhards frühzeitigen unerwarteten Todt, 8. Jul. 1639. (t) worauf sogleich Frankreich durch des darzu

---

(t) Herzog Bernhard war dazumalen in Burgund, wo eine graffirende hitzige Seuche viele Menschen, besonders aber des Herzogs sämtliche alte Aerzte wegrafte. Die verstorbenen bekamen nach dem Tod rothe Flecken, und sturben in einer Art von Raserey. Herzog Bernhard bediente sich des von dem Cardinal Richelieu neuangenommenen Medici von Genf, Blundini, der ihm, nach der Aussage vieler Schriftsteller, Gift beygebracht haben soll. Wenigstens könne man nicht sagen, daß der Patient an der Burgundischen Seuche gestorben, weil er am Leib keine rothe Flecken gehabt und biß an sein Ende seinen Verstand hatte. Man will auch vor gewiß behaupten, daß sich der Feldscheerer bey Secirung des Leichnams an der Hirnschale mit dem Finger geritzt hätte, wodurch Finger und Arm unheilbar geworden seie, und

erkauften Weimarischen Generals Erlachs Vorschub alle von Herzogen Bernhard eroberte Oerter in Besitz und — dessen Armee in seine Dienste nahm.

Daß dieses Betragen der Krone Frankreich, keinen sonderlichen Beweiß für ihre gute Absicht zur Restitutions-Beförderung unseres unglücklichen Kurfürsten Karl Ludwigs von der Pfalz an Tag gelegt habe, mag daraus abgenommen werden: Dieser unschuldig exulirende Pfalzgraf fieng um dieselbe Zeit an, sich in etwas zu regen. Er zog aber bey Flotha 1638. den kürzern gegen Hazfeld. Als er nun nach H. Bernhards Todt dessen Armee an sich zu ziehen gedachte, seine Absicht aber nicht heimlich genug hielt, so wurde er, da er durch Frankreich an den Rheinstrom, incognito gehen wollte, von dem König in Frankreich so lange arrestirt, bis man Breysach und die Weymarische Truppen selbsten an sich gebracht hatte. Zum beschönigenden Vorwand dieses Arrests wurde aber dem Reisenden zum grosen Verbrechen angerechnet, daß er unangemeldtet durch des Königs Land paßiret seye, welches gegen des Königs Respekt angehe.

§. 89.

Frankreich ward nun solchergestalt ungestörter Herr

---

dem Verletzten es den Tod gekostetet habe. Der Ort des H. Bernhards ruhmvollen Todes war Neuburg am Rhein (oben §. 85.)

Betrachtung. §. 89.

Herr vom Obern Rhein und dem Elsaß. Seine vorherige Plane und bisherige Mittel wandelten nun von der beabsichteten Erwerbung über — auf die Konservation seiner Acquisition. Natürlicher Dingen konnte sich diese Krone, ohne sich selbst bloß zu stellen, nicht weiter, als auf die Oesterreichische, das ist, feindliche Besitzungen im Elsaß, noch zur Zeit, ausdehnen: Die teutschen Stände in demselben, deren Freyheit doch Frankreich verfechten helfen wollte, mußten also auch ungekränkt bleiben; und man findet keine Spure, daß Zweibrücken, oder Birkenfeld — in Bischweiler, und Pfalz Veldenz in seiner Herrschafft Steinthal, gestört worden wäre. Von denen, ausserhalb dem Elsaß unwidersprechlich belegenen, oben §§. 71. 74. 75. 76. 77. 78. 79. 81. 83. 84. 85. 86. beschriebenen, erst in spätern Zeiten in Anspruch genommenen Landen der Häusser Pfalz, konnte daher auch ohnmöglich Frage seyn. Wenn deswegen Frankreich seit 1639. den Krieg gegen Oesterreich fortgesetzt hatte, einmal mit mehr- ein andermal mit weniger Vortheil, so hatte das hauptsächlich nur seinen Bezug auf seinen Hauptfeind, dessen Lande gerne vor immer der Krone einverleibt werden wollten. War aber einmal dieses Werk vollendet, so war freylich eine weitere Ausdehnung der französischen Eroberungen nicht bald durch ein inneres Hinderniß gehemmt, dann wer konnte von mindermächtigen Fürsten des Elsasses Widerstand zu thun, wagen?

Wie vergnügt mußte folglich der französische Hof

seinen Minister Anno 1641. (15. Dec.) nach Hamburg zu gemeinschaftlicher Auffesung der Friedens-Präliminarien abgeschickt haben? Und konnte ihm wohl ein Zweifel beygehen, daß er nicht noch dazu mit der grösten Ehre dabey pariren und seine Absicht, ohne viel gute Werke geben zu dörfen, erreichen werde, da es ihm ohnmöglich verborgen bleiben konnte, daß der Kaiser den Frieden suche, und, durch den dritten Mann, Frankreich dazu einladen lassen?

Jedermann weiß es, daß der Kaiserliche Hof aber durch alle mögliche Mittel den Friedens-Congreß zu hemmen und biß 1644. hinauszuschieben gewußt, auch zum Nachtheil der teutschen Reichs-Stände Particularfrieden mit Frankreich und Schweden abzuschliessen gesucht habe.

Beede Kronen hielten aber solches weder ihrer Ehre = noch Sicherheit angemessen: bey Frankreich war aber noch der besondere geheime Umstand, daß es, gerade wegen seiner beabsichteten Elsassischen Erwerbungen, derer Reichsstände, wenigstens solcher, die heut oder morgen am empfindlichsten dabei interessirt werden = und bey einer französischen Erweiterung der Souveraineté über Elsaß überhaupt am meisten leiden müßten, Gegenwart und Mitwirkung am allgemeinen Friedenswerk nöthig erachtete, um solche aus der Wohlthat der Unwissenheit oder der Exzeption, daß der für sie nachtheilig geschlossene

Frieden inter alios res acta und für sie unverbindlich seye, zu verdrängen. Es mußte daher alle Beredsamkeit und Künste anwenden, denen Ständen ihr Jus adlegandi in dem reizendsten und = im Unterlassungs-Fall = im gefahrvollesten Licht darzustellen, somit sie zum Beytritt zum Kongreß kräftigst aufmuntern.

§. 90.

In dieser Verkettung lagen die politischen Händel, als die Königliche Gesahdten Claudius de Mesmes und Servien zum erstenmal an H. Friederich von Zweybrücken unter dem Dat. Münster in Westphalen 6. April. 1644. geschrieben und ihn zum Beschicken des Kongresses zu bereden trachteten; (u) und bald darauf, nachdem der König Louis XIV. selbsten, am 20. Aug. (v) zu diesem Zweck, an den Herzog geschrieben, den Innhalt ihres ersten Schreibens in einem zweyten wiederhohlten. (w) Lese man aber solche mit einigem Bedacht durch, so wird ohnmöglich der Aufmerksamkeit entgehen, mit welcher Künstlichkeit sie aufgesetzt seyen, und wie, eines theils der König, die Sprache der Religion, andern theils seine Gesandten, die Sprache der Ehre reden und damit das nöthige Vertrauen in das französische

---

(u) f. Beyl. N. XXVIII.
(v) Beyl. N. XXVII.
(w) Beyl. N. XXVIII.

Betragen pflanzen mußten, ein Betragen, sage ich, daß beyde Briefsteller rein und unschuldig zu machen sich bestrebten, ohne noch von dem Gegentheil besonders bezüchtiget worden gewesen zu seyn. Ich sehe aber vor meinen geringsten Theil nicht ein, wie der französische Theil so sehr nöthig gehabt hätte, ihre **Reinigkeit der Gesinnungen und Treu und Glauben** (la candeur & la bonne foy, qu'ils [les Plenipotentiaires] ont ordre d'apporter en leur négociation) so anzupreiſſen, wenn er nicht gewußt hätte, daß Niemanden, der dem Gang der französischen, von Schritt zu Schritt geäusserten Absichten, nachgehen wollte, verborgen bleiben konnte, daß jene Reinigkeit noch gar mancher Vervollkommnung unterworfen sey. Diese Absichten werden ja auch wieder ganz unverhohlen, freylich in einer Vergesellschaftung der unschuldigsten Gesinnungen, geäussert. Der König sagt dem Herzog, er wünsche daß die Reichsstände bey dem Kongreß erscheinen mögten, um zu sehen und Zeugen zu seyn, wie seine Gesandten zum Besten des allgemeinen handeln würden; (*qu'ils fuſſent ſpectateurs & témoins* de la conduite de mes Plenipotentiaires:) und weiter unten: der Herzog möge den Kongreß beschiken in dem Geist des Königs, welches der Geist des Friedens, und zugleich, nothwendiger weise, der Geist der Billigkeit und Gerechtigkeit seye. (à intervenir à l'assemblée de Munster pour y proceder dans le même esprit que moy, *qui eſt un eſprit de Paix*

Betrachtung. §. 90.

& selon la meme regle, qui est celle de l'équité & de la Justice.

Die Gesandten führen in ihrem jüngern Schreiben den Kommentarium dazu: die Oesterreicher sagen sie, legten ihnen zur Last, daß sie mehr das ihrige privat- als das allgemeine Wohl zur Absicht hätten, und darum möge der Herzog, seine Deputirten, als Zeugen der Französischen Rathschlüsse und Handlungen, hoffentlich auch als Mitwirkende, absenden, dann jetzo müsse jeder Theil mit der Sprache herausgehen, was er durch diesen Krieg für sich erworben haben wolle. (*profitendumque palam in hoc ad pacem conventu, quid sibi quisque bello parari voluerit.* Accedat igitur celsissimus Princeps, veniant in rem praesentem, quotquot sunt Germaniæ proceres, consiliorum factorumque nostrorum testes futuri, *atque haud dubie adjutores.*)

Verbindet man diese und andere gleichhaltige Ausdrücke, so, meyne ich, wird deutlich genug gesagt; „ der König will nicht leer ausgehen; dabey
„ hat er aber die teutschen Fürsten, und besonders
„ Pfalz, nötig, und die Elsaßischen Stände müssen
„ bey dem Frieden seyn, um hernach gegen Frank-
„ reich nicht schreyen zu können — (atque haud du-
„ bie adjutores) gibt man ihm das, was er fordern
„ wird, nicht mit Güte (equité) so holt es der Kö-
„ nig mit Gewalt (justice) dann er hat ja für das
„ allgemeine Wohl die Waffen ergriffen. ”

§. 91.

Gesetzt aber auch, Frankreich hätte wirklich lautere Absichten für die teutsche Reichsstände allein geheget (*), und allenfalls seinen Satisfaktionspunkt als eine Nebensache behandelt, wie dann dieses die Gesandten höchlich betheuren, (in dem ersten Schreiben N. XXVIII.)

> Hanc vel præcipuam inter belli causas sibi statuerunt Galli Suecique ac publice contestati sunt, *eo consilio arma sumpserunt, nonnisi reddita Germaniae libertate, ponenda.* Id secus interpretati Austriaci ita accepi voluerunt, *quasi Regnis res suæ solummodo cordi essent, commoda vestra obtenderentur.* Vtrius partis sincerior fuerit oratio, *magna alterutrius mercede hic patefiet,*

wozu hätte es dann der überlangen Sinzerationen gebraucht? und würde es nicht nachher, wenn es aller dieser Versicherungen ohngeachtet, dennoch auf andern Gesinnungen und Thaten erfunden worden wäre, dem Urtheil der wohldenkenden Welt sich stark ausgesetzt, und gleichsam Gott und Welt zum Feind

---

(*) Vergleiche *Mayern,* Act. P. W. Tom. II. p. 95. sq. woraus zu lernen ist, daß Frankreich unterm 16. Jul. 1644. bey der Frankfurter Versammlung declariren lassen, wie es das ganze Elsaß ꝛc. wieder herausgeben wolle.

Betrachtung. §. 92.

und schüchtern gemacht haben, je ein einzigesmal noch der Französischen Treu und Glauben zu trauen?

§. 92.

Zuverläsig war dieser Satz auch berechnet. Frankreich hatte übrig Zeit, ihm zuvorzukommen; bey dem langen Zögern in Beschickung des Kongresses konnte es nicht klüger thun, als sich, nach dem Geiste des Friedens, der auch der Geist der Billigkeit und Gerechtigkeit ist, selbst Gerechtigkeit zu verschaffen. Seine gewaltsame Wegnahme der Vesten und Städte Philippsburg, Mannheim, Speyer, Worms, Maynz ꝛc. (x) war mithin eine gerechtfertigte Handlung, nach den Grundsätzen der Herren Franzosen mußte sie es seyn. Dann da sie damit die betheiligte Reichsstände zum Schreyen brachten, so konnten sie auch auf deren Beschickung des Kongresses — aber auch auf ihre Einwilligung zu Ausführung der Französischen Plane desto eher zählen, wenn nur der Französische Soldat wieder über den Rhein zurückgebracht werden könne. Der liebe Friede war daher auch durch

---

(x) Herzog Friederich von Pf. Zweybrücken beschwert sich in einem Schreiben an den Gesamt Anhaltischen Hauß Canzlar Milagius d. 6. Decembris 1645. daß sein Fürstenthum durch das in selbigem quartierende französische Volk verderbt und zu Grund gerichtet worden, so, daß ihm an Mitteln fehle, einen eigenen Gesandten zum Friedens-Congreß zu schicken.

Frankreich, vor den Augen der Welt, befördert, die Französische Satisfaktion fiel aber immer mehr in die Waagschaale der Gerechtigkeit.

§. 93.

Und in dieser Rücksicht mogte es in den Augen der Französischen Ministers, denen die Beybehaltung des Elsasses von Anfang her, vorschwebte, nicht so auffallend — als dem Kaiserlichen Hof — den betheiligten Reichsständen und selbst der Krone Schweden gewesen seyn, als bey der näheren Zusammentrettung und der zwischen Frankreich und Schweden dekonzertirten Vorlegung der Friedensvorschläge, ersteres am Dreyfaltigkeitsfest 1645. im 13. 14. 15ten Punkt, einstweilen im allgemeinen, den Satisfakzionspunkt anwarf, von dem es doch, noch kaum ein Jahr vorher, nichts hören wollte (y), und dann vollends, auf vorgängige geheime Negoziation mit dem Kur-Bayerischen Hof (z), dem von Frankreich versprochen war, ihn bey der Pfalz und der Kur zu manuteniren, wenn umgewendet er seine Macht anwenden würde, daß der Krone Frankreich Brysach, nebst dem ganzen Ober- und Untern-Elsaß in Händen verbliebe, gerade zu und ungescheut, im November desselbigen Jahres, das Elsaß

(y) s. v. Meyern a. a. O. Tom. II. p. 95. 96.
(z) ebendaselbst T. I. p. 538. 537.

Betrachtung. §. 94.

zur Satisfakzion verlangte, somit endlich dasjenige selbst an sich wahr gemacht hat, was die Französische Ministres ein Jahr vorher (a), unter der Einkleidung, als ob es von andern zu verstehen wäre, dem Herzog Friederich von Zweibrücken schrieben:

> Nunc demum detrahenda est persona: profitendumque palam in hoc ad pacem conventu, quod sibi quisque *bello* parari voluerit.

§. 94.

Ob dieser endliche Ausbruch der Französischen, bisher im schleichenden angelegten Vergröserungspläne (b) mit oben vorgetragenen, von sich angepriesenen reinen und treuen Absichten der Krone Frankreich, in schuldigem Gleichmaas gestanden, kan jedermann leicht beurtheilen. Es ist sich also auch nicht schwer vorzustellen, wie der Kaiser dagegen anfänglich geeifert habe, auch Bayern das ihm von Frankreich zur Last gelegte geheime Verständniß, von seinem guten Ruf abzuwälzen beflissen gewesen seye. Es war aber gleichwohl am Ende, nach vielfältigem hin und her traktiren (c) nicht zu vermeiden, den Französ-

---

(a) Beyl. N. XXVIII.
(b) v. Meyern a. a. O. Tom. II. Seite 871...
„So befindet sich dann, daß diese particular Satisfaction ex cupiditate proferendi regni herfliesse...„
(c) v. Meyern l. c. Tom. III. p. 6. 30. sqq. 34. 723. 724. 725. 726.

fischen Forderungen und Nachgebungen zu gehören. Wir wollen dieses ganz kurz durchgehen. Die Sache bedarf auch wahrhaftig keines Kommentars, weil sie bey jedem Unbefangenen klar und deutlich seyn muß (d).

Frankreich verlangte auf die von den Kaiserlichen Gesandten unterm 29. May 1646. denen französischen behändigte Oblationspunkten nicht allein die Oesterreichische sämtliche Elsaßische Besitzungen cum omni superioritate überhaupt, sondern ohne Ausnahme auch alle Kaiserliche und des Reichs Oberherrlichkeit über alle ungemittelte Reichsstände im Elsaß. Ueber letztern Punkt konnte aber der Kaiser für sich nichts thun; seine Gesandschaft hat es in ihrem Memorial über das den Franzosen offerirte Elsaß und Sundgau schon im April (*) vorher deutlich beobachtet und ausdrücklich art. 3. sämtliche geist= und weltliche Reichsstände ausgenommen. Um doch aber an das Ende zu kommen, hat man unter dem 13. Sept. folgende Konvention vorläufig abgeschlossen, die auch hernachmals wirklich dem Instrumento P. M. inserirt worden ist, und noch darinnen stehet (e).

 a. (1) Imperator pro se totaque Serenissima
  Domo Austriaca & Imperio cedet omnibus

(d) s. das vertrefliche Hessen=Hanau=Lichtenbergische Promemoria ꝛc. 1790. §. IV. Seite 4. sq.
(*) v. Meyern Tom. III. S. 6.
(e) s. v. Meyern a. a. O. T. III. p. 723. 724. 726.

Klarheit vor. Frankreich erreichte seine von langer Hand her angelegte Absichten auf ganz Elsaß weiter in nichts — und das war schon viel — als was das Memorial der Kaiserlichen Gesandschaft vom Monat April 1646. besagt; es sollte bekommen:

alles, was bisher dem Kaiser, dem Reich, und dem Haus Oesterreich im Elsaß zustund, d. i. die Stadt Breisach, das Landgraviat im Obern und Untern Elsaß, den Sundgau und die Präfektur Hagenau, oder der Zehen Verein-Städte und der zugehörigen Reichsdörfer; oder besser, nach dem entscheidenden Text des besagten Memorials: Alfatiam superiorem & inferiorem cum Sundgovia, *sub Titulo Landgraviatus Alfatiae*, eo plane Jure, quo hactenus a Domo Auftriaca poffeffus fuit.

Darinnen erreichte es aber seine Absicht nicht, daß es auch Souverain über die Elsaßische teutsche Reichsstände geworden wäre: dann diese blieben in ihrer vorhinigen Freyheit und Unabhängigkeit — sodann Unmittelbarkeit gegen Kaiser und Reich. Doch soll diese zum Vortheil der Stände gemachte Reservation der Krone Frankreich ihre in den zwey ersten Punkten bey 1. und 2. cedirt bekommene Oberbottmäßigkeitsrechte über Mez, Tull, Verdun, sodann das Landgraviat Elsaß ꝛc. (das Wörtlein supra conceffum drückt die Relation und Konnexion am natürlichsten aus) nicht im mindesten einschränken noch verkürzen. Die Krone Frankreich war auch mit diesem Ausbe-

halt herzlich zufrieden, dann sowohl wegen der Reichsstände (f), als der Reichsstädte (g) versprach sie
heilig, sie bey ihrer Immedietät zu lassen, und nach
diesem einstimmigen Verspruch wurde auch das Friedensinstrument entworfen und obsignirt (h).

Geschahe es auch, daß Frankreich pto immedietatis nachgebend war, nur darum, weil es sich heimlich geschmeichelt haben mogte, mit der Zeit doch
noch seine Souverainete über die unmittelbare Reichsstände durchzusetzen, (wozu es durch die, denselben
zugemuthete, Revokation der Stände Deklaration,
wegen derselben Unmittelbarkeit (i), schon vorläufig
seine Absichten entdekte), wenn nur einmal in der
Hauptsache fester Fuß gefaßt wäre; so gereichte diese
Reservation warlich zu keiner Ehre. Der Verfolg wird
lehren, was sie gleichwohl in nachfolgenden Zeiten
wirken sollen und gewirkt habe.

§. 95.

Was konnte aber auch wohl Osterreich und der
Kaiser mehr an Frankreich abtretten, wie konnte wohl
der gesetzliche Buchstaben des Friedensschlusses selbst
anderst abgefaßt werden, als gerade das und so,
worüber die Konvention vom 13ten Sept. 1646. klar

(f) v. Meyern a. a. a. O. Tom. III. p. 726.
(g) ebendas. T. V. p. 155.
(h) N. S. der R. A. T. II. p. 615. J. P. M. art.
XII. §. 87. Meyern l. c. T. VI. p. 389.
(i) Meyern l. c. T. VI. p. 745. sq.

Betrachtung. §. 95. 143

und deutlich disponirt? Es ist in der dritten Betrachtung oben dargelegt worden, was Oesterreich Anno 1558. an Landen und Rechten von dem Kurhaus Pfalz abgelößt habe; wie sich die Stände des teutschen Reichs schon lange vorher unmittelbar gemacht hatten; daß der Landgrabiat des Ober- und Untern-Elsasses schon lange vorher gänzlich ceßirte, und seit 1558. nur ein bloser neu angenommener — mit platterdings keiner Realität verknüpfter Titel gewesen, (wie das Memorial vom Monat April 1646. sich dann auch ganz richtig ausdrükt: „ der Kaiser wolle Ober-
„ und Unter-Elsaß samt dem Sundgau, so wie bis-
„ her Oesterreich darinnen poßeßionirt gewesen seye,
„ *sub titulo Landgraviatus Alsatiae* an Frank-
„ reich cediren; ”) daß ferner die Landvogtei — oder die seit 1558. also neu benannte Präfektur Hagenau, nur etwas offizielles gewesen, und absolute in sensu Territorii nicht genommen werden durfte; mithin, daß der Krone Frankreich nicht die Provinz Elsaß im geometrischen Verstand, nach ihren natürlichen Gränzen (s. z. E. §. 18. oben) mit allem, was in ihr liegt, sondern nur soviel cedirt werden können und cedirt worden seye, als Oesterreich innerhalb dieser Gränzen, ohnbeschadet der unmittelbaren Reichsstände, üben durfte, und besitz- und genießlich geübt habe(*). Der König von Schweden sagte diese,

―――

(*) s. Act. & Mem. des Negoc. de la Paix de

der lautern Wahrheit gemäs, Grundsätze dem König von Frankreich ins Angesicht, als letzterer sich Anno 1680. der unerhörten Reunions-Proceduren schuldig machte (k). Und wie sollte Schweden nicht am allerbesten gewußt haben, was Frankreich bekommen sollen, da letzteres vielmehr ersterm, alles noch zu danken hatte, was es pro satisfactione erhalten durfte, gestalten ja geschichtlich bekannt ist, daß Schweden das J. P. Osnabr. nicht eher unterschreiben wollte, biß auch das J. P. Monast. mit Frankreich berichtiget seyn werde, folglich letzteres die in den allgemein bekannten Friedens-Tractaten liegende Entschädigung bekommen habe.

§. 96.

Das ist und bleibt nun, nach aller vernünftigen Auslegung, Billigkeit und dem wahren Zusammenhang der Friedens-Traktaten, der ächte Sinn des Buchstabens des Westphälisch-Münsterischen Friedens. (l) Wer zum Vortheil Frankreichs mehr daraus

---

k Ryſw. T. II. und das daselbst eingeschaltete Obrechtische Raisonnement p. 407. sq. und Resultat desselben p. 422.

(k) siehe auch Beyl. N. XXX. welche ein wahrer und authentischer Commentarius der Elsaſſiſchen Ceſſionen ist und darum auch ganz eingerückt wird.

(l) s. noch das durch den Königlich. Schwedischen

aus schöpfen wollte, würde es ohne Zwang nicht thun können, und sich in seinem Gewissen schuldig geben müssen, daß er der Wahrheit nicht getreu bleibe.

In Ansehung des Hauses Zweibrücken hat auch die Cession der Oesterreichischen, theils eigenthümlichen, theils pfandschaftlich innegehabten Besitzungen und Rechten im Elsaß an Frankreich, gar keine Veränderung hervorgebracht. Alle Stände des deutschen Reichs sollten in dem freyen und unmittelbaren Besitz ihrer prædiorum im Elsaß ungekränkt bleiben. Zweibrücken sive Birkenfeld (§. 80. oben) blieb daher in dem vollen Besitz aller Hoheitsrechte über seinen im Elsaß liegenden Flecken Bischweiler und Dorff Hanhofen. Seine Kadetten-Linie Veldenz aber blieb in dem ungestörtesten Besitz des ganzen Komplexus aller Territorialrechte, über seine reichslehenbare und unmittelbare Herrschaft Steinthal. Die bey Kaisers Majestät erhobene nachherige Belehnung darüber de 1651. 1659. zeugen am natürlichsten davon.

Sonst hatten weder Kurpfalz, noch Pfalz-Zweibrücken, noch Veldenz, einen Schuh Landes im Elsaß liegen gehabt. Es konnte daher auch kein Zweifel einmal möglich seyn. Dann Pfalz-Veldenz hatte

---

den K. französischen Gesandten zugestellte Schreiben an den König von Frankreich abseiten der teutschen Reichs-Kurfürsten, Fürsten und Stände d. d. Münster $\frac{12}{25}$ Sept. 1648. Beyl. Num. XXXI.

seine Graffschafft Lützelstein im Westrich liegen, und es ist grundirrig, wenn behauptet werden wollte, daß der Art. XII. §. 87. J. P. M. diese Graffschafft, als ob sie im Elsaß läge, benamse. Nein! nur der Pfalzgraf zu Lützelstein, oder besser, der Pfalzgraf zu Veldenz, der zu Lützelstein residirte, (Palatinus de Luzelstein) sollte in Gemäsheit dieses §. 87. immediatus bleiben, in sofern er Lande im Elsaß besitze; und das war nur das Steinthal, und etwa die zwey zur Graffschaft Lützelstein gezählt werdende Dörfer Weinberg und Wingen (§. 83.). Und was die Veldenzische Helfte an Guttenberg, so wie die Zweibrückische Helfte an derselbigen und alle übrige Zweibrückische Lande betrift, so lagen ja solche, wie noch, ohnstreitig ausserhalb des Elsasses, blieben also auch nach wie vor, sobald der Französische Soldat zurückgezogen, und die Französische Okkupationen evakuirt waren, unmittelbare teutsche Reichslande, die in keiner einzigen gesetzlichen Rücksicht mit dem Elsaß überhaupt, noch weniger mit den jetzigen Französischen Cessionen ins besondere, in Verhältnis der Territorial=Identität stehen konnten.

Das nemliche hat bey den Kurpfälzischen obbenannten Aemtern statt, zumalen die Untere Pfalz, ganz und mit allen geist= und weltlichen Gütern, Rechten und Zugehörungen, plenarie restituirt werden sollte (m), wie die übrige Pfalzgrafen auch (*).

(m) J. P. M. art. V. §. 14.
(*) ibid. J. P. O. art. IV. §. 20. 21. 22.

§. 97.

Es gieng zwar freylich mit der Exekution dieses Friedensschlusses eben so promt nicht zu, als es die betheiligte Stände, aus demselben selbst, zu fordern und zu erwarten befugt gewesen wären. Sie konnten es auch für sich allein nicht zwingen, dann ihre Kräfte waren meistens völlig erschöpft, und zudem waren die Konjunkturen in Teutschland selbsten so beschaffen, daß noch manche vielleicht Trost darinnen fanden, an dem König in Frankreich, der es seit dem Westphälischen Frieden, welcher noch dazu einen Schein der Berechtigung mittheilte, an nichts erwinden ließ, durch den geschäftigsten Einfluß das ihm nötige Mistrauen der Stände gegen den Kaiserlichen Hof einzufeuern, eine Stütze ihrer Ruhe und Freyheit zu besitzen. So nötig und willkommen auch diese Mischungen dem Königlichen Interesse seyn mußten, wenn der (oben §. 94. am Ende) angeführte — in dem W. Fr. noch nicht zum Vortheil Frankreichs durchzusetzen gewesene Punkt der Elsaßisch Reichsständischen Mediatät doch am Ende noch durchgetrieben werden wollte; so wenig waren dieselbe doch vermögend, die, als Regel, stabilirte Unmittelbarkeit der teutschen Stände, ins besondere des Hauses Pfalz-Zweibrücken mit seinen Postgenialliniën, in sofern ihre Lande im Elsaß lagen, umzustoßen, vielmehr geben sie den sonnenklaren Beweis, daß Frankreich diese, in dem Moment, als es an ihrer Unterjochung vorbereitungsweise arbeitete, für unmittelbare Reichsstände unbedenklich deklarirte. Denn — es ist bekannt, daß die auf dem Frankfurter Deputationskonvent, der Anno 1655. zu völliger Beendigung der noch unberichtigt gebliebenen Westphälischen Friedenspunkten zu Stand gekommen, unter dem 4ten Aug. 1658. unter denen geistlichen Kur- und andern katholischen und protestantischen Fürsten errichtete sogenannte Rheinische Allianz — nicht allein denen Französischen Eingebungen ihre Existenz zu verdanken — sondern auch selbsten den König von Frankreich bald zu ihrem Mitglied, und — wie sich selbst eine gewisse Fürstliche Proposition zu Verlängerung der Allianz (de 1663) ausdrückt: „zum vornehmsten Glied, und so zu sagen, „der Seele dieses Bundes" erhalten hatte; es ist bekannt, daß der König sich alle Mühe gegeben, diesen Bund durch den Beytritt mehrerer teutscher Fürsten zu verstärken; daß endlich Herzog Friederich Ludwig von Zweybrücken und Leopold Ludwig von Pfalz-Veldenz auch beygetretten, wiewohl noch letzterer unterm 20. Oct. 1662., von Lützelstein aus, geäussert,

> "daß die Conditiones der Unions-Rezesse dermasen beschaffen, daß nit ein jeder Stand dieselben supportiren könne, indem man die angesetzte quotam zu Roß und Fuß beständig in Bereitschafft halten, und nichts desto weniger alle Plätze im Lande nothdürftiglich besetzen müsse."

Betrachtung. §. 97.

Bey dieser Allianz war freylich Frankreichs Haupt-Absicht, eine Spaltung im teutschen Reich zu nähren, wechselseitiges Mißtrauen zwischen Haupt und Gliedern zu conserviren, hauptsächlich aber gerade diejenige Reichsstände, von denen es entweder etwas zu befürchten hatte, oder auf deren Unmittelbarkeit in Ansehung ihrer im Elsaß liegenden Besitzungen, z. B. Zweybrücken, Veldenz ꝛc. es sein Aug richtete, ihre Stärke und Schwäche genauest kennen zu lernen, überhaupt im Ausland die Staatsangelegenheiten solchergestalt trüb zu machen, daß es, unerkannt, desto sicherer seine Elsassische Plane in Ausübung setzen konnte; auf der andern Seite waren aber auch diese Täuschungen ohnmöglich auszuführen, wenn nicht Frankreich seine Conföderirte damit sicher machte, daß es Versicherungen auf Versicherungen häufte, sie im mindesten nicht bekränken, sondern vielmehr beschützen zu wollen; daß es sie darum für solche Prinzen halte, mit denen es, als seines gleichen, als Souveräns in ihren Staaten, Bündnisse schliesen könne; daß es also denenjenigen, welche im Elsaß angesessen waren, die unbehinderte Ausübung ihrer landeshoheitlichen Rechte, ꝛc., z. B. bey Veldenz, und Zweybrücken, das Jus armorum, Besatzungs-Rechte ihrer festen Orte, Jurisdiktion im peinlich und bürgerlichen, Bischöfliche Rechte, ꝛc. ꝛc. belassen hatte. Auf die, noch zur Zeit, ungestörte Belassung der Renten mußte Frankreich um so mehr bedacht seyn, weil es damit der

Herzoglichen Einwendung vorbiegen mußte, als ob der Allianz beyzutretten, unmöglich falle. Die Beweißthümer des Besitzes aller dieser Hohen Gerechtsamen, Rechten, Renten und Gefällen sind in promtu, soviel die Herrschaft Bischweiler im = und Lützelstein und Guttenberg ausserhalb dem Elsaß betrift. (n).

§. 98.

Es ließ sich wohl keiner derer Alliirten Reichsstände träumen, in welcher Gefahr sie durch ihren Bund mit Frankreich schwebten. Ich bin überzeugt, daß Zweibrücken und Veldenz am wenigsten daran gedachten, denen doch die Gefahr am nächsten war. Gemeiniglich pflegt es aber zu geschehen, daß ganz nahe Gegenstände — wie im physischen — also auch im moralisch = oder politischen, dem Aug des kurzsichtigen Menschen unerkannt, oder wenigstens doch dunkel bleiben. Ein glükliches Schiksal war es deswegen immer, daß dem feurigen König, der schon Anno 1662. in eigener Person, unter einer simulirten Reise an den Rhein, seine Absichten auf Ausdehnung dessen im Elsaß habender — vorhin Oesterreichischer

---

(n) s. die Beyl. N. XXXII. woraus kürzlich der neueste Besitzstand in Vereinnahmung der Herrschaftlichen Renten in besagten Herrschaften, Bischweiler, Lützelstein und Guttenberg entnommen werden kan.

Rechte, in Exekution sezen mogte, durch den unberechneten Ruf des Friedens zwischen dem Kaiser und der Pforte ein Ziel gestekt ward: dann nun hätte der Kaiser, wie zu fürchten war, freyere Hände, Widerstand zu leisten, gehabt. Der König mußte also auch für dißmalen seine alte Zuflucht zu Betheurungen nehmen, daß er seiner Alliirten Reichsfürsten vortreflicher Freund seye. Sein Schreiben an seinen Plenipotentiar Gravel wurde deswegen auch bey den damaligen und noch nachher in den Bund aufgenommenen Mitgliedern umgetheilt (o). Die noch mehrere Versteckthaltung der mislungenen Absichten aber wurde völlig durch die Prorogation des Bundes bis 1667. f. versiegelt (p). Diese Prorogationen konnten aus einem andern Gesichtspunkt noch sehr nüzlich für Frankreich werden; dann dieses ängstigte schon seit 1640. (q) die gute Elsaßische Vereinstädte mit dem Subjektionseyd: und da ihm seine Souverainmachung über ganz Elsaß in denen 1662. Jahren nicht glücken wollte; so mußten diese und die ebenfals vexirte Bischöflich Mezische, Tull und Verdunsche Vasallen die Sünden doppelt tragen. Wie aber das ganze Betragen der Krone Frankreich nicht zu rechtfertigen

---

(o) Beyl. N. XXXIII. ex actis orig.
(p) Beyl. N. XXXIV.
(q) Versuch einer Aktenmäsigen Geschichte der 10. vereinigten Reichsstädte im Elsaß §. 25. Kurze unpartheyische Darstellung aller Traktaten und Verträge 2c. 2c. S. 33. f. f.

war, sie also sich nicht zurückziehen durfte, durch das vorgeschlagene und angenommene Regensburger Kompromiß die Irrungen ausmachen zu lassen, 1665.; so erhielt sie als Schiedsrichter von ihrer Seite, vier ihrer alliirten Fürsten, nemlich Maynz, Cöln, Schweden und Hessen-Cassel: von diesen konnte sie sich aber keine sehr nachtheilige Aussprüche befürchten; es wäre dann, daß diesen Schiedsrichtern endlich einmal die Augen aufgehen würden (*). Und diß mußte sich natürlicher Weise Frankreich prognostiziren, als es während dem langsamen Gang des Geschäfts, Handlungen von sich blicken ließ, die einmal anderst nicht, als deutliche Beweise der unabänderlichen Entschliessung der Krone angesehen werden konnten, daß sie quovis modo nach der unbeschränkten Souveränete über Elsaß — oder besser über die im Westphälischen Frieden namentlich und nicht namentlich ausgenommene geistlich und weltliche Reichsstände trachte.

§. 99.

Darum ließ es auch der erobernde König Ludwig der XIV. zum finalschiedsrichterlichen Spruch nicht kommen, sondern fieng offenbar einen neuen Krieg an, der nur damit entschuldigt werden mogte,

---

(*) Act. & Mem. de la Negoc. de la Paix de Rysw. Tom. II. pag. 509.

Betrachtung. §. 99.

daß er nicht unmittelbar Kaiser und Reich, sondern die für übermüthig ausgegebene Holländer anfalle; er vergaß sich aber bald darauf so weit, daß derselbe die teutsche Reichsstädte im Elsaß mit Gewalt wegnahm, und damit das Reich in die traurigste Verlegenheit setzte, unter seinem Kaiser die Waffen (*) gegen den wankelmüthigen und über seine vorige Freundschafts-Betheurungen nicht besonders engherzigen König zu ergreiffen 1674. Nun war es freylich zu spät, das Geschehene ungeschehen zu machen: es entschuldiget aber die teutsche Treuherzigkeit der Rheinischen Allianz das unregelmäsige Betragen des Königs darum nimmermehr. Es bleibt solches auch um so schauerlicher, wenn man seine himmelschreyende Verheerungen im Rheinpfälzischen und anliegenden Orten mit den, noch einige Jahre vorher, schriftlich und mündlich gegebenen Zauberworten (r):

> que *je ne ferois capable* de songer à me prévaloir de son (l'Empereur) Engagement dans les affaires de Hongrie „ pour en pro-
> „ fiter dans l'Empire *ou je n'ay & je n'au-*
> „ *ray jamais d'autre visée que d'y mainte-*
> „ *nir autant qu'il dependra de moy, le re-*

(*) *Gravel* hat das mit einem Prophetischen Geist voraus gesagt. (21. Aug. 1661.) s. Act. & Mem. d. Negoc. de la Paix de Ryfw. T, II, p. 429 & 430.

(r) s. die Beyl, N. XXXIII,

„ *pos, & le bonheur qu'il a acquis par la*
„ *paix de Westphalie dont estant moy mesme*
„ *garand. Il ne doit pas croire que j'ay*
„ *aucune pensée qui ne tende à affermir de*
„ *plus en plus la tranquillité publique.*
in Vergleichung ziehet, und bedenkt, daß auch ein König sein Wort brechen könne. Das arme und unschuldige Städtgen Selz (§. 84.) erfuhr, zuerst mit, das entsetzlichste Schicksal, und konnte nur damit, war es anderst ein Trost — sich trösten, daß seine gesammte Pfälzische Landsleute auch nicht vermogten, das allverzehrende Feuer des unmenschlichsten Türenne zu löschen. Das merkwürdigste bey diesem Krieg bleibt immer, daß der Französische Vergröserungsplan über die Elsaßische Lande überall her sichtbar bleibe, (denn Frankreich ließ sich gelassen andere Lande wegnehmen, wenn es nur immer neue Vorschritte im Elsaß thun konnte) und gleichwohl, daß der König alle diejenige Lande, welche ihm — vermög des Westphälischen Friedens, angeblich als Bestandtheile des Elsasses zuständig seyn sollten, selbst zerstörte. Mir bleibt einmal dieser Weg, sich seines vermeinten Eigenthums zu ermächtigen, unbegreiflich.

§. 100.

Endlich kam es zum Frieden, der aber kaum solange dauerte, als man davon sprach. Er konnte

Betrachtung. §. 100.

bey dem übermächtigen Französischen Kriegsglück nur zu dem Nutzen des Aggressors ausschlagen. Bey dem Kongreß zu Nimwegen 1679. lernt man, zum Schlußakt des Vorspiels, den völligen Geist des bisherigen Französischen Betragens kennen, das sich hernach bey dem neu angebrochenen Reunionskrieg, als dem tragischen Nachspiel, äusserte, und den Grund zu der heutigen Verfassung legte.

Die Kaiserlichen Gesandten suchten die Elsasser Irrungen, welche leider durch den vom Zaun abgebrochenen Französischen Einfall in die Niederlande unausgeglichen bleiben mußten, wieder in Vorwurf zu bringen, wenigstens gieng ihr Bestreben auf Reassumirung des obgesagten Kompromisses oder Arbitriums. Die Französische Gesandten liesen sich aber auf diesen Punkt gar nicht ein, entschuldigten sich mit dem Abgang einiger Instruktion und Kenntnis, und gaben sogar eine Versicherung zum Konferenzprotokoll ab, daß sie durch den bevorstehenden Friedensschluß nichts Neues auſſer denenjenigen Rechten im Elsaß verlangten, die in dem münsterischen Friedensschluß ihnen nicht schon abgetretten worden wären (s); die Kaiserliche Gesandschafft, die den Un=

(s) s. die schon öfters allegirte Brochure: kurze unpartheyische Darstellung ꝛc. Seite 49. not. f.) ibique all. Extract. Prot. actorum Noviomagensium. Desgl. das Hessen=Darmstädtische Promemoria ꝛc. S. 9. §. VIII.

terschied zwischen den Französischen schrift- und mündlichen Sinzerationen und den Französischen Handlungen aus einer etlich und dreyßigjährigen Kette von frappanten Thatsachen genau kennen konnte, begnügte sich dißmalen damit nicht, sondern legte eine förmliche Verwahrungsakte (t) ein, die dahin lautete, daß man durch die völlige Auslassung der Elsaßischen Angelegenheiten, aus dem Friedensinstrument, eben so wenig den Rechten des Reichs präjudiziren wolle noch könne, als vielmehr man die Absicht habe, durch den abzuschliesenden Frieden den Tenorem des Westphälisch-Münsterischen Friedensschlusses, der ohnediß zum Grund gelegt seye, handzuhaben, somit den Zustand der Elsaßischen Verhältnisse, im Ganzen und seinen Theilen kräftigst zu erhalten: Wobey sie die vermittelnde Gesandten bat, diese, wohlgemerkt vor dem Abschluß des Friedens, abgegebene Protestation denen Akten beyzulegen und einzuschalten, damit man sich heut oder morgen mit Bestand Rechtens darauf berufen könne.

Wenn die vorher mit Frankreich in vermeinter patriotischer Allianz gestandene teutsche Reichsfürsten diese vortrefliche Vorsorge der Kaiserlichen Gesandschafft recht beherzigten, so lasse ich dahin gestellt seyn, welche Gattung von Empfindungen in ihrer Seele sich umgewältzt haben mußte.

(t) Kurze unpartheyische Darstellung ꝛc. S. 45. 46. 47.

Solchergestalt kam es zur Unterschrift des Friedensinstruments. Ausdrücklich wurde der Münsterische Frieden und zwar dergestalt zum Grund dabey gelegt, „ als ob dieser von Wort zu Wort dem „ neuen Friedensschluß eingeschaltet worden wäre; „ nur mit der einzigen Ausnahme, wann nicht nem„ lich ausdrücklich demselben in dem vorliegenden „ Traktat irgendwo derogirt worden seye (u).”

Da eben die Elsaßische Angelegenheiten, wie oben gesagt, den ersten Anlaß gegeben, warum diese vorsichtsvolle Klausul zum Fundament gelegt worden ist, so ist auch mit der Hand zu greiffen, daß keine andere Absicht gewesen, als die Häuser Pfalz in diejenige Freyheit, und Reichsunmittelbarkeit wiedereinzusetzen, die ihnen der Westphälische Frieden gewährte. Es ist mithin der Nimwegner Frieden mit dem Münsterischen nur für Einen zu erachten, dann es wurde in jenem mit keinem Wort dem Pfälzischen Haus ein Vortheil genommen, den ihm dieser verschaft hatte. -

§. 101.

Dazumalen regierte der tugendhafte Herzog Friederich Ludwig das hochlöbliche Fürstenthum Zweibrü=

(u) N. S. der Reichs Abſch. (Ed. Senkenb.) T. II. Th. IV. p. 122. art. II.
Cf. Act. Mémoires & Neg. de la Paix de Ryſw. Tom. II. p. 316.

cken. Seine Steinschmerzen setzten ihn in seinem sech=
zigsten Jahr weit unter seine Kräften des Körpers,
die er, dem Gang der Natur nach, wohl noch hätte
haben können: Der Verlust seiner hoffnungsvollen
Herren Söhne, des nachgebohrnen Prinzen Karl
Ludwigs und des Erbprinzen Wilhelm Ludwigs machte
ihm aber seine Seele gramvoll. Nur die Gemalin des
letztern, Charlotte Friederike, Herzog Friederichs
von Zweibrücken Frau Tochter, und zwey Prinzeßinnen
Töchter blieben ihm übrig, von denen die älteste den
regierenden Grafen von Jsenburg, und die jüngere
den regierenden Grafen Emicho von Leiningen=Har=
tenburg zum Gemahl hatte. Dieser gute Fürst trat
Anno 1661. das durch den dreyßigjährigen Krieg
ausgesaugte Herzogthum an. So viele Mühe er sich
auch gab, daßelbe von seinen Wunden zu heilen, so
vermogte er es doch nicht; dann, einestheils, konnte
da nur Zeit und Friedensglück helfen, und erstere
zu beschleunigen, war er so ohnmächtig, als letzteres
aufrecht zu erhalten; und anderntheils waren gerade
die Mittel, die ihm fast allein nur übrig blieben,
seinem Land und Wolstand aufzuhelfen, zu heroisch,
als daß sich ersprießliche Hoffnung von ihnen hätte
gemacht werden können: Ich meyne seinen Beytritt
zur Rheinischen obangeführten Allianz. Es ist nicht
ohne Bewegung zu lesen, wie viele Aufopferung
und saure Mühe es kostete, sein Kontingent nur
von 120 Mann zu Fuß und 30 zu Roß in beständi=
gem Etat zu erhalten. Es ist ihm aber dennoch nicht

zu verargen, daß er sich dieses vermeynten Heilmittels bediente. Sein Wille war gut und väterlich, und seine Konsulenten waren der Herzog von Neuburg, einige Geistliche Kurfürsten, und Frankreich selbsten, und wer folgte nicht gerne dem Rath der Stamms-Vettern, — der Hauptsäulen des Vaterlands, — eines Königs, — wo in Folgsamkeit oder Nichtfolgsamkeit eine Crisis ruht?

Durch dieses Bündnis hat aber der Chef desselben, Ludwig XIV. das an Frankreich und Lothringen anstosende Fürstenthum genauer kennen lernen, und damit war ein Hauptkapitel seiner geheimen Intentionen schon erreicht.

Bey dem neu ausgebrochenen Krieg, waren daher die Französische Truppen in den Herzoglichen Landen nirgends fremd — und wo sie sich je verirrt hätten, zeigte ihnen die aller Orten brennende Kriegsfackel den Weg. So stürzte, selbst durch des vorigen Freundes und angepriesenen Beschützers Hände, gegen alle gegebene Betheurungen, der schon arme und duldende Herzog mit seinem ausgemärgelten und meistens in der Asche liegenden Land noch immer tiefer ins Elend hinab, so daß es ihm oft an den nötigsten Mitteln des Lebens mangelte. Doch sein Loos war noch nicht grausam genug: Er sollte bestimmt gewesen seyn, sein Elend im tiefsten Grab zu leiden, ehe er es mit seinem erlösenden Tod versiegelte.

Sein nächster fideikommissarischer Erbfolger war Pfalzgraf Karl XI. König in Schweden. Es läßt sich

ganz einfach vorstellen, daß dieser Herr die Schwäch=
lichkeit des Herzogs und den Jammer seines Herzog=
thums, das er, der König, wohl ganz unvermuthet,
zu beherrschen überkommen konnte, seiner vorzüglichen
Aufmerksamkeit werth geachtet haben werde. Es läßt
sich gar nicht denken, daß das temporarische Bünd=
nis zwischen Frankreich und Schweden, das Anno
1674. durch letzteres Einfall in die Kurbrandenbur=
gische Lande eklatirte, den König Karl hätte bewegen
können, vorläufig zu Gunsten Frankreichs sein erer=
bendes Herzogthum zu abandonniren (s. unten §. 103).
Dann nicht er — sondern Frankreich suchte von die=
sem Bündnis vorzüglichen Nutzen, mithin wäre auch
nicht an ihm — sondern vielmehr an König Ludwig
die Reihe gewesen, auf irgend eine Weise seinen
Bundsgenossen zu animiren oder zu verbinden.

§. 102.

Kaum war nun die Nimwegener Friedensangele=
genheit berichtiget, und man hätte hoffen sollen, daß
die von Herr und Unterthan sehnlichst gewünschte Frie=
densruhe allgemeines Glück zurückbringen werde,
brach von Frankreich her ein neuer, warlich ganz
ungegründeter und äußerst grausamer Krieg in vol=
len Flammen aus. Im gemeinen Leben wird er unter
der Benennung des Reunions Kriegs verstanden.
Die Sache hängt so zusammen: Frankreich wollte
einmal ganz Elsaß haben, davon war es nicht abzu=
bringen.

Betrachtung. §. 102. 161

bringen. Der Westphälische Frieden gewährte ihm aber diese Intention bey weitem nicht, (§. 95. am Ende) und der Nimwegener Friedensschluß gab ihm nicht um eine Hand breit mehr (§. 100). Alle Französische Künste waren erschöpft; dem Kaiser und besonders denen betheiligten Reichsständen waren die Augen geöfnet, und, da Frankreich seiner Rheinischen Alliirten Treuherzigkeit wirklich sehr gekränkt hatte, mithin ihre gerechte Empfindungen befürchten mußte, war ihm auch ohnmöglich geblieben, sie durch den vorigen Weg der Sinzerationen, der versprochenen Schonung und sogar Beschützung abermals zu täuschen. Es blieb ihm also nichts übrig, als — Gewalt, die des fremden Eroberers Titulus ist. Sie mußte aber doch einen Schein der Gesetzlichkeit — der Wahrheit bekommen, und diß war ein Werk — darf ich es so nennen — der Chikane. Frankreich stellte das Raisonnement auf; seine Gesandten bey dem Nimwegener Frieden hätten bey dem ganzen Geschäft, zu aller Zeit deklarirt, daß, ohne totale Cession des Elsasses an den Frieden gar nicht gedacht werden dörfe: da nun das ganze teutsche Reich nicht das mindeste dagegen eingewendet, wo es doch solches hätte thun können, also — hätte dasselbe auch stillschweigend in die Cession eingewilliget und Frankreich friedensschlußmäßig in das Obereigenthum des Elsasses stillschweigend gesetzt. Der Schluß hatte seine Form, und das war der Französischen Formular-Jurisprudenz genug: Aber er war gegen die historische Wahrheit und beruhete auf erdichteten Vorderſätzen; gerade umgewendet — die Herren Franzoſen wolten nichts vom Elſaß hören, und die Teutſchen verwahrten ſich feyerlich, daß ihnen die Auslaſſung der Elſaſſer Angelegenheiten aus dem Friedensinſtrument nimmermehr zum Präjudiz gereichen könne, noch dörfe, und der Friede wurde darauf Wörtlich nach dem Weſtphäliſchen gebildet (§. 100). Und dieſe Wahrheit ruhete vielleicht wohl in dem Franzöſiſchen Gewiſſen, nicht aber in ihrem Intereſſe. Die Verdrehung war gar zu auffallend, als daß ſich ſolche vertheidigen ließ: Diß konnte dem Franzöſiſchen Verſtand nicht entgehen. Alſo mußte derſelbe dem teutſchen Reich die Zeit und Gelegenheit benehmen, Frankreich über ſein friedensſchlußwidriges Betragen zur Rede und Vertheidigung zu ſetzen.

Nun räſonnirte es weiter:

Iſt alſo Frankreich Herr und Souverain von ganz Elſaß, ſo iſt es ſolcher auch von ſeinen Theilen.

Frankreich ſahe wohl ein, daß wenn es immer auf ſeiner alten Forderung bleibe, das teutſche Reich ihm ſolche ſowenig, wie im Jahr 1648. und 1679. nachgeben werde. Es verfiel alſo auf den Gedanken, noch weit mehr, als das Elſaß zu verlangen. Dazu bot ihm folgender Schluß den Stoff an; Iſt, nemlich, die Stadt Landau eine der zehen Städte im Elſaß, (wie die Worte des Weſtphäliſchen Friedens lauten, Art. X. §. 73. „Præfecturamque Provin-

Betrachtung. §. 103.

„ cialem Decem Civitatum Imperialium *in Alſatia*
„ *ſitarum*") ſo muß auch das Elſaß ganz natürlicher
Weiſe bis über Landau, bis an die Queich gehen,
und folglich iſt der König berechtiget, alle und ſämtliche Lande, von der Selz bis an die Queich, und unter ſolchen die in der vierten Betrachtung auseinander geſetzte Pfälziſche Fideikommislande mit einander zurück- und mit dem Mutterland Elſaß zu vereinigen (uniiren und reuniiren).

In der That, ein reſpektabler Schluß!

Auf die nehmliche Weiſe machte es die Folgerung:
Hatten die Bisthümer Metz, Tull und Verdun ehemals
Vaſallen vom hohen und niedern Adel im Weſtrich,
Saar, Noh- und Moſel-Gau ſitzen, ſo ſind ſie jetzo,
da dieſe drey Bisthümer in perpetuum der Krone
Frankreich inkorporirt ſind, des Königs Unterthanen,
wie die Bisthümer ſelbſten, folglich müſſen dieſe Va-
ſallen dem König foy & hommage ſchwören und ſeine
Oberherrlichkeit anerkennen. Das heißt wohl mit allem
Recht der armen Logik die Tortur gegeben. Indeſſen,
es mußte helfen. Keine Zeit war zu verliehren, und
geſetzlich ſollte doch das Procedere ſeyn.

§. 103.

Zuerſt wurde alſo noch im nemlichen Jahr der
Baron von Montclar zum Gouverneur von Elſaß, und
Landvogt von Hagenau ernennt. (1679) Der Stadt-
vogt von Weiſenburg aber wurde zum nunmehrigen

Oberamtmann im Niedern-Elsaß in der Person eines Pape d'Espell bestellt. Diß Verfahren sollte von der, durch den Nimwegener Frieden angeblich beschehen seyn sollenden, stillschweigenden, Ceßion des Elsasses legitimiret werden.

Sodann wurden die bekannte Unions- und Reunionskammern zu Mez, Bisanz und Breysach errichtet. Diese liefen auf die von dem Königlichen Fiskal, Namens des Königs vor ihnen, ebenfalls Namens des Königs angebrachte Klagen an alle diejenige Teutsche Reichsstände, insbesondere die Häuser Pfalz, denen aufgebürdet werden wollen, daß sie entweder Bestandtheile des Mundats, oder der Landvogtei Hagenau, oder der Bisthümer Mez, Tull, und Verdun usurpirten, Pönaldekrete ergehen, nach welchen sie, innerhalb eines äusserst engen Termins, sich entweder zu ihren Besitzungen urkundlich rechtfertigen oder gewärtigen sollen, daß der König sich seiner Eigenthums-Rechte ermächtigte. Der König spielte daher die Rolle des Klägers und Richters in Einer Person, und da die Termine denen Beklagten so enge präfigirt wurden, daß ihnen physisch unmöglich war, mit ihren Deklarazionen gründlich, aber auch zeitig einzukommen, wenn auch anderst der Punkt des Gerichtsstandes keinem rechtlichen Hinderniß ausgesetzt gewesen wäre, so war es so gut, als ob diese an und vor sich schon an den unheilbarsten Nullitäten laborirende Formalitäten gar nicht gebraucht worden wären; der Prozeß wurde also offenbar ab executione angefangen; er war mithin wahrer Einbruch, wahre Eroberung.

Ich muß noch hier anknüpfen, daß die Franzosen, in Ansehung des Herzogthums Zweybrücken, noch eine besondere Ursache angeben wollten, warum der König ein Recht dazu habe, (22 Dec. 1679.) nemlich der König in Schweden, als Successor im Herzogthum habe sich hierunter mit Frankreich verglichen, und letzterer schon desfalsige Satisfaktion gethan. Dieses an die Zweybrückische Unterthanen gethanene assertum liegt in den Akten in forma probante vor, ist aber ganz und gar gegen die Wahrheit, wie das nachherige Benehmen des Königs in Schweden am besten bewähret.

Noch zur Zeit glaube ich immer, daß anfänglich der Franzosen Absicht nicht war, die teutsche Lande über der Selz und die reunirte angeblich Bischöfliche Lehen vor sich zu behalten, sondern nur damit, daß sie den ansehnlichsten Theil des südlichen Teutschlands in Furcht und Schrecken setzten, das teutsche Reich geschwinder zu determiniren, lieber dann die noch nicht cedirte teutsche Suprematie über Elsaß nachzulassen, als in der Gefahr zu bleiben, sie dennoch = und gar vieles noch mehr miteinander zu verliehren. Das bestreite ich aber gar im mindesten nicht, daß Frankreich nachher seine Absichten geändert, und in allem Ernst den einmal mit Gewalt weggenommenen Strich Länder für sich zu behalten trachtete.

§. 104.

Wiewohl auch nicht geläugnet werden kan, daß Frankreich schon Anno 1671., einige Zeit vorher, ehe es seinen neuen Krieg angefangen, der hernach Anno 1679. hatte geendiget werden sollen, das Projekt geschmiedet haben mag, seine Gränzen bis an die Queich vorzurücken: dann es ist bekannt, daß als Anno 1671. Herr Herzog Philipp von Orleans Churfürsten Karl Ludwigs von der Pfalz Prinzeßin Tochter, Elisabetha Carolina, ehelichen sollte, diese in den Pactis matrimonialibus §. VII. (v) sich die ausserhalb Teutschland liegende Pfälzische Allodialien reserviren mußte:

„ Præfata Serenissima Principissa .. renunciat omnibus iuribus hæreditariis... reservatis sibi tantum juribus suis, in omnibus eiusdem generis bonis, *extra Germaniam sitis & in Serenissimae Domus suae allodialibus.* „

Und so ist vors zweyte nicht unbekannt, daß dieser Herzog Philipp und seine Gemalin wegen ihrer Ansprüche aus des verstorbenen Kurfürsten, ihres Schwieger und Vaters, Testament, an die von ihrem gleichfals verstorbenen Herrn Bruder, Kurfür-

---

(v) f. Acta Aurelian. p. m. 30 adjunct. zur Orleanischen Deduction N. 2. d. d. 1. Nov. 1671. Desgleichen p. 59.

Betrachtung. §. 105. 167

ſten Karl, † 1685. verlaſſene Allodialien, endlich das Oberamt Germersheim als Allodium in Anſpruch genommen haben; aus welcher beyder That-Umſtänden-Vergleichung, der Schluß nicht mit Unrecht gezogen werden könnte, daß Frankreich auf Germersheim als einer *extra Germaniam* belegenen Terra ſchon von längerm her ein Aug geworffen haben möge. ꝛc.

§. 105.

Des Hauptfadens in der Geſchichte wegen, wird es meinen Leſern nicht unangenehm ſeyn, wenn ich in möglichſter Kürze vortrage, was die Reunions-Kammern dann in den Pfälziſchen Landen, die ich eben in der vierten Betrachtung aufgezählt habe, vor faktiſche Handlungen verübt haben.

Was die Herzogliche Lande zuerſt betrifft (w).

Zuvorderſt traf die Reihe das Amt Cleeburg, und deſſen Orte Kleeburg, Rott, Steinſelz, Oberhoffen, Ingelheim, Hundsbach, Hoffen. Vermög einer Citation des Conſeils zu Breyſach vom 2. Jenner 1680. und Inſinuat. vom 22. Jenner d. J. wurden ſolche mit ihrem Eigenthums-Herrn dorthin vorgeladen, um zu Behuf der vorhabenden Reunio-

---

(w) Da ich zu dem Beleg meiner Erzählung die acta vor mir habe, ſo bedarf es nur, im Fall der Noth, eine kleine Mühe, um die erforderliche Beylagen zuſammenzubringen.

nen Rede und Antwort zu geben. Der Termin war ein Monat.

Diß war aber nicht alles. In den nemlichen Tagen wurde auch schon die Huldigung erzwungen, " den Unterthanen alle rückständige Herrschaftliche " Abgaben erlassen, dabey publizirt, dem Herzog " fürohin mehr nicht, als die Helfte der sonst schul= " digen Renten zu entrichten, solang und viel, bis " die ruinirte Häuser wieder in Stand seyn wer= " den, dabeyneben einige Frohnd und Dienste nicht " mehr zu leisten. "

Dann wurde in Gemäsheit der unterm 22sten Oct. 1679. erlassenen Königlichen Lettres patentes wegen derer Temporalgüter der Bisthümer Mez, Tull, Verdun, deren Souverainete dem König vi pacis Westphal. zustehe, gleichfals am 2ten Jenner 1680. das Amt Neukastel nach Mez citirt. Und zu gleicher Zeit wurden von dem Rath zu Breysach, als angeb= liche Bestandtheile der Landvogtey Hagenau die Aem= ter Bergzabern, Annweiler, besagtes Neukastel, Barbelrod, Falkenburg ꝛc. binnen einem Monat zu erscheinen vorgeladen, und Sereniſſimo Duci aufge= geben, seine Titres zu produciren.

Noch ehe diese Termine abgelaufen waren, zog schon der zeitliche Weisenburger Oberamtmann von Espel das Amt Cleeburg in seinen Gerichtssprengel, erließ Befehle, gab Polizey - und Kommerzverord= nungen, und schrieb Schatzung und Kontribuzionen auch Frohnden aus,

Betrachtung. §. 105.

Ein Gleiches traf das Oberamt Bergzabern mit seinen Unterämtern. Man that Vorstellungen, bat um Untersuchung, um Fristen: alles half nichts, mit der Exekution wurde vorgefahren, ohne vorherige Cognition genommen zu haben.

Der Herr Herzog, vor seine höchste Person, suchte durch eigends Abgeschickte den ihm gesetzten Erscheinungstermin solang zu verschieben, bis der König von Schweden, als proximus Agnatus informirt und ins Mittel getretten seyn werde, mittlerweil excipirte er fori declinatoriam. Er bekam die schönste Versprechungen, und noch vor abgelauffenem Finaltermin wurde das Oberamt Bergzabern und die Stadt Annweiler in Besitz genommen, und angehalten, dem König als einzigen, rechten, von Gott eingesetzten Oberlandesherrn den Eid der Treue und Unterwerfung zu huldigen. Auch wurde das von Kurpfalz lehenrührige veste Schloß Falkenburg mit Gewalt erobert, und die übrige veste Orte, als Neukastel ꝛc. eingenommen, alle aber geebenet. Die Prediger wurden gezwungen, die Gebätsformul zu ändern, und für den König zu bäten; die es unterliesen — oder nicht nach der vorgeschriebenen Form thaten, wurden mit Gefängnißstrafe angehalten. Die Justizverfassung wurde zwar nicht gleich geändert, aber die Beamten wurden doch als Königliche Richter beeydigt. Die meisten Renten cessirten, die Unterthanen wurden der Pfälzischen Leibeigenschaft und derer ihr anklebender onerum entlassen und zu den

Königlichen Subventionsgeldern und Frohnden angehalten: das ganze Land aber mit einer formidablen
Französischen Armee überschwemmt.

Endlich mußte auch das Amt **Bischweiler** das
nemliche Loos fühlen. Da aber Herzog Christian II.
von Birkenfeld in Pfandsweise solches inne hatte,
(§. 80.) und derselbe Französischer bestverdienter
General-Lieutenant war, so wurde in Hinsicht dieser
persönlichen Eigenschafft des Besitzers einige Rüksicht
genommen.

Was die Herrschafft **Guttenberg** betrift, welche
unter Pfalz Zweibrüken und Pfalz Lützelstein in Gemeinschaft lag (§. 75. §. 81.), so sind erstlich den 20ten
Jenner 1680. die Eigenthums-Herren der Gemeinschafft Guttenberg nacher Brysach citirt worden, um
zu vernehmen, daß dieses Land von der **Landvogtei
Hagenau** dependire; sodann ist zwey Tage darauf
ein gleicher Befehl wegen des Dorffs Rechtenbach erlassen worden; ferner ist unter dem 22ten März 1680.
diese Gemeinschaft Guttenberg, als von dem **Mundat Weisenburg** dependirend, zu Brysach, unter die
Französische Jurisdiktion gehörig, deklarirt worden,
und den 15ten May hat der Königliche Procureur
Beaufire mit drey Archers und einem Lieutenant mit
vier Reutern die Königliche Wappen an das Thor
zu Minfelden geschlagen, und somit im Namen des
Königs die ganze Gemeinschaft in Possession genommen; Worauf den 18ten May der Oberamtmann zu
Weisenburg, mehrbesagter Pape von Espel, die Hul-

Betrachtung. §. 105.

digung von denen sämtlichen Unterthanen erzwungen, und den 18/28 September dem Guttenberger Landschreiber den Eyd der Treue abgedrungen, sofort ihn, durch ein schriftliches Mandat vom 28sten ejusd., den 29sten desselben Monats der ganzen Gemeinschafft, als Königlichen Landschreiber präsentirt hat.

Es ist dabey zu merken, daß schon zwey Monat vor abgenommener Huldigung einige hundert Livres Kontributionsgelder eingefordert wurden.

In Betref der Lützelsteinischen oben bemeldten Lande; (§. 70.) so war das veste Schloß Lützelstein im Westrich seit 1600. etlich und 70. wie Lichtenberg, Dachsburg, Wangenburg, in Französischer Gewalt, mithin, bey dem Ausbruch des Reunions-Kriegs unevakuirt und besetzt geblieben. Die Graffschafft Lützelstein aber, samt ihren appartenances & dependances, wurde schon unter dem 8ten Jen. 1680. als ein heimgefallen Metzisches Lehen deklarirt, im Fall deren durchlauchtigster Besitzer nicht binnen einem anberaumten kurzen Termin seine Droits & titres vor der Chambre de Metz vorlegen werde. Die völlige Subjektion folgte aber bald darauf.

Das Steinthal betreffend, so gieng das als eine angebliche Zubehörde der Landvogtei Hagenau, ohne weiteres unter die Französische Hoheit über. Das erste war, daß der Französische Intendant diese Herrschafft in Kontribution legen, und von den Unterthanen les subventions pour les estappes fordern lassen, da doch dieselbe, als ein Reichslehen, nach Vorschrift

des Nimwegener Friedensſchluſſes von allen Kontri-
butionen hätte befreyt bleiben ſollen. Bei anfänglicher
Weigerung wurde der Herzogliche Unterſchultheiß ſo-
lang ins Gefängnis geworfen, bis die Zahlung erfolgte.

So miſchte ſich auch augenbliflich die Breyſacher
Juſtitz-Adminiſtration ein, und behandelte den Landesherrn gegen ſeine Unterthanen, wie ihres Gleichen.

Die Churpfälziſche Aemter Germersheim, Selz
und Hagenbach litten weder ſo groſe Bedrůfungen
noch Brandſchäden, als die übrige Pfälziſche ſo eben
beſagte Lande: dann die Herzogin von Orleans
machte Anſpruch auf ſolche. Sie erfuhren aber bey
ihrer Unterjochung, als ob zur Landvogtey Hagenau
gehörig, Unglück und Ungerechtigkeiten genug. Sie
giengen wohl nicht zu weit, wenn ſie die Treuloſig-
keiten des verrätheriſchen Beichtvaters des Kurfürſten Karls von der Pfalz verfluchten, da es nicht
verborgen bliebe, daß dieſer Gewinnſſüchtige Mini-
ſter Langerhanß mit dem franzöſiſchen Geſandten
zu Frankfurt die Abtrettung des Oberamts Germersheim an die Crone Frankreich verabredet habe.

§. 106.

Die übrige zur nemlichen Zeit unter die franzöſiſche Heheit gezogene Zweybrückiſch, Veldenziſche
und Sponheimiſche Lande gehören zwar nicht hieher: In die Reihe der Geſchichte gehört aber doch

Betrachtung. §. 106.

bemerkt zu werden, daß, als sich Herzog Friederich Ludwig wegen seines angeblich Metzisch Lehenbaren Herzogthums Zweybrücken nicht verstehen wollte, die Belehnung zu erneuern und den Unterthanen- und Vasallen-Eid abzuschwören, er seiner Lande verlustigt erklärt, und solche seiner obbenannten Sohnsfrau als Wittums-Gut zugetheilt werden wollen; er war aber nicht stark genug, solche Schläge mehr zu ertragen und starb in wahrer Armuth und Elend, ohne Land und Unterthan, den 1. Apr. 1681. Seine Frauen Töchter hatten einstweilen, wegen ihrer Aussteuer, das leere Nachsehen.

Herzog Christian II. von Birkenfeld-Bischweiler kam daburch seine Wachsamkeit dem leicht möglichen und befürchteten Fall vor, daß dieses hochlöbliche Fürstenthum in fremde Hände, als neues Metzisches Lehen, gerathen möge; er erkannte einstweilen die Lehenbarkeit, und nahm, in eigenem Namen, mit Vorbehalt des Königs von Schweden, als nächsten Folgers im Herzogthum, Rechte, den Besitz von demselben (*). Bey seiner Huldigung in dem ganzen Oberamt Bergzabern protestirte der Bischöflich Metzische Immißionskommissar Simon, daß die vormjährige Breysachische Besitz-Ergreifung und Huldigung

---

(*) Er blieb viele Jahre in der Administration und Recipirung der noch gangbar gebliebenen wenigen Renten.

null und nichtig seye (Beyl. Lit. F.) indem diese Lande, als Bergzabern, halb Guttenberg, Neukastel, Barbelrod, Annweiler ꝛc. nach Mez gehörten. Ausdrücklich zählte er auch Cleeburg dazu.

§. 107.

Es ist bekannt, daß unter dem 16ten August 1684. das teutsche Reich, einen zwanzigjährigen Stillstand mit Frankreich einzugehen, sich genötiget sah. Kraft dessen sollte letzteres die mit List gewonnene Stadt Straßburg und Veste Kehl, sodann alle reunirte Reichsständische Lande, die es schon vor dem 1sten August 1681. waren, im Besitz und Genuß behalten, nach Verlauf dieser Zeit aber (1704.) alles das wieder herausgeben.

Mittlerweile wurde das ganze Justizwesen auf Französischen Fuß gemodelt, und eigene Ordonnances erlassen. Es waren aber die Herren Franzosen nie ganz in Prinzipien einig, ob dieses oder jenes Reunitum zum Elsaß, oder zu einem der Bisthümer gehöre? In Ansehung der Herzoglich Zweibrückischen Lande und der Graffschafft Lützelstein war es aber ausgemacht, daß sich die Chambre de Metz, und nicht das Conseil zu Breisach in der letzten Behauptung erhalten, folglich von den Herrn Franzosen selbst anerkannt worden, daß dieselbe platterdings nicht zum Elsaß gehörten. So stritte auch der Kommendant, oder vielmehr der Intendant la Grange im Elsaß und der Intendant la Goupilliere

Betrachtung. §. 108.

vom Saarstrom mit einander, unter wessen Gouvernement die Burg und Grafschafft Lützelstein stehe? Letzterer behauptete mündlich gegen den Abgeschikten Hanns Heinrich von Steinkallenfels, „daß Lützel- „stein sonst niemalen zum Elsaß gezogen wor- „den, sondern allezeit unter das Kommando dif- „seits Geburgs gehört habe, auch lange unter „seiner Ordre und Gouvernement gewesen seye (x).

§. 108.

Wir haben nun das ganze Betragen der Krone Frankreich, um zu dem souveränen Besitz des Elsaßes gelangen zu können, erfahren. Jedermann kan nach seinem Herzen darüber Empfindungen fassen, die ich, für meinen Theil, gerne zurückhalte. Ich fühle aber, daß die Erwartung gespannt bleiben müsse, darüber, was der obbemeldte 20. jährige Stillstand gewirkt haben möge. Auffallend bleibt es zum voraus einzusehen, daß er von keinem erwünschten Erfolg seyn konnte, dann er war auf eine gewisse Zeit eingeschränkt, und Frankreich wollte Elsaß für immer haben. Es durfte also nicht müsig seyn, sich festzusetzen; dazu gab ihm des Kaisers Beschäftigung mit den Türken, des Reichs Ohnmacht, und der stipulirte zwanzigjährige Waffenstillstand selbst, die

---

(x) Wie aus einem Originalschreiben des bes. Stein- Callenfels zu ersehen d. d. pr. 3. Aug. 1682.

beste Gelegenheit. Also erbaute Frankreich die formidabelste Gränzfestungen, und sicherte sich, als ob es teutsche Anfälle zu befürchten hätte. Wäre das nur alles gewesen, so würde der verglichene Status quo schon stark bekränkt gewesen seyn. Es erlaubte sich aber noch andere Feindseligkeiten, und alle seine Behandlungen gegen die reunirte Lande überhaupt führten den Stempel eines Betragens, wie ein Eroberer gegen fremdes erobertes Land nur immer führen kan. Dahin ist auch zu zählen, daß die Stadt Selz und viele Orte des Oberamts Germersheim Anno 1684. von französischen Dragonern, währenden Gottesdienstes, von der Reformirten zur Catholischen Religion überzugehen, mit Gewalt gezwungen worden: welche Art zu reformiren, gewiß nicht der eigene Landesherr wählen würde.

Der Kaiser ergrif den rechten Zeitpunkt, um mit seinen Alliirten teutschen Fürsten diesem Unwesen zu steuern. Frankreich spöttelte am Anfang, und kam endlich, unter dem Vorwand, daß der Herzogin von Orleans die Churfürstlich-Pfälzische — von ihrem Bruder Kurfürst Karl hinterlassene Allodien gebührten, in einem neuen und grausamen Kriegsausbruch zuvor, wobey es, bis Maynz, Schwerd und Fackel ausrasen ließ, und die arme Pfalz in den schröklichsten Stand des Elends versenkte, das — noch heut zu Tage — in seinen Traurerweckenden Spuren zu erkennen ist (1688).

Die Herzoglich Zweibrückische Lande waren so
herunter-

heruntergekommen, daß die Wuth keinen Gegenstand mehr fand, an dem sie sich hätte auslassen können (*). Was noch zu thun war, übernahm die im Naſſauiſchen Aemtlein Homburg neu angelegte Festung Homburg, wohin von vielen Stunden Weg her der ausgezehrte, vor Hunger schwankende, Landmann seine letzte Kräfte am Fröhnen hinopfern mußte.

Das Stift Selz mit seinen ansehnlichen, zur Pfälzischen Geistlichen Güter Verwaltung destinirten, Renten schien auch noch ein Gegenstand, den der wüthende Eroberungsgeist der Franzosen nicht zurück laſſen dörfe. Der König bemächtigte sich ihrer, gab sie anfänglich französischen Fermiers in Adminiſtration, kurz darauf aber verschenkte er das Stift an den Canonicus Dez (Decius) und ließ ihn, ob es gleich ſekulariſirt war, (§. 84.) förmlich von dem Päbstlichen Stuhl providiren. Nichts war in den Augen der Herren Franzosen und deren Protegés natürlicher, als, da der König, als geweſener Eigen-

---

(*) Nach den Original=Friedens=Congreßacten, welche zu Inſtruction der Schwediſchen Gesandten verhandelt worden, sind die meiste Städte, Herrſchaftliche Schlöſſer und Kirchen, Stadtthor- und Mauern, auch über hundert der besten Ortschaften verbrannt und ruinirt worden; der Unterthanen hergeschoſſene Früchte und Gelder, so auch der Herrschaft positive extra Ausgaben und abgegangene Einnahmen laufen über Millionen Thaler, und sind ganz allein den franzöſiſchen Behandlungen zuzuſchreiben.

thümer des Stifts, aber auch als behaupteter Landesherr, schon einmal daſſelbe verſchenkt habe, daß es nur noch an der Königlichen Beſtättigung fehle, um die anderweite Schenkung, die der Abbé Dez ſeinem Bruder, einem Noviz in dem Seminarium des Jeſuiter=Kollegii zu Straßburg, damit machte, als gültig zu realiſiren.

Nichts mogte auch vor natürlicher, denen Rechten angemeſſener gehalten, oder, eigentlicher zu ſagen, ausgegeben worden ſeyn, als, da dieſe Deziſche Schenkung eigentlich für das *Seminarium* des Biſtums Straßburg gemacht worden ſeye, (y) dieſes Seminarium des Biſtums aber, welches mit dem Jeſuiter=Kollegio unirt ward, (z) unter dem Biſchof qua ordinario ſtehe, daß zuvor noch des Biſchofs Proviſion und reſpective Confirmation erwirkt werden mußte, ehe des Königlichen Souverains final Konfirmation eingehohlt wurde, durch welche dann die Biſchöfliche erſt ihre rechte Konſi-

---

(y) Das lehrte noch in neuern Zeiten pflichtmäſig Herr Prof. Schöpflin in ſeiner Alſ. Illuſtr. P. II. p. 183. §. CCCXXIII.
(z) Die Herrn Jeſuiten ſagen diß in einem Mémoire an den Churfürſten Carl Philipp: „ Les PP. Jeſuites du College de Louis le Grand à Straſbourg ayants eſté *canoniquement pourveus* pendant la derniere guerre de l'Abbaye de Selz, *moiennant l'union* qui en a été faite *au Seminaire de l'Eveché du dit Strasbourg*, qui *eſt au dit College.* (ex actis.)

stenz bekommen. (1692.) Würde bey diesen turbulenten Auftritten das geschriebene Recht zu Rath gezogen worden seyn, so würde man erfahren haben, daß des Königs anmaßliches Jus protectionis über Selz, welches er mit dem Oesterreichischen Landvogteylichen Recht schon lange erworben, oder besser, durch die Reunion bestättigt haben wollte, ihm doch auf das Privat-Eigenthum eines Dritten (des Kurfürsten oder der G. G. Verwaltung) kein Recht erwerben können; der Herr Bischof von Straßburg aber hätte sich selbst sagen können, daß er unmittelbar unter dem Pabst gestandene Stifter nicht extinguiren, noch gegen deren primitife Institution der todten Hand incorporiren dörfe. Aber da war der Fall gar nicht, dem kriegenden und erobernden König, noch denen, sonst doch schulgerechten, Herren Geistlichen mit Schulgründen zu begegnen. Gewalt, Wille des Königs, Interesse und Schlauigkeit der Klerisey, schrieben da Gesetze vor, welchen alles weichen mußte. Diß war die Quelle, aus welcher dem Hauß Pfalz bisher ein reiner Verlust von 20000 Fl. jährlich geflossen ist, und weit über Millionen liefe, wenn solche bis dato sorgfältig hätten verwaltet werden können.

§. 109.

Weit gröseren Schaden erlitte aber noch das Hochfürstliche Hauß Zweibrücken.

Mitten in dem Strom des Kriegs, ob gleich Frankreich schon seit 1690. den Frieden anbieten ließ, starb der letzte Herzog, Leopold Ludwig, von Pfalz-Veldenz ohnbeerbt 1694. Sein Testamentserbe sollte der Herzog von Zweibrücken, König Karl XI. in Schweden seyn. Es hätte dieses Testaments zu Vestsetzung der Regierungsfolge ganz und gar nicht bedurft, dann der Marpurger Vertrag de 1543. (*) und der Heidelberger de 1553. (**), allenfals auch das für den damaligen sämtlichen Rudolphinischen Pfalzgrafenstamm verbindliche gemeinväterliche Herzog Wolfgangische Testament disponirte hierunter um somehr zum Vortheil H. und Königs Karl, als das Pfalz-Veldenzische Haus nur die Kabettenlinie von Zweibrücken war, seine primitive Lande nur aus dem Zweibrückischen Landesstok ausgehoben, Lützelstein und halb Guttenberg aber durch den Heidelberger Vertrag 1553. nicht der Veldenzischen Linie des Zweibrückischen Gesammthauses — sondern diesem überhaupt abgetretten werden sollten, erst aber durch eine häusliche Ueberkommniß zwischen dem Chef, Herzog Wolfgang, und dessen Kadet, Herzogen Georg Hannsen 1566. letzterm zugefallen sind. Es hatte aber keines der Pfälzischen Häuser an diese Hausgesetzliche Wahrheit gedacht, ich will nicht sagen, denken wollen. Zu

─────────────

(*) St. R. §. 96.
(**) St. R. §. 92.

beklagen war es schon, daß keines mit dem andern in Principiis harmonirte, und würden sie gewußt haben, was vor unglückselige Folgen aus ihren Irrungen entstehen würden, gewißlich würden sie gerne, zu ihrem — und ihrer Durchlauchtigsten Nachkommenschaft Besten, Herz und Kopf vereiniget haben. Aber das damals nicht!

Kurpfalz wollte erstlich succediren ex capite primogeniturae & consolidationis generalis; Pfalz-Zweibrücken ex testamento; und endlich Pfalz-Sulzbach und Pfalz-Birkenfeld propter proximitatem gradus (a).

Beyde letztbesagte Herzogliche Häuser wendeten sich aber an das Königliche Conseil Souverain zu Breysach, machten da ihre Rechte gelten, und wurden auch nach Vorschrift der gemeinen Rechte, (dann was kümmerten die Pfälzische Hausgesetze ein simples Jurisdiktionalgericht eines fremden Monarchen?) unter Königlicher Autorität in den Besitz der Veldenzischen Helfte an Guttenberg, und der Graffschaft Lützelstein immittirt.

Ich weis nicht, ob etwas menschliches mit untergelauffen seye: Herzog Christian war an den Französischen Hof genau attachirt; durch ihn wurde

---

(a) Beyträge zum Pfalz-Zweybr. St. R. Seite 39. §. 5.

auch die Französische Souverainete über das Herzogthum Zweibrücken, in gewissem Betracht, befördert: (§. 106.) vielleicht wollte ihn der König obligiren, und dabey dem Herzog den Vortheil abgewinnen, daß durch dessen Anerkenntniß der Kompetenz des Brenfacher Rathsspruchs stillschweigend auch die Souverainete über die abjudizirte Lande begründet werden könne.

Das Steinthal gieng aber damals ganz vor Zweibrücken verlohren. Es wurde von dem König, als apertes Mannlehen, mit dem Königlichen Fisco konsolidirt (§. 82.); wiewohl denen sämtlichen hohen Haus-Agnaten dato noch ihr Succeßionsrecht in salvo ist.

Ich muß noch hier mit einem Wort der Grafschaft Rappoltstein erwähnen (§. 68.) (b). Mehrbesagter H. Christian II. erheurathete solches ansehnliche Land mit des letztern Grafen Johann Jakobs Frauen Tochter, Katharina Agatha, und nahm im folgenden Jahr 1668. noch bey Lebzeiten seines Schwiegervaters, von der Krone Frankreich vor sich und seine Söhne, und in deren Ermangelung die Töchter, diese Graffschafft mit allen dazu gehörigen

---

(b) Pf. Zweybr. St. R. §. 21.

Betrachtung. §. 109.

Lehen, auf Art und Weise, wie das alles Graf Johann Jakob besessen, zu Lehen.

Alle diese Christianische Handlungen, wie ich solche in diesem §. zusammenfasse, zeugen zwar, daß dieser Herzog nach denen Regeln der Politik gehandelt, und wohl eingesehen habe, daß wider den Stachel zu lecken, nicht vermieden werden könne; aber sie geben auch vorläufig zu erkennen, daß er durch sein Attachement an den König, seiner Hochfürstlichen Nachkommenschafft, die bald nachher (1733.) zur Regierung des ganzen Herzogthums vorgerückt ist, gewissermasen als ein Erbstück, die Nothwendigkeit hinterlassen habe, gegen die Zumuthungen des Französischen Hofs nachgiebiger zu seyn, als sie es ohne Zweifel, ohne diese angeerbte Nothwendigkeit nicht immer gewesen seyn würden. Ich sage, Nothwendigkeit; dann wenn auch schon der Einwand gemacht werden mögen: was ein appanagirter Herr über einige Herrschafften gethan habe, das seye der regierende zu respektiren nicht schuldig, zumalen wenn Haus- und Reichsgesetze dagegen stritten; so lagen doch einmal die Christianische Kondescendenzen vor, seine bey seinem hohen Alter oft wiederholte Anerkennungen seiner vorigen Handlungen waren nicht zu miskennen, und die gerade Abstammung flößte auch wohl, zum Vortheil der darauf bestehenden Krone Frankreich, Schonung des Anherrn und Nachsicht gegen die Krone ein. Hierinnen liegt der Grund zu den nachherigen Ereignissen einestheils mit, die freilich durch innere und äussere Verhältnisse, wie unten ein Wort wird gesagt werden, durch allzustarken, unwiderstehlichen Französischen Andrang, besonders aber auch durch den Mangel an teutscher Reichs-Unterstützung, näher determinirt worden sind.

Sechste Betrachtung.

Ueber den Ryswicker Frieden, und das, worinnen gegen denselbigen in nachherigen Zeiten denen französischen Absichten nachgegeben werden mußte.

§. 110.

Die Ehre, diesen grundverderblichen Reunions=Krieg durch einen gedeyhlichen Frieden zu vermitteln, war einzig und allein der Krone Schweden vorbehalten. Man sahe es als eine Folge der Gerechtigkeit an, die man Schweden vor seine viele Mühe, welche es schon seit 1690. angewendet hatte, unter denen kriegführenden Theilen Friedensgesinnungen zu pflanzen, schuldig wäre. Auch mag vieles dazu beygetragen haben, daß Schweden ohnehin die Garantie des Westphälischen Friedens übernommen hatte. Schon in dieser Rücksicht kan sich leicht die Vorstellung gemacht werden, daß der Zustand und das künftige politische Schicksal des Herzogthums Zweibrücken, welches unserm Königlichen Mediateur gehörte, gewis nicht zu seinem Nachtheil in die algemeine Kette der Dinge verflochten worden seye: Es läßt sich nicht denken, daß der König von Frankreich

den König in Schweden, seinen alten Bundesgenoſ-
ſen, für die Mühe ſeiner übernommenen Vermittel-
ung nicht habe belohnen und verbinden, gleichwohl
aber demſelben ſein Herzogthum Zweibrücken — mit
allen ſeinen Beſtandtheilen nicht habe frank, und frey
und vollſtändig zurückgeben wollen, das doch Schwe=
den, ſchon als ſimpler bekränkter Reichsſtand, zurück-
zufordern berechtigt geweſen wäre. Auf allen Fall
aber wird man Schweden zutrauen, daß es für ſeine
Lande habe väterlich ſorgen wollen. Das nemliche gilt
auch von denen Veldenziſchen Landen, auf welche
Schweden ſeine Rechte nicht aufgegeben hatte. Diß
kan man ſchon daraus abnehmen, da 1). der König
ſich die möglichſt genaueſte Beſchreibung der Beſchaf=
fenheit ſeiner Pfälziſchen Lande, deren erlittenen
Schäden, des Königs Rechte und Anſprüche, auch
Vorſchläge zu Behuf des abzuſchließenden Friedens,
von ſeiner Regierung des Herzogthums hatte abge-
ben, ſelbſt den Kammerdirektorem König an den Ort
des Kongreſſes kommen laſſen, um die erforderliche
Auskünfte mündlich und geſchwind geben zu können;
und 2). indeme der König ſchon bey dem Lauf der
Friedenshandlungen (c) bey dem König in Frankreich
Vorſtellung thun laſſen, „ die Unterthanen ſeines
Herzogthums Zweibrücken in Anſehung der Kon=
tribuzionen und anderer Beſchwerlichkeiten menſch-

(c) Act. & Mem. des Negoc. de la Paix de Ryſw.
Tom. II. pag. 114. (8. Jun. 1697.)

Betrachtung. §. 111.

licher zu behandeln; 3). daß Schweden, laut seiner Original-Akten zu den Dependenzien des Fürstenthums Zweybrücken, die H. Gr. Sponheim, Veldenz, Lauterecken, Remigsberg, ganze Guttenberger Gemeinschafft, Clee- und Catharinenburg, Bischweiler ꝛc. zählen, und das mit vollem Recht zählen, lassen, damit also einen Beweiß gegeben, daß es solche zum Vortheil Frankreichs ohnmöglich habe abandonniren wollen noch können, wie gleichwohl die Franzosen Anno 1680. avancirt hatten (§. 103.) 4). daß vielmehr der König von Schweden das ganze Reunions-Werk der Franzosen, im höchsten Grad, misbilliget, auch nicht undeutlich zu verstehen gegeben, daß sein Vetter H. Christian von Birkenfeld an diesen "favorablen Konjunkturen" zuviel Theil genommen; woraus, umgewendet, zu schliesen, daß des Königs vorgesetzte Restitution seines Herzogthums sich vorzüglich auch, auf die von Herzog Christian zu frühzeitig submittirte Bischweiler- und Lützelsteiner Lande erstrecken müsse.

§. III.

Bey Eröfnung des Friedens-Geschäffts that Frankreich die erste Präliminarproposition, (d) (10. Febr. 1697.)

(d) Act. & Mem. de Neg. de la Paix de Ryfw. T. I. p. 263.

„ 1. Daß die Westphälische- und Nimwegener Friedensschlüsse die Basis und das Fundament des Ryswicker seyn, und

7. Alle Reunionen, die von Frankreich nach dem Nimwegener Frieden gemacht worden seyen, zurück gegeben werden sollen."

So wie die Worte da lagen, hätte Kaiser und Reich mehr nicht wünschen können; man war aber leider aus einer bald fünfzigjährigen Erfahrung klug gemacht, daß Frankreich, auch hinter den einfachsten Ausdrücken die verwikelsten Absichten zu verstecken, im Stand und gewohnt seye: man wußte auch, daß Frankreich den Westphälischen- und Nimwegener Frieden ganz anders und zu seinem Vortheil erkläre, als wie doch das teutsche Reich dieselbe zu erklären nicht vermogte. Ehe man also auf den Punkt der herauszugebenden Restitutionen, der sich ohne diß von selbst verstand, zu antworten, sich, wie Frankreich gern gesehen hätte, feurig entschliesen mogte, sahe die Kaiserliche Gesandschafft für nöthig an, vor allen Dingen noch festsetzen zu müssen, wie der Westphälische- und Nimwegener Frieden verstanden werden müsse, (e) wobey natürlicher Dingen darauf bestanden worden, daß beyde Friedensschlüsse in ihrem natürlichen und wahrhaftigen Sinn genommen,

---

(e) Act. & Mem. de Neg. de la Paix de. Rysw. T. I. p. 270. 271.

(f) mithin von Frankreich alle seitherige Innovazionen abgestellt werden müßten, anerwogen ihm im Westphälischen = durch den Nimwegener bestättigten Frieden nichts weiter an teutschen Landen abgetretten worden seie, als das, was das Erzhauß Oesterreich vorher in dem Elsaß innegehabt habe; desgleichen auch die 3 Bistümer, über deren Landesgränze aber Frankreich nicht schreiten dörffe; (g) daß mithin auch insbesondere die Durchlauchtigste Häuser Pfalz plenarie restituirt werden müßten (h).

Bey diesen allgemeinen Forderungen war noch keine Frage von dem inn- oder ausserhalb Elsaß. Dann es war genug, daß alle Innovationen abgestellt, alle teutsche Fürstliche Lande restituirt werden sollten, sie mögten hernach liegen, wo sie wollten.

§. 112.

Wirklich hatten dasmalen die Kaiserliche und Reichsgesandten ein ganz richtiges Vorgefühl. Die Französische — bey ihren Proposizionen vom 10ten Febr. 1697. gehabte mental Reservazionen liesen sich nicht länger verheimlichen, so sehr sich auch die Herren Franzosen bemüheten, solche unter ziemlich dikta-

---

(f) Act. & M. de Neg. de la P. de Ryſw. T. I. p. 345. 346.
(g) ebendaselbſt p. 350. 3. 4.
(h) ebendaſ. T. II. p. 37. 7.

torischen Ausdrücken (i) aufrecht zu erhalten, dann unterm 8ten Juny 1697. deklarirten die Französischen Gesandten ganz frey, daß sie sich hauptsächlich auf den Nimwegener Frieden stützen, und also nur dasjenige heraus zu geben, oder in den vorigen Stand zu stellen, sich verstehen könnten, was nach diesem Frieden von Frankreich unternommen worden seye (k): Damit erklärten sie dann zugleich ihren inveterirten Grundsatz, daß sie einmal von der Superiorität über das ganze Elsaß, als welche ihnen stillschweigend, (wie doch warlich nicht ist) durch den Nimwegener Frieden abgetretten worden seye (§. 102.), nicht abzugehen entschlossen seyen.

Bey dieser Erklärung hätte man aber ebenfals vorausfühlen sollen, daß die Herren Franzosen das Projekt in petto führten, den Punkt des intra & extra Alsatiam, (eine feine lojolistische Distinktion) in dem Verfolg valiren zu machen, wenigstens auf eine unauffallende Art einzuweben: dann es ergibt sich von selbsten, wann den Herren Franzosen die Superiorität über das ganze Elsaß gehöre, sie auch nur schuldig seyen, diejenige teutsche Besitzungen so ausserhalb Elsaß liegen, zu restituiren; und dann käme es darzu noch darauf an, wo dann Elsaß aufhöre? . . .

(i) Act. & Mem. de Neg. de la Paix de Ryſw. T. II. p. 102.
(k) ebendaſ. p. 114.

Betrachtung. §. 112.

Der teutsche Theil glaubte aber, dem Französischen hinlänglich begegnet zu haben, wenn unerschütterlich darauf bestanden werde, daß der Westphälische Friede, und die Nürnbergische Exekutionshandlungen, zum Grund gelegt werden müßten (1); wobey freymüthig erklärt worden, daß seit dem Westphälischen Frieden der Krone Frankreich gar nichts weiters im Elsaß abgetretten worden sey, als was es nicht schon durch diesen Frieden bekommen habe, nemlich, was Oesterreich darinnen hatte (m). Wenn nun auch gleich Frankreich auf dem Nimwegener Frieden beharrte (n), so wich auch das teutsche Reich nicht im mindesten von seinen principiis ab (o), und darum war ersteres gezwungen, einen neuen Streich auszuführen.

Unterm $\frac{1}{11}$ August 1697. übergaben die Herren Franzosen eine Liste dererjenigen reunirten teutschen Lande welche sie herauszugeben, Willens seyen. Es ist nicht zu läugnen, daß diese List, wie sie da liegt, auf vielerlei Seiten genommen werden könne, und daß darum die Herren Französischen Gesandten nicht aufrichtig zu Werk gegangen seyen. Zum Beyspiel, es soll die Stadt und das Herzogthum Zweibrücken mit

---

(1) Act. & Mem. d. Neg. de la Paix de Ryfw. p. 121. 122. 123. 124. T. II.
(m) ebendas. T. II. p. 124.
(n) ebendas. p. 216. 224.
(o) ibid. p. 276.

seinen Appertinenzien und Dependenzien restituirt
werden, wie solche Anno 1680. zur Kammer zu Metz
hätten gezogen werden wollen (p): Der Ausdruck,
appartenances & dependances ist aber so general,
daß die Herren Franzosen immer noch im Vortheil
blieben, zu bestimmen, ob diß oder jenes Partiku=
larstück auch zum Herzogthum gehöre? Nicht zu ge=
denken, daß die Vermischung der Reunionen von Metz
und Breysach so wunderlich unter einander laufe,
daß dem Französischen Theil Freyheit genug blieb,
ein Stück Landes zum Elsaß zu zählen, wenn sol=
ches gleich zu den Metzischen Reunionen gehören
sollte, wie solches der Fall selbsten bey dem Oberamt
Bergzabern und seinen Unterämtern ꝛc. gewesen ist
(s. oben). Um also diesen Fallstricken auszuweichen,
verlangten die Kaiserlichen Ambassadeurs, daß diese
Liste ganz genau und detaillirt seyn müsse; überga=
ben auch eine dergleichen dem Schwedischen Gesand=
ten. Nach Maasgab derselben wird die plenare Re=
stitution aller oben in der 4ten Betrachtung denom=
brirten Pfalz=Zweibrückischen — Pfalz=Veldenzischen
— und Kurpfälzischen jenseits der Queich belegenen
Landen pure verlangt.

1). „Totus Ducatus Bipontinus."
   Darunter verstehet die Zweibrückische Regie=
   rung

(p) Act. & Mem. &c. T. II. 381.

rung in einem, an den Königlichen Vermittler und Herzog zu Pfalz Zweibrücken überreichten, und hier zu Grund gelegten Memoire unter andern Guttenberg, Cleeburg, Catharinenburg, Bischweiler, und alle übrige Oberamt Bergzaberer Städte, Orte und Unterämter.

2). „ Principatus Luzelſteinenſis. "

Das bedeutet offenbar, Lützelſtein, Steinthal und halb Guttenberg, denn es wird dem Comitatui Veldentiæ kontradiſtinguirt.

3). „ Præfectura *Germersheim* cum incorporatis Præpoſituris, ſubpræfecturis, Vrbibus, Pagis, Monaſteriis, Villis & juribus, uti *Selz, Hagenbach &c.* "

Auf dieſe detaillirte Specifikation erklärten die Herren Franzöſiſchen Miniſters, „ daß ſie alle in ih„ rer und der Kaiſerlichen Liſte benannte Reichslehen „ und Lande reſtituiren wollten, in ſofern ſie nicht „ zu der Provinz Elſaß gehörten, dann in ſol„ chem Fall, (hätten ſie ſich bereits erklärt), ge„ hörten dieſelben unter die Hoheit des Königs."

§. 113.

Bey dieſer Erklärung muß ich mich einen Augenblick verweilen. 1) Sie iſt nach den gedrukten Sammlungen der Ryswicker Friedenshandlungen (q) un-

---

(q) Act. & Mem. &c. T. II. p. 402.

term $\frac{15}{28}$ August 1698. datirt. Das nemliche Datum führt auch das mehr berührte de la Houssayesche Memoire de 27ften März 1713. Ist dieses Datum das rechte, so ist es fast ein Jahr älter, als der Ryswicker Friede selbst de 30ften Oct. 1697. Und dann hätte auf diese Weise Frankreich gegen die detaillirte Kaiserliche Liste nichts ausdrüklich eingewendet, vielmehr den Frieden pure abgeschlossen, somit stillschweigend die Kaiserliche Forderung genehmiget, wie dann auch, in Wahrheit, der Punkt der Restitution der sämtlichen Pfälzischen Häuser, so wie er im Frieden ausbedungen, vollkommen mit dem Innhalt der Kaiserlichen Liste übereinkommt. Die Erklärung selbst aber bewiese im Grund nichts. Dann da sie nach dem unterschriebenen Frieden, und dessen Ratifikation ausgestellt worden wäre, würde sie, als etwas einseitiges, den Frieden nicht umzustosen, oder quoad passum concernentem einzuschränken, vermögt haben, anerwogen dazu mutuus consensus l. dissensus erforderlich ist.

Ist es aber das rechte Datum nicht, und nur in der Jahrzahl ein Druckfehler, so muß bedacht werden, daß der Kaiserliche und des Reichs Gesandten nicht müsig gesessen, und unter dem $\frac{2}{13}$ Aug. 1697. ihr Ultimatum dahin abgegeben haben : „ daß man sich lediglich an die Wiederherstellung des Westphälischen und Nimwegener Friedens halte, welches ohnediß Frankreich so oft angebotten habe; " S. z. B. unterm 10ten Febr. (§. III. oben).

„ Uebrigens aber einwillige, daß die Irrungen der Reichsſtädte und der Biſchöflichen Vaſallen durch ein zu erneuerndes Arbitrium nach dem Völkerrecht entſchieden — mittlerweile aber die Lage der Dinge auf dem Fuß belaſſen werden ſollen, wie ſie Anno 1673. geweſen wären."

2). Die zwote Bemerkung iſt dieſe:

Durch dieſe Deklaration geben die Herren Franzoſen deutlich zu verſtehen, daß ſie gegen die Stärke der Kaiſerlichen und des Reichs Forderungen nichts von Beſtand mehr einzuwenden vermogt hatten, folglich auf ihren letzten Ausſchlupf, deſſen ſie ſich ſchon vorläufig bey ihrer Deklaration vom 8ten Jun. 1697. virtualiter bedienten (§. 112.), rekurriren mußten, ich meyne den Punkt, oder das Argument: weil Frankreich alle teutſche, **auſſerhalb Elſaß belegene,** Lande reſtituiren wolle, ſo müßte man ihm von Seiten des teutſchen Reichs nachher eingeſtehen, daß ſtillſchweigend die Souverainete über die ohnſtreitige **Elſaßiſche Beſtandtheile,** d. i. das innerhalb, an die Krone abgetretten worden ſeye; — aus welchem Schluß die weitere fruchtbare Mutter zu ewigen Irrungen, und zu dennoch endlicher Erreichung der Franzöſiſchen ältern Abſichten erzeugt und beibehalten werden könne, ich verſtehe den **Punkt der Gränzen des Elſaſſes gegen Norden.**

§. 114.

In dieſen wechſelſeitigen Geſinnungen wurde der

Friedrn in denjenigen terminis abgeschlossen, wie er vor Unseren Augen daliegt (r). Welcher Wahrheitsliebende Mann siehet aber nicht den frappanten Kontrast zwischen dem teutschen und französischen Betragen ein? Jenes haltet sich an die Regel, und dieses nimmt seine Zuflucht zu heimlichen Reservationen, auf Schrauben gestellten Ausdrücken, zu Sophisterenen aus der Schule des Lojola.

Laßt Uns doch kürzlich sehen, ob wirklich der Ryswickische Friede dem König in Frankreich die Suprematie über das ohnstreitige Elsaßische Land zutheile?

Der dritte Art. legt in dem Westphälischen und Nimwegener Frieden die Basis zu dem Ryswicker. Beyde sollen, gleich nach Auswechselung der Ratifikationen, in geist- und weltlichen Gegenständen durchaus in Ausübung gesetzt und nachher heilig darüber gehalten werden, es wäre dann, daß der Ryswicker Friede ausdrücklich in ein oder anderm Punkt anders disponire.

Da sich nun die an Frankreich beschehene Ceßionen im Elsaß, im Westphälischen Frieden nur auf das einschränken, was Oesterreich ehmals darinnen besitzlich innehatte, so muß es auch, nach der gesunden Auslegung, solang dabey bleiben, als nicht

---

(r) N. S. der R. A. Senk. Ausg. T. II. Th. IV. p. 164. sq.

Betrachtung. §. 114.

ausdrücklich im Ryßwicker Frieden diese Cessionen auf das ganze Provinzial=Wesen des Elsasses ausgedehnt worden sind.

In Gefolg dieses III. Art. soll nun Frankreich alle diejenige Lande restituiren, die ihm im Westphälischen Frieden nicht abgetretten worden sind, und die es doch seit mehreren Jahren gewaltsamer Weise weggenommen hatte. Und was sind das vor Lande? Einige und die meiste lagen ohnstreitig ausserhalb Elsaß, die andere lagen aber im Elsaß, sollten hingegen vermög des Westphälischen Friedens, unmittelbare teutsche Reichs=Lande bleiben.

Darum cassirt und annullirt der IV. Art. alle Unionen und Reunionen ohne Ausnahm; und der König macht sich anheischig, alle von ihm weggenommene, auf eine ganz gesetzwidrige Art zu denen Kammern von Metz, und Bisanz oder zu dem Rath von Breysach gezogene teutsche unmittelbare Reichs=Lande, sie mögen ausserhalb Elsaß liegen, oder in der von der Königlichen Gesandschafft übergebenen Verzeichniß aller Reunionen enthalten seyn, herauszugeben. Diese Disposition ist so klar und deutlich, daß es einer namentlichen und spezifiken Aufzählung gar nicht bedurft hätte, denn, wenn auch noch ein Zweifel hätte entstehen mögen, so drükt sich doch der V. Art. ganz plan aus, daß die aufgestellte Restitutions=Regel allgemein seye, und deswegen gar leicht beurtheilt werden könne, welche Lande (qui?) restituirt werden sollten, und wie

weit (quatenus) ſich dieſelbe erſtrecken dörften, d.
h. ob auch die teutſche Lande im Elſaß reſtituirt
werden müßten.

Hiemit war nun ein 3. faches Fundament der
Reſtitutionen von Frankreich anerkannt:

1) Alle Lande, die auſſerhalb Elſaß lägen, ſollten per ſe zurückgegeben werden.

2) Alle Lande, die auf der franzöſiſchen Liſte der Unionen ſtünden, ſollten ebenfalls herausgegeben werden. Beede Fundamente enthaltet der IV. Art. und theilt ſie durch das Wörtlein *aut*. Man kan alſo annehmen, daß das zweyte Fundament, ſo von der Liſte der Unionen hergenommen iſt, hauptſächlich auch auf diejenige teutſche unmittelbare Reichs-Lande gehe, ſo innerhalb dem Elſaß liegen, anerwogen dann beyde Fundamente durch das Wort *aut* durchaus doch in Einem Punct contradiſtinguirt ſeyn müſſen. So iſt z. B. ja deutlich in der Liſte die Herrſchaft Buchßweiler mit ihren Dependenzien, die Herrſchafft Ochſenſtein ꝛc Dachsburg ꝛc. ꝛc. benannt, und Niemand wird läugnen, daß ſie noch im Elſaß liegen.

Da aber dieſe Liſte (nach obigem Vertrag) ſehr ſchwankend und zweydeutig, auch unvollſtändig befunden worden, ſo kommt das dritte und ſtärkſte Fundament dabey zu Hülfe,

Betrachtung. §. 115.

3) Der Westphälische Friede, als die Basis des ganzen Ryswicker Friedensschlusses.

Dieser sagt deutlich, daß die §. 87. ausgenommene Geist- und weltliche unmittelbare Reichsstände im Elsaß, unter der §. 73. an Frankreich beschehenen Cession der Oesterreichischen Besitzungen im Elsaß nicht begriffen seyn sollten; und dabey soll es für immer und ewig bleiben.

§. 115.

Diese wahrhaftige, dem ganzen Gang der Friedens-Verhandlungen durchaus conforme Sätze fallen gänzlich aus dem Crens der Zweifel und Widersprüche heraus, wenn man den Verfolg des Friedensschlusses und die nachher geäusserte eigene französische Anerkenntnisse verbindet.

Der angeführte V. Art. sagt, da die **Regeln der Restitution** klar und allgemein seyen, so bedörffe es zwar keiner spezifiken Aufzählung der Restituendorum: Indessen hätten einige Stände gebetten, auch seyen noch besondere Rücksichten eingetretten, daß eine besondere Erwähnung verschiedener teutschen Lande beygefügt werden möge. Gleich augenblicklich wurden aber die Rechte derer **nicht specialiter Benennten**, dergestalten salvirt, daß es angesehen werden solle, als ob ihnen die nemliche Rechte gebührten, die denen benannten Ständen Friedensschlußmäßig zugeeignet worden seyen.

Es ist also

1) Die specifike Anführung einiger restituirten Stände, in so fern sie vorzüglich bedacht worden, keine Ausnahm von der Regel, sondern in der That nur eine Illustrirung derselben. Und

2) erläutert sich aus denen Rechten, die denen specifize angeführten, zu restituirenden Ständen inn= und ausserhalb Elsaß verwilliget geblieben, was denen zwar nicht specifice benannten, darum aber nicht ausgelassenen, übrigen Standen vor Rechte ferner zustehen sollen, dann diese sollen jenen in diesem Punkt völlig gleich seyn: (pari omnino cum nominatis loco sint, & eodem Jure fruantur.) Es bestättiget sich also auch,

3) wenn man auf diese Weise die benannte und nicht benannte Stände zusammen nimmt, und aus ihnen das zu restituirende Total bildet, damit aber vergleicht, unter welchen Gesetzen sie restituirt werden sollen, daß ganz natürlich und einfacher Weise das Facit herausfallen müsse, welches dem Franzosen im Elsaß habe wollen verwilliget belassen bleiben.

Da wird man dann nun, auch nur mit einem flüchtig durchlaufenden Anblick der folgenden Artikel VI. VII. VIII. IX. X. XI. XII. XIII. XIV. XV. welches ich meinen geehrtesten Lesern, der Kürze wegen, überlassen muß, wahrnehmen, daß wo die

Betrachtung. §. 115. 201

restitueuda offenbar in Gemäßheit des IV. Art. entweder ausserhalb Elsaß, z. B. Trier, Speyer, Veldenz und Lützelstein, Baden ꝛc. oder im Elsaß gelegen, aber doch ausdrücklich in der französischen Liste der zu restituirenden Unionen begriffen sind, z. B. Hanau ꝛc. ohne weiters dieser *Articulus IV.* zu ihrem ohnwidersprechlichen *fundamento restitutionis* — da aber, wo noch ein und anderes Fundament des IV. Art. eine Kontestation zurückzulassen für fähig gehalten werden mögen, zu Aufhebung aller fernern Zweifel, ausdrücklich die Norm des Westphälischen, z. B. Kurpfalz Zweybrücken, Baden, oder des diesen Frieden pure bestättigenden Nimwegener Friedens, z. B. bey Wirtenberg und Baden, aufgestellt geblieben.

Gleichwie nun diese Beyspiele auch auf die nicht benannte Stände anwendbar seyn sollen, hinlänglich aber bewähren, daß in omnem eventum der Zustand des Westphälischen Friedens §. 87. 73. Ausschlag geben solle, so mögte ich um Gottes willen wissen, was gleichwohl Frankreich noch berechtigen könne, zu behaupten, daß der Ryßwicker Frieden ihme die Souraineté über ganz Elsaß verschafft habe?

Lese man nur in diesem vorgetragenen Zusammenhang den XVI. Art. in welchem sehr emphatisch die Cession der Stadt Strasburg mit allen ihren, auf dem linken Ufer des Rheins belegenen, Appertinenzien und Dependenzien, cum omnimoda Jurisdictione & superioritate supremoque Dominio stipulirt wird, dergestalt, daß diese Stadt aus der Reichsmatrikul gestrichen, mithin in gar keinem staatsrechtlichen Verband mit Teutschland mehr stehen solle; — vergleiche man nur den auffallenden Abstich dieser Ceßion — mit dem in den Vordersätzen stabilirten allgemeinen Restitutionsregeln, mit denen diese Regeln illustrirenden Beyspielen in benannten und nicht benannten Fällen; — verbinde man nur damit, daß auſſer den ehemaligen Oesterreichischen Landvogteirechten im Untern-Elsaß, d. i. über die Stadt Hagenau und die derselben aggregirte alte Speyergau-Städte Weisenburg und Landau, sonst gar keine Besitzungen im Untern-Elsaß durch den Westphälischen Frieden an Frankreich übertragen werden können; so wird es warlich, meiner kleinen Einsicht nach, sonnenklar, daß durch den Ryswicker Frieden sonst kein einziges im Elsaß situirtes Reichsland, noch weniger aber die ganze Provinz Elsaß, wenigstens die Suprematic des teutschen Reichs, an Frankreich habe abgetretten werden können, dann sonsten wäre die signifikante und in der Art und Weise, auch sonstigen attributis so genau bestimmte Ceßion der Stadt Strasburg so unnöthig, als die allgemeine und besondere Restitutionsregeln der teutschen Reichslande im Elsaß so widersprechend als überflüßig gewesen.

Ganz genau gibt aber der Intendant des Elsasses, M. de la Houssaye in seinem mehr angeführten Memoire vom 27sten März 1713. den authentischen Kommentar über diese gesetzliche Wahrheiten: Er sagt bey Gelegenheit des Herrn Grafen von Hanau freywilliger Submißion seiner Herrschafften:

„Cependant sy Monsieur le Comte de Hanau eut voulu repliquer, que la Liste des Restitutions à restituer du $\frac{11}{1}$ Août 1697. etant anterieure à la Signature du Traité de Ryswik du 30. Octobre suivant, dans le quel à l'article 4. il etoit fait mention de cette Liste comme d'un acte autentique; son contenu ne pouvoit être detruit par la declaration ulterieure des mêmes Ambassadeurs du $\frac{16}{6}$ Août 1698. expediée après coup; le Traité de Paix ayant été signé plusieurs mois auparavant, *il eut été difficile de luy refuser la Jouiffance de la Seigneurie & Baillage de Bouxweiler sous la Souveraineté de l'Empire.*"

Da alle übrige Reichsstände im Elsaß im nemlichen Fall, wie Hanau, gewesen sind, so bestättiget somit auch Frankreich die bey Hanau angeführte — oben hinlänglich ausgeführte Regel als ein verbindliches Gesetz, solange überhaupt, als nicht ein oder anderer Reichsstand, eben so wie der Graf von Hanau, freywillig sich submittirt haben werde, ganz ohnverneinlich.

§. 116.

Nach dieser Vorausschickung wird es jetzt ein leichtes seyn, die Anwendung auf die Zweibrückische,

Veldenzische und Pfälzische Lande und Aemter zu machen.

I. In Ansehung des Herzogthums Zweibrüken: Der Art. IX. des R. Fr. disponirt:

"*Restituatur* Serenissimo Sueciæ Regi, ut Comiti Palatino Rheni, Comiti Sponheimii & Veldentiæ *avitus Ducatus Bipontinus liber & integer cum Appertinenciis & Dependenciis* iisque Juribus, quibus sacræ Regiæ Majestatis Prædecessores, *Comites Palatini & Duces Bipontini*, *gauisi sunt, aut gaudere potuerunt, ad norman pacis Westphalicae*, ita, ut *omnia, sub quocunque* titulo a Corona Galliæ, *hactenus ex toto vel parte illius Ducatus praetensa*, occupata & reunita, *pleno jure* ad Sacram Regiam Majestatem Sueciæ, *Ejusque heredes, Comites Palatinos Rheni*, redeant.

Nur einige Noten zu diesem Text:

Avitus Ducatus Bipontinus. Es ist bekannt, daß das ganze Herzogthum Zweibrücken, wie es sich aus dem H. Steffanischen Ansitz und der Veldenzischen Erbschafft komponirte, unter die Französische Reunion gezogen ward. Das gehört aber dermalen nicht hieher, sondern gegenwärtige Betrachtung beschäftiget sich bloß mit denen Zweibrückischen inn und außerhalb des Elsasses und in dessen Nähe zwischen der Selz und Queich liegenden Pfalz=Zweibrückischen Landen. Diese stecken nun zwar bereits unter dem alge-

Betrachtung. §. 116.

meinen kollektif Namen, *avitus Ducatus;* sie bekommen aber auch eine nähere Bestimmnng in den fernern Worten:

Cum Appertinenciis & Dependentiis. In der vierten Betrachtung ist ausführlich bemerket worden, daß alle solche Lande ohnstrittige Zugehörungen und Bestandtheile des alten Herzogthums seyen. Es hat auch dieser Ausdruck noch einen weitern Nutzen. Wenn ohngefähr die Herren Franzosen einwenden wollten, daß alle diese Lande, z. E. ein viertel an Guttenberg, Bischweiler, Cleeburg ꝛc. nicht von Anfang her Bestandtheile des alten Herzogthums gewesen seyen: wenn auch der Begrif des pfälzischen Familien Fideikommissarischen Gesetzes keinen Eingang bey denen Französischen Staatsrechtsgelehrten finden sollte, so kan dennoch über diesen Punkt ganz weggegangen werden, da, erwiesener mafen, alle dergleichen Erwerbungen titulo oneroso zu dem Herzogthum gekommen sind, und von dem Augenblick der Acquisition an, bis auf die neueste Zeiten, als Bestandtheile des alten Herzogthum besessen, beherrscht und die hohe Landesherrliche Regalien darüber in dem Komplexu aller übriger Herzoglicher Gerechtsame bey Kaiser und Reich, von Fällen zu Fällen, vermannet worden sind.

Gauisi sunt, aut gaudere potuerunt. Es hat z. B. nicht von Schweden allein abgehangen, den Französischen Rath zu Breysach zu verhindern, die beyde Kompetenten zu des Herzog Leopold Ludwigs hinterlassenen Landen, Sulzbach und Birkenfeld, in dem

Besitz des Lützelsteinischen und der halben Herrschafft Guttenberg, sub forma juris, zu beschützen; — es mogte auch Schweden allein nicht hintertreiben, daß Frankreich das Steinthal, als eröfnetes Mannlehen einziehe, dann, Anno 1694. war ja Frankreich nur Usurpator im Elsaß, indem ihm der ihm = Anno 1684. verwilligte= zwanzigjährige Stillstand ohnmöglich mehr zum Vorstand gereichen konnte, da es ja selbigen Anno 1688. selbst und zuerst gebrochen; und Schweden durfte auch dem Kaiser nicht vorgreiffen, zu cognosciren, ob auch wirklich eine Lehenseröfnung vorhanden seye oder nicht? Und da er diß vor dem Frieden nicht wohl cum effectu thun konnte, so blieb auch dieser Punct nur in suspenso.

Also ist offenbar unter dem IX. Art. P. R. nicht allein alle das teutsche Reichsland begriffen, das die Herzoge von Zweybrücken jederzeit als partem integrantem Ducatus besessen; sondern auch die Veldenzische Lande, die der König von Schweden, als Herzog von Zweybrücken, wohl hätte genüßlich besitzen können, " *aut gaudere potuerunt,* " wenn nicht Frankreich an der Behinderung allein Ursache gewesen wäre.

Ad Normam Pacis Westphalicae. Gesetzt auf einen Augenblick, der König in Frankreich hätte auch die Suprematie über Elsaß endlich einmal bekommen, wie doch, meiner Einsicht nach, nicht ist, so würde doch das auf Zweibrücken gar keinen Einfluß haben. Alle Zweybrückische Lande, die der Herzog gehabt oder hätte haben können, und die Frankreich in Anspruch genommen, sollen frey von aller französischen lästigen Bottmäßigkeit, vollständig und ungekümmert (liber & integer) von französischem Einfluß restituirt werden. Dabei war gar keine Rücksicht auf die Lage der Lande genommen. Es mögen darum solche inn- oder ausserhalb dem Elsaß liegen, der Herzog bleibt immer Souverain und unmittelbarer teutscher Reichsstand: Ursache! die Zweybrückische Restitution bestimmt der Westphälische Friede und macht die Barriere gegen allen Andrang.

Ita, ut omnia — sub quocunque titulo a Corona Galliae hactenus ex toto vel parte illius Ducatus praetensa occupata & reunita, pleno jure ... redeant.

Damit ist aller Französischer Anspruch, wes Namens er seye, auf immer abgethan. Nicht allein hat bekanntlich die Chambre de Metz das **ganze Herzogthum**, *le Duché des Deux-Ponts* avec ses appartenances & dependances, das ist Neukastel, Cleeburg, Bergzabern ꝛc. *ex toto* angesprochen, sondern auch das Conseil de Brisac die nemliche Lande zwischen der Selz und Queich *ex parte* in Anspruch genommen. Beydes fällt nun ganz weg; sogar, daß sich Frankreich nicht mehr gelüsten lassen soll, je einmal noch seine Prätensionen aufzuwärmen, denn der König in Schweden soll, als Herzog, pleno jure sein Fürstenthum künftig besitzen, und eben so — seine Durchlauchtigste Nachfolger.

II. In Ansehung der Veldenzischen Lande. Derentwegen verordnet der Art. X. P. R. daß sie secundum Art. IV. als auf dem Indice à Legatione Gallica exhibito stehend, restituirt werden sollen, vorbehältlich derer Herren Prätendenten Ansprüche in possessorio und in petitorio.

Die petitorische Ansprüche des Königs von Schweden auf die Graffschaft Lützelstein, das Steinthal und halb Guttenberg waren durch den IX. Articulum, wie vorhin gesagt, salvirt.

III. In Ansehung der Kurpfälzischen Besitzungen endlich, so disponirt der Art. VIII. deutlich, daß das Amt Germersheim und seine Unterämter und Probsteyen nach Maasgab des Westphälischen Friedens vollständig restituirt, wegen der Orleanischen Ansprüche aber ein Temperament getroffen werden solle. Selz und Hagenbach sind nicht namentlich genennt, sie verstehen sich aber an sich selbst schon, und die Liste der Kaiserlichen Gesandten über die restituenda benennt sie ja deutlich: auch der Frieden ist ja auf diese Liste so gut gegründet, als auf andere teutsche Behauptungen, darinnen Frankreich nachgeben mußte, z. B. daß der Westphälische Friede zur basi gelegt werden solle.

§. 117.

Man sollte bey sothaner Beschaffenheit der Umstände überhaupt, bey vorstehender masen auseinander gesetzten

Betrachtung. §. 117.

gesetzten Gang der Friedenstraktaten und dem darauf gebauten trockenen und deutlichen Buchstaben des Friedensschlusses, gar nicht mehr zweifeln, daß dieser von Frankreich nicht vollständig vollzogen worden wäre. Die bekannte Chamoische Liste (s) derjenigen teutschen Reichslande, so die Franzosen in Gemäsheit des IV. Art. P. R. zu restituiren schuldig gewesen, erwähnt auch aller vorbemeldten Pfälzischen Lande (t), als ob sie dem Herzog von Zweibrücken, oder dem Kurfürsten von der Pfalz, oder denen Prätendenten der Veldenzischen Landestheile zurückgegeben worden wären (*rendus* au Roi de Suede comme Duc des Deux-Ponts, — *rendu* à M. l'Electeur Palatin, — *rendu* aux prétendans à la succession de Veldence); — das aber gar nicht.

1. Der Veldenzische Successionsstreit war einmal noch nicht ausgeglichen. Der Art. X. des R. Fr. behält denen Prätendenten ihre jura in petitorio zwar — aber auch in possessorio bevor. Also blieben die Häuser Sulzbach und Birkenfeld in dem Besitz der Graffschafft Lü=

(s) *Moser* Bericht von der.. Clausula Art. IV. P. R. sub: **Anhang**.
(t) s. Moser a. a. O. im Anhang
p. 16. & 17. Bergzabern, Annweiler, Falkenburg, Wegelnburg, Cleeburg.
p. 17. Germersheim, p. 18. Hagenbach, Selz,
p. 19. Lützelstein, p. 14. Guttenberg
mit allen zugehörigen Ortschaften.

tzelstein, wie zuvor, und da dieselben ihren Besitz lediglich dem Spruch des Raths zu Breysach zu verdanken hatten (§. 109.), ohne eine angeblich stillschweigende Nachgebung der Französischen usurpirten Souverainete aber, dieser Spruch nicht wohl zu erhalten gewesen wäre, im Gegentheil Frankreich, ohne Zweifel eben aus der Beruhigung beyder Fürstlichen Häuser Sulzbach und Birkenfeld, eine Submissionem tacitam & voluntariam zu inferiren, mit vieler Freude, sich berechtigt halten mogte (eben daselbst); so ist ganz leicht zu begreifen, das Frankreich, auch nach dem Ryswikischen Frieden, ganz gegen denselben, ihre Souverainetätsrechte über die Graffschafft aus der Ursache fortgesetzt habe, weil die Umstände in der nemlichen Lage blieben, wie sie schon vor dem Ryswickischen Frieden gewesen, ich meyne — unberichtiget und unausgeglichen. Da endlich auch der testamentarische Prätendent, Schweden, gestorben, so blieb Frankreich um somehr in dem einmaligen Besitz der Souverainete über Lützelstein, als einestheils Herzog Gustav von Zweibrücken, der letzte aus der Cleeburger oder Schwedischen Linie und Sohn des Herzogs Adolf Johann (§. 75.) nichts zu erwirken vermochte, nach seinem Absterben aber selbst die Birkenfeldische Linie ins Herzogthum vorrukte, das Geschehene aber nicht ungeschehen machen konte, so lästig es auch gewesen war.

2. So war es auch mit der Veldenzischen Helfte an Guttenberg — und was noch mehr war, sogar mit der Zweibrückischen Helfte daran geblieben. Jene kam mit der Grafschaft Lützelstein in den Besitz der Häuser Sulzbach und Birkenfeld. Frankreich gab sich den Dank selbst, den ihm beyde Häuser dafür, daß sie an ihm einen Beschützer fanden, haben schuldig seyn sollen, und setzte einen Französischen Amtmann in diese Veldenzische Helfte. Da aber diese nur pro indiviso gegen Zweibrücken abgetheilt, und auch die Zweibrückische Helfte unter der Reunion befangen war, so exerzirte dieser Amtmann seine Jurisdiktion sowohl über ein als andere Helfte. Nun hätte zwar die alt Zweibrükische Helfte, als eine Dependenz des Ducatus aviti Bipontini gleich nach dem Frieden restituirt (u) werden, der König von Schweden, als rechtmäsiger und Testamentserbe hätte aber auch die Veldenzische Helfte bekommen sollen; allein, nach der bekannten Chamoischen Liste der restituendorum wurde letztere denen im Besitz einmal gewesenen Prätendenten zwar restituirt, aber der König von

---

(u) Beyträge zum Pf. Zweybr. St. R. p. 39. 40. §. 6.

Frankreich behielt auch die einmal für stillschweigend anerkannt seyn sollende Souverainete bey, und da es unthunlich geschienen,
für die pro indiviso — und unabgetheilte - von
Zweibrücken ab einem — und Birkenfeld und
Sulzbach, ab dem andern Theil besessene Gemeinschaft theils nach teutschen, theils nach
französischen Rechten administriren zu lassen,
so behielt der König seinen Französischen Amtmann für beyde Theile — somit die Souverainete, gegen den Ryswicker Frieden, überhaupt bey.

Das alles war aber noch nicht genug. Frankreich
fieng nun seit dem Ryswicker Frieden an, das schon
zweimalen angedeutete Prinzipium, wie noch, valiren
zu machen, „ da es sich in dem vierten Artickel anheischig gemacht habe, nur diejenige Reunita restituiren zu wollen, die ausserhalb dem Elsaß (*extra
Alsatiam*) lägen, so habe das teutsche Reich tacite
eingestanden, daß solchergestalt und eo ipso auch
alles andere, so unzweifelhaft innerhalb dem Elsaß
läge, unter Französischer Hoheit bleiben müsse (v).”

(v) Act. Mémoires & autres Pieces autentiques, concernant la paix d'Utrecht depuis l'année 1706. jusqu'à présent 1713. Discours sur la demande, que les Cercles de l'Empire compris dans la grande alliance, ont fait au Congrès pour la paix, touchant la restitution p. 181. 196. sq.

Betrachtung. §. 117.

Auf diese Weise war es Frankreich ein leichtes, auch

3. Über Bischweiler seine Souverainete in Uebung zu erhalten zu suchen. Es gieng noch weiter, und brachte den Punkt der Gränzen des Elsasses gegen Norden aufs Tapet: Ein Punkt, den das teutsche Reich um deswillen übergehen zu dörfen, schien, da durch den Ryswicker Frieden durchaus der Westphälische Frieden restituirt werden sollte, dieser aber von dem extra & intra Alsatiam nichts weis, sondern einen Reichsstand, wie den andern, bey seiner teutschen Reichs-Immedietät beschützt; — aber auch ein Punkt, der warlich mit grosem Nutzen vorläufig hätte bestimmt werden sollen, so viel wenigstens, thunlich und möglich auch unnachtheilig gewesen wäre. Das geschah aber nicht, und Teutschland mußte nun so, wie die betheiligte Stände zusehen, daß Frankreich zwar mit der einen Hand seine Reunionen kaßiren und annulliren half, aber unter dem Punkt der nördlichen Gränzen des Elsasses, die es nun nach seiner Konvenienz ausdehnen und fixiren konnte, weil es so leicht keinen Reichskrieg zu befürchten hatte, gerade dasjenige, was es vernichtigte, mit der andern Hand auch wieder aufwärmte und herstellte. Es kam also auf sein Prinzipium, das schon Anno 1680, dienen mußte, (§. 102) wie=

der zurück, „gehört nemlich Landau zu den X. Reichsstädten im Elsaß, so muß also der ganze Länderstrich zwischen der Queich oder Landau bis nach Hagenau oder zur Selz, auch noch zum Elsaß gehören." Bey diesem unbegreiflichen Raisonnement waren die pfälzische Aemter

4. Selz und Hagenbach, und das Zweibrückische Amt Cleeburg am allerübelsten daran. Da einmal der König in der Souverainete über Guttenberg sitzen blieb, diese Herrschaft aber noch um eine beträchtliche Strecke Wegs näher gegen Landau zu, als die vorstehende Aemter, liegt, so war es in den Augen und in der Sprache der Franzosen etwas ganz inkontestables, daß folglich dieselbe „um somehr zum Elsaß gehören müßten, als sie ja noch hinter Guttenberg von Teutschland entfernt lägen." Bey jedem derselben kamen aber noch besondere Umstände dazu; wovon ich unten zu reden, schiklichere Gelegenheit finde.

Uebrigens behielt sich Frankreich durch diese Syllogistik alle seine vorige selbst als null kaßirte Ansprüche auf Bergzabern, Wegelnburg, Falkenburg, Annweiler, Germersheim offen, und hinterließ durch den aufgebrachten Namen *pays contestés* der gegenwärtigen und künftigen Welt die Erwartung, was heut oder Morgen das Französische — im finstern fortschleichende Vergröserungssystem einmal noch hervorbringen werde.

§. 118.

Wer siehet aber mit unbefangenen Augen nicht ein, daß alle diese fortgesetzte partikular Usurpationen der Pfälzischen Landen sowohl, als anderer — besonders des Elsasses, gar nicht im Ryswikischen Frieden — noch in einer spätern expressen Einwilligung Kaiser und Reichs, sondern lediglich in einer durch Ubergewalt unterstützten, weder aus der Philosophie noch Jurisprudenz (w) geschöpften und gerechtfertigten Syllogistik beruhe, die ohnmöglich die Garantie des teutschen Reichs ersetzen kan, solange noch der Satz im Völkerrecht unbekannt ist, das Konvenienz des Einen, Gesetz zur Genehmigung für den andern Theil seye.

Das siehet man auch unverkenntlich aus dem Erfolg. Dann bey denen Anno 1709. eröfneten Friedenspräliminarien, durch welche die neuerdings von Frankreich gegen sich erzwungene Feindseeligkeiten des sogenannten Spanischen Succeßionskriegs beygelegt werden sollten, haben die zu der grosen Allianz des Kaisers, der Engel- und Holländer zu Nördlingen am

---

(w) Act. & Mémoires concernant la paix d'Utrecht. Les Raisons pour la liberté & immedieté des Princes & Etats de l'Empire situés en Alsace &c. p. 230. IV.

20ſten März 1702 beygetrettene Oeſterreichiſche — Fränkiſche, Schwäbiſche, Ober- und Niederrheiniſche Kreiſe eben ſo ſtandhaft als gründlich die Rückgabe aller von Frankreich in Beſitz genommenen teutſchen Reichslanden gefordert (x), und ſelbſt Frankreich bot dem teutſchen Reich beträchtliche Reſtitutionen an, wenn es nur Elſaß behalten könne; welches alles aber die Krone Frankreich nicht nöthig gehabt hätte, wenn ſie nicht in ihrem Gewiſſen überzeugt geweſen wäre, daß ihre Souverainete über Elſaß nichts weniger als Friedensſchlußmäſig ſeye, und erſt noch einer expreſſen Einwilligung vom teutſchen Reich nötig hätte, wenn dieſe uſurpirte Souverainete recht legitim ſeyn ſolle. Es kommt noch ein weiteres Argument dazu, daß Frankreich mehr aus Konvenienz als Recht ſeine bisherige Behauptungen geltend zu machen geſucht hatte. Wie Frankreich in Fortſetzung des Kriegs allzuſehr ermattete, und auf alle Art an den Frieden denken mußte, ſo war zu vermuthen, daß ein Generalfrieden zu Stand gebracht werden könne. Auf allen Fall mußten alſo auch die Franzöſiſche Geſandten in Rückſicht der Reklamationen des teutſchen Reichs inſtruiret werden. Der Kanzlar Frankreichs forderte zu dem Ende dem Intendanten des Elſaſſes das ſchon oft angezeigte Memoire vom 27ten

---

(x) ſ. mehr angeführte Act. Mémoires & autr. Pieces autentiques concernant la Paix d'Utrecht p. 181. ſqq.

Betrachtung. §. 118.

März 1713. ab. In demselben rathet nun derselbe ausdrücklich an: „ daß es dem Königlichen Interesse sehr konveniren werde, wenn man die Gränze des Untern-Elsasses nur an die Lauter setzen könne."
Hier sind die Worte selbsten: (Recapitulation)...
3°. „ Qu'il conviendroit fort de stipuler qu'en prenant la Riviere de Loutre pour Limites de la basse Alsace, la Souveraineté du Roi s'etendit jusques à une Lieue de 2500. Toises au-de-là dans tout son Cours depuis Lauterbourg en remontant jusques à Bernbach au dessus de Weissenburg. "

Der Kanzlar war mit dem ganzen Memoire überaus wohl zufrieden; in seiner Antwort an den Intendant sagt er:

J'ai reçu la lettre que vous avez pris la peine de m'ecrire ce 27. du mois passé avec les memoires qui y étoient joints concernant les Limites de la basse Alsace. Je les ai leus, & ils me paroissent fort claires & parfaitement detaillés.

Deutlichere Beweise können die Herren Franzosen in der Person ihres Kanzlars, der von der wahren Beschaffenheit der Dinge am verläsigsten unterrichtet seyn mußte, und ihres Intendanten, der gerade des Königs Jura über Elsaß vertheidigen sollte, nicht geben, als diese schriftlich der Nachwelt hinterlassene Gesinnungen, daß Anno 1713. Frankreich selbst eingestehen mußte, daß ihre argumenta, so sie zu Beybehaltung der Souverainete über Elsaß entweder aus den Friedensschlüssen — oder von den Gränzen herholten, nichts weniger als von rechtlichem Bestand, sondern äusserst schwankend und hinfällig seyen, ansonsten ja warlich nicht nöthig gewesen wäre, beyde Argumente — und letzteres dazu noch mit einem so grosen Absprung von der Queich bis an die Lauter, erst noch zu neuen Objectis eines Friedensschlusses aufzustellen.

Da indessen die Herren Franzosen bey den Friedenshandlungen selbsten ihre Sprache von 1709. so sehr geändert hatten, daß Teutschland sich auf solche gar nicht einlassen konnte, (welches denenselben nicht wenig Freude mußte gemacht haben, dann die angeführte Antwort des Kanzlars an den Intendanten lautet weiter:

" Il ne fera pas question de regler les limites dans le Traité de Paix, cela ne serviroit qu'à en éloigner la Conclusion (nemlich die friedensschlußmäsige Festsetzung des erstern Arguments von der stillschweigenden totalen Cession des Elsasses im Ryswickischen Frieden).
Mais il viendra un autre temps où l'on pourra en faire un bon usage. "

und gibt zu erkennen, daß dazumalen der Krone Frankreich kein Ernst gewesen seyn konnte, die Gränzen des Elsasses reguliren zu lassen, weil sie noch, ausser ihrem mit Gewalt soutenirten, aber nicht garantirten Besitz des Elsasses, weiter keinen rechtmäsigen Titulum dazu hatten; also dieser zuerst noch fixirt werden mußte, ehe man auf den zweyten und sekundarischen Act, oder die Regulirung der strittig gemachten Gränzen des einmal rechtmäsig überkommenen Landes denken könne), da, sage ich, das teutsche Reich sich nicht einlassen konnte; so mußte es den Krieg allein fortsetzen. Bey der unglückseeligen Kriegsverfassung im teutschen Reich, bey der politischen Auszehrung, die wie eine Seuche bald hundert Jahre die teutsche Nerven lähmte, bey einer unbegreiflichen Indolenz und Langsamkeit auch Uneinigkeit mancher teutschen Reichstheile, vielleicht auch einer andächtigen Furcht, wenn Frankreich gezwungen würde, von dem Ryswicker Frieden abzustehen, daß damit auch die bekannte Klausul seines vierten Artikuls nicht länger mehr zum Trost der katholischen Glaubensgenossen bestehen könne, war es Frankreich, welches in der genauesten Kenntniß von der ökonomischen und domestischen Verfassung Teutschlands stand, ein leichtes, sich den besten Ausgang zu prognostiziren und nur zu seiner Konvenienz vorläufige Friedenssätze zu berechnen.

Sie kamen auch zu Rastadt den 6ten März 1714. (y) und endlich völlig zu Baden am 7ten Sept. des nemlichen Jahres (z) zu Stande.

(y) N. S. der R. A. T. II. Th. IV. p. 307. sqq.
(z) ebendas. p. 320. — 329. sq.

In dem III. Art. werden der Westphälische, Nimwegener und Ryswicker Friede zum Grund gelegt, in sofern nicht in gegenwärtigem expresse anderst disponirt seye.

In dem XII. Art. sollen alle benannte und nicht benannte Reichsstände, insofern sie gegen den Ryßwiker-Frieden von Frankreich quocunque modo beschwert worden seyen, restituirt werden.

In dem Art. XI. soll Homburg, die Vestung geschleift, niemals mehr erbauet, und ihren rechtmäsigen Besitzern ausgeliefert und belassen werden.

Bey dem ganzen Frieden kam aber keine Erwähnung von Elsaß expresse vor, dann die Franzosen haben diesen Punct schlechterdings von der Hand gewiesen; (a) der Kaiser mußte also zufrieden seyn, daß nur der Westphälisch-Nimwegen-und Ryßwikische Frieden die Basis seyn sollten. Frankreich blieb also auch im Besitz, aber im ungarantirten, wie zuvor; wiewohl sich Frankreich geschmeichelt haben mogte, jetzo ohne Widerrede die Oberbottmäsigkeit über das Elsaß erwonnen zu haben, da Teutschland den Ryßwicker Frieden mit zur Basis des Badenschen legen helfen, und ihm doch sehr wohl bekannt gewesen seye, daß Frankreich durch den Ryßwicker Frieden seine Hoheit über Elsaß bestättigt

---

(a) N. S. der R. A. T. II. Th. IV. p. 319. N. CXV. Kaiserliches Commissionsdekret ꝛc. d. 1. Oct. & dict. 2. Oct. 1714.

Betrachtung. §. 118.

erhalten zu haben, behaupte; daß auch die französische Gesandten bey dem Vorwurf der Elsaßer Angelegenheiten ganz nicht sich einlassen wollen, Kaiser und Reich aber dabey acquiescirt hätten. Es lassen sich auch diese Argumenten zwar hören, aber nicht vertheydigen. Der bisherige Vortrag enthält, hoffe ich, deutlich die Gründe. Ueberall stehet der Westphälische Frieden obenan, und die nachfolgenden sind nur Bestättigungen desselben. Nicht sie, die Friedensschlüsse, sondern Gewalt der Franzosen bleiben der Titulus derselben.

Indessen fuhr man französischen Theils jetzt erst recht eifersüchtig fort, die Oberbottmäsigkeit im Elsaß zu begründen und auszubreiten. Viele geist- und weltliche Stände bequemten sich, um vor dem übermächtigen Andrang der französischen Zumuthungen nur ihre vorzügliche Rechte und Renten zu sichern, zu Anerkennung der französischen Suprematie, ja zu Abtretung ihrer landesherrlichen Gerechtsamen, insofern sie mit den Hoheits-Rechten der Crone nicht compatibel wären, und zu Annehmung Königlicher Freiheits- und Schuzbriefe, (Lettres-Patentes) um desto ruhiger ihre noch zu retten gewesene Rechte und Renten fortgeniesen und ausüben zu können. Darauf stützte man sich nun französischer Seits in Ansehung derer sich noch nicht unterworfen gehabten übrigen Stände, die darum auch anhaltende Beschwerden und Vorstellungen zum Beystand, bey dem teutschen Reich übergaben.

§. 119.

Unter diesen war Churpfalz voran gestanden. Nach dem Ryßwicker Frieden waren die Orleanischen Ansprüche auf das Oberamt Germersheim noch nicht ausgeglichen. Frankreich hielt sich also auf allen Fall den einmal betrettenen Weg zu solchem offen. Nach dem VIII. Art. sollte der allerchristlichste König dem Churfürsten die Stadt und Amt Germersheim, samt denen darinnen begriffenen Probsteyen und Unterämtern wieder einräumen. Die Probstey Selz, die einmal in den Händen der Jesuiten zu Straßburg war, wurde aber nicht restituirt, sondern es gab der französische Plenipotentiar und Prätor zu Straßburg, Hr. v. Obrecht, im Monat Januar. 1699. dem Pfälzischen Geschäftsträger Hr. v. Zachmann nur die Ministerial=Erklärung ab, daß des Königs Maj. ernstlich bedacht seyn wolle, daß die auf der Liste der Restituendorum (b) stehende Probstey Selz auf die nemliche Art, wie solche Karl Ludwig nach dem Westphälischen Frieden besessen und benutzt habe, oder hätte besitzen und benutzen sollen, dem Churfürsten von der Pfalz wieder eingeräumt werden möge. Man würde aber schon aus dieser Ministerial=Erklärung haben ersehen können, daß darum der König seine Ansprüche auf Selz und dessen Zugehörde, als an-

---

(b) Moser ad Clauf. Art. IV. P. R. im Anhang p. 18. n. 531. 532.

geblich Elsaßische Bestandtheile, nicht aufgegeben habe, sonsten es dieser Königlichen Versicherung gar nicht bedurft hätte, sondern man sich lediglich nur an den Indicem selbst hätte halten können. Zudem war der Art. VIII. zu unbestimmt und zu general. So gut ihn Churpfalz extensive interpretiren konnte, auf alle Probsteyen, so gut konnte ihn Frankreich restrictive, nur auf diejenige Probsteyen, interpretiren, die es restituiren lassen wolle, dann keine war namentlich benennt. Dieser Wille des Königs also, den er jederzeit mit Gewalt durchsetzen konnte, war augenfällig die Norm der Restitution, nicht aber der Friedensschluß, bey dem sich der König freye Hände erhielt. Im Grund genommen war es daher in den Augen der Franzosen noch eine Gnade, daß der König dadurch, daß er die Probstey Selz auf die Liste der restituendorum setzen ließ, dem Churfürsten die Hofnung zur wirklichen Restitution derselben machen lassen, aber es schien auch kein Unrecht, daß der König diese Gnade nicht realisiren ließ, weil er das Recht behalten wollen, den Art. VIII. nach seinem Willen zu interpretiren. Zwar erhielt Churpfalz nachher noch die Stiftische Renten jenseits des Rheins, aber die dißeits gelegene blieben verlohren.

Der Badische Friede gab der Auslegungs-Kunst der Herren Franzosen völlig gewonnen Spiel. Denn nach dem XII. Art. desselbigen machte sich Frankreich anheischig, alle Bedingungen und Clausuln des Ryswickischen Friedens genau zu befolgen, in sofern sie nicht expresse durch den Badenschen abgeändert worden seyen, und diß war in casu substrato der Fall nicht. Es war aber Frankreich nicht sowohl darum zu thun, die Jesuiten in ihrem Besitz der Stift Selzer Renten zu souteniren, zu dessen Begründung sie noch dazu einige Artikul des Ryswicker Friedens allegiren mogten, sondern es gieng damit um, seine Souverainete über die Aemter Selz und Hagenbach zu extendiren, und zu dem Ende mußten ihm die Händel mit den Jesuiten nur zum Instrument dienen. Es wehrte ihnen also auch nicht, daß sie binnen 1692. und 1714. alles hervorsuchten, um dem einmal von Franfreich kräftigst unterstützten Besitz der Stiftischen Renten eben so viele Legalität, aber auch ausgedehntern Effectum zu verschaffen, als, die zu dem Ende eingeschlagene Mittel, zu souteniren; sondern es legte bald selbst die Hände an die Ausführung seiner Souverainetätsplane. Nachdeme es nemlich pto Executionis des Badenschen Friedens zu Auffenthalten gekommen, da Kurpfalz einmal über das anderemal bey des Kaisers Majestät sich angelegentlichst empfehlen ließ, derselben die Restitution derer restituendorum bey Frankreich zu verschaffen, auch sich um Schonung des Kurfürsten und um Sistirung faktischer Schritte zu verwenden, minder nicht das nemliche endlich selbst am Französischen Hof zu betreiben anfieng, eines und das andere aber ohne Effekt blieb; so unterließ auch Frankreich auf der andern Seite nicht, während der teutschen Inaktivität

tivität und Schwäche einen Akt nach dem andern ausführen zu lassen, wodurch es seine lang angelegte
Souverainete endlich in vollen Gang bringen könne.
So wurden z. B. die Prozesse vor dem Amt Selz
in appellatorio vor das Conseil zu Kolmar gezogen;
Königliche Ordonnances affigirt; Anstalten zu Schaz-
ungserhebungen gemacht; Auf Requisition der Jesuiten, die Renovation der Güter ausgeschrieben;
den Bottenlohn vor die zur Publikation überschikte
Ordonnances, exekutivisch zu erheben, gedrohet;
ganz unverhohlen von der Königlichen Souverainete
über Selz gesprochen und geschrieben (c); wegen
Anlegung eines Land- und Wasserzolls im Amt Selz
Anstalten getroffen; den sonst ungewöhnlichen (§. 40.
oben) Französischen Geldumlauf einzuführen, ver-
sucht; Französische Besatzung nach Selz gelegt; sogar
einen eigenen Französischen Beamten dahin zu setzen,
beschlossen; eine Bettlerordnung erlassen und eine Specifikation der Hospitalrevenues aufgenommen; Frohnden ausgeschrieben; und wer vermag alles dergleichen
herzuzählen!

Da bekam freylich der Kurpfälzische Hof so viel
zu thun, daß er alle Hände voll Arbeit hatte, um
nur mit dem Königlichen Hof fertig zu werden: und

(c) So daß das Oberamt Germersheim unter dem
8. Nov. 1718. an Churpfalz Regierung berich-
tete, wenn kein Einhalt gethan würde, insensi-
biliter biß an die Queichbach die prätendirende
limites Alsatiæ continuirt würden.

es läßt sich leicht denken, daß ersterer, um doch etwas zu retten, lieber die Selzische Renten den Jesuiten aufgeopfert haben würde, als das ganze Amt Selz noch dazu zu verliehren. Die Souveraincte war ohnediß nicht mehr ganz zu retten, da vielmehr schon Anno 1720. bey Gelegenheit, daß man bey Frankreich pro abducendo milite dringendst anhielt, sowohl der Kommendant, als Intendant des Elsasses zu vernehmen gaben,

> que toute l'Alsace apartient au Roi, que Selz est incontestablement dans cette Province & que de plus c'est une dependance de la Præfecture d'Hagenau, qui n'a jamais été contestée à S. M. depuis le Traité de Munster;

und nachher diese Principia, oder eigentlicher, petitiones principii noch ausserordentlich ausgedehnter Weise in effectum setzten, wodurch dann die Nothwendigkeit, sich mit Frankreich zu arrangiren, so stärker bey Pfalz steigen mußte, als zumalen die Französischen Diener wiederholter äusserten, daß die Krone Frankreich keine Absicht auf das Dominium utile des Amts Selz hege.

> au surplus nous ne pretendons en aucune façon nous opposer à la levée des droits utiles, qui appartiennent à S. A. E. pour qui nous avons tout le respect & la deference qui Lui est düe.

Es kam also unterm 15 Febr. 1729. zwischen

dem König und Kurfürsten zu einem Tractat, und bald darauf Anno 1734. den 19ten April zum zweyten. Wobey zu merken ist, daß keine Seele, am allerwenigsten des Kurfürsten eigene Geheime Räthe, noch weniger Hohe Stammsvettern darum wußten, sondern das Geschäft in Paris zwischen den Königlichen Dienern, dem Kurpfälzischen Geschäftsträger Grevenbroich, und — einigen Jesuiten geschlossen worden seye. Das Resultat ist, wie leicht zu erachten, zum Vortheil der Herren Jesuiten ausgefallen. Doch damit waren die Vexationes bey weitem noch nicht beendiget. Der König wollte nun auch seine Plane auf Selz und Hagenbach völlig ausgeführt wissen. . . .

In Ansehung des Amts Cleeburg, ja zuweilen auch Bergzabern, gieng die Französische Beängstigung zu gleichen Schritten. Weil Kleeburg vier Orte enthält, die in gewissen Punkten zum Weisenburger Mundat gehören, auch die niedere Gerichtsbarkeit über solche, Stift=Speyerisches, oder Abtei=Weisenburger Lehn ist (§. 71.), so machte daraus der seit der Reunion angestellte eigene Mundatsbeamte den Schluß, daß das ganze Amt Clee= und Catharinenburg zum Mundat und zu der Vogtey Hagenau gehöre, und mischte sich seitdem in alle Zweibrükische Angelegenheiten zur äussersten Beschwerde der Durchlauchtigsten Landesregenten.

§. 120.

In diesen Zeitpunkt fielen nun zwey weitere Ereignisse, die keinen geringen Einfluß auf die Zweibrückische und Pfälzische Lande hatten. Anno 1733. den 24ſten Dec. wurde der Pfalz-Veldenzische und Pfalz-Zweibrückische Succeßionsſtreit zwischen Kurpfalz und Pfalz-Birkenfeld verglichen. Letzteres Hochfürstliche Haus bekam, nebſt dem Herzogthum Zweibrücken und der dazu gehörigen Helfte an Guttenberg, (§. 75.) die es schon Anno 1731. okkupirt hatte, sodann der bereits seit 1694. in Besitz genommenen Helfte der Veldenzischen Helfte, (das iſt die Quart) auch das Sulzbachische Viertel an derſelben (§. 109), so daß es nun die ganze Herrschafft innehatte: die Grafschafft Lützelſtein blieb aber in Gemeinschafft. Seit der Zeit iſt es ganz unmöglich geblieben, sich der Französischen Hoheit zu erwehren.

2. Die Hofnung, daß bey dem, auf die immittelſt ausgebrochene Französisch-Polnische Kriegstroubeln erfolgenden Frieden, etwa noch dem Französischen anhaltenden Andrang ein endlicher Halt gemacht werden mögte, scheiterte faſt gänzlich, als in den Wiener Friedenspräliminarien zum Troſt der betheiligten und tiefbekränkten Reichsſtände weiter keine Remedur erfolgte (d), (1735.) und nachher in dem Frieden

---

(d) *Wenk.* Cod. Jur. Gent. T. I. p. 5. Art. VII.

selbst (c) (18. Nov. 1738.) festgesetzt worden, als, daß zwar der Westphälische=Nimwegener=Ryswicker= und Badische Frieden zum vierfachen Fundament gelegt, die Elsaßische Strittigkeiten aber nur dahin bestimmt werden sollen, daß von Seiten des teutschen und französischen Reichs eigene Kommissarien bestellt und durch diese das Detail der Gränzen des Elsaßes, in Gemäsheit obiger Verträge, besonders des Badischen regulirt werden würden.

Da jedem Reichsstand, der inn- und ausserhalb dem Elsaß, seit dem Ryswicker= und Badischen Frieden, unaufhörlich von den Französischen Souverainetäts Extensionen beängstigt geblieben, noch im frischem Andenken schwebte, wie oft und vielmahl vergeblich um Hülfe beym teutschen Reich angerufen, oder auch diese Hülfe, ohne Erfolg versprochen und geleistet worden; so war sich leicht die Wirkung vorzustellen, die dieser Wiener Friedensschluß quoad hunc passum hervorbringen werde. Solchergestalten waren nemlich der schlauen Krone Frankreich, trotz aller beygesetzter heiligen Friedensschlüsse, die doch unleugbar für die gute Sache des teutschen Reichs und seiner leidenden Stände disponiren, dennoch sein, von uralten Zeiten her angelegter, Vergröserungsplan gelungen, nicht allein bey dem Besitz des Elsasses sich zu erhalten, sondern auch unter dem neu aufgebrachten Gränz=

(c) *Wenk* l. c. p. 114. Art. XIV.

System und dem Verwand der noch unbestimmten nördlichen Gränzen des Elsaßes, einen neuen Weg zu gewinnen, sowohl seine Eroberungen immer weiter zu treiben, als auch das ganze teutsche Reich und dessen betheiligte Stände in der Furcht zu erhalten, und solche, daß ich mich so ausdrücke, zu zwingen, lieber auf die Elsaßische Lande oder Gerechtsame, zum Vortheil Frankreichs, weniger mehr zu achten, als einen neuen Ausfall, eine weitere Okkupation diesseits der Gränze, befürchten zu müssen.

Was konnte nun, bey so bewandten Umständen und bey nicht zu Stand gekommenem Gränz-Regulatif-kongreß, insbesondere dem Haus Pfalz-Zweibrücken und dem Kurhaus noch übrig bleiben, als sich, so gut als möglich, mit dem an sie schreklich angelehnten Koloß zu arrangiren? Es war auch gar nicht zu vermeiden, einen schweren Schritt zu thun, da der anhaltende Andrang, die unausgesetzte, täglich neu zu bekämpfen gehabte Vexazionen der Krone Frankreich, so nahe, als die teutsche Reichshülfe entfernt blieb.... Und verdient nicht immer jeder Reichsstand, der sich je endlich entschloß, der algemeinen Ruhe ein Opfer zu bringen, noch Dank? Gewißlich darf daher das Herzogliche Haus gerechten Anspruch auf die Erkenntlichkeit des teutschen Vaterlands machen, daß es sich endlich, schwer genug, nicht nur entschloß, Königliche Lettres Patentes über seine uralte teutsche und unmittelbare Graf- und Herrschaften und Bestandtheile des Herzogthums Zweybrücken, nemlich Lützelstein, Guttenberg und Bischweiler, freywillig anzunehmen, welche aber erst im Jahr 1780. im Monat Junii ausgefertigt werden durften, sondern daß es sich auch verstand, das Kurhauß aus der drückendsten Verlegenheit zu ziehen, und solches von denen fortgesetzten französischen Zudringlichkeiten in denen Aemtern Selz und Hagenbach, die seit 1742. von Tag zu Tag zunahmen, und unbeschreiblich sind, dergestalten zu befreyen, daß es sich nicht zurückzog, dem Herrn Churfürsten an Zweybrückischen Teutschen Reichs-Landen soviel, und in gewisser Rücksicht noch mehr, abzutretten, als ihm Churpfalz, als effektive genossene Reuten in beyden Aemtern Selz und Hagenbach auszutauschen konnte, (f) und der König ihm durch zu ertheilende Lettres-Patentes, die schon im Monat May 1774. ausgefertiget waren, mit Vorbehalt der Königlichen Souverainete, belassen wollte.

Es bleibt zwar immer unverneinlich, daß dergleichen freywillige Submissions-Aktus, nach wie vor, gegen den Buchstaben der allgemein gesetzlichen Friedensschlüsse anstossen. Aber auch eben so unwidersprechlich ists, daß einem Reichsstand, der vergeblich auf Kaiserliche und Reichs Remedur wartet, nicht verarget werden könne, so lange, bis diese Hülfe erscheinet, irgend eine Ueberkommniß zu treffen, wodurch noch, soviel als möglich, gerettet und die

---

(f) Pf. Zw. St. R. §. 15.

Ehre, von dem zudringlichen Nachbar einen noch, wenigstens dem Namen nach, freyen Willen behalten zu haben, benutzt werde. Aus welchem folgt, daß das teutsche Reich nicht wohl immer erwarten könne, daß ein solcher sich arrangirender Reichsstand den Konsens des Reichs zu einer dergleichen Ueberkommniß impetrire, indem er einestheils nicht so sehr, als Frankreich, bey der Erhaltung derselbigen interessirt seyn mag, und weil er anderntheils das teutsche Reich, eben durch die Unterlassung einer förmlichen Konsens=Einhohlung, noch in dem Vortheil erhaltet, einen dergleichen Akt zu ignoriren, und heut' oder Morgen gegen Frankreich zu repariren. Wenn es daher dieser Crone darum zu thun gewesen wäre, diese förmliche Submissionen Zweybrückens gegen alle folgende bestgegründete Einreden des teutschen Reichs zu sichern, so wäre auch an ihr die Reihe gewesen, den Beytritt von Kaiser und Reich zu erwirken.

Indessen blieb das einmal zu Darbringung eines Opfers sich verstandene Herzogliche Hohe Hauß Pfalz=Zweybrücken in dem Besitz und ungestörten Gauß aller seiner dasigen geist= und weltlichen hohen Berechtsamen und Renten, in sofern sie nur immer mit den Maximen der Krone verträglich sind. Z. B. Ohe, mittlere und niedere Jurisdiktion; Bestellung der Amtleute, Schultheisen, Amtschreiber: Notarien und Sergeanten, (sie müssen aber des Königs Unterthanen und Catholisch seyn:) Die Kanzley zu Bischweiler bleibt; — sogar darf der Herzog eine Re-

Betrachtung. §. 120.

gierung zu Bischweiler errichten, die über die submittirte Herrschafften sprechen und solche administriren soll; die Glieder und Zugehörige der Regierung sollen des Königs Unterthanen und Catholisch seyn; — vor die Regierung gehören alle Civil, kleine Kriminal- und Polizey-Sachen; In Ansehung der Sachen, welche in erster oder in zweyter Instanz vor die Regierung zu bringen sind, soll es wie bey andern Regierungen gehalten werden; die Regierung kann in Civil-und kleinen Kriminel-Sachen ohne Appel erkennen biß auf 500. L.; In Sachen, darinnen auch mit Vorbehalt der Appellazion erkannt wird, darf die Urtel provisorisch exequirt werden, wann sie nicht über 1000. Liv. gehet; Polizey-Jagd-Fischerey- und Forst-Verbrechen werden hievon ausgenommen; In Urtheilen darüber ohne Appel, darf die Strafe nicht über 30. Liv. seyn; In Urtheilen, welche provisorisch exequirt werden können, darf die Strafe nicht über 100. Liv. seyn; Von allen appellablen Urtheilen wird nach Collmar appellirt; das Conseil soll Sachen, die vor die Regierung gehören, an diese zurückweisen; In peinlichen Sachen soll es, wie bey der Straßburgischen Regierung-und in der Form, wie bey dem Nieder-Elsassischen Ritter-Direktorio gehalten werden; — Die Regierung soll in Lehensfachen zwischen Vasallen-und Vasallen und ihren Unterthanen in erster Instanz cognosciren; — Die Amtleute urtheilen in erster Instanz in Herrschaftlichen Jagd-Fischerey-und Waldungs-Sachen; In Ansehung der Gemeinde-Walbungen wird es aber nach den Königl. Ordonnanzen gehalten; doch bleiben die daselbst fallende Strafen dem Herzog; — Der Herzog behält die Fischerey, Jagens und Forstgerechtigkeit; das Floßrecht zu Bischweiler und Lützelstein; das Schloß-Holz im Guttenbergischen; — Der Herzog darff Polizey- und Zunfft-Reglements machen; doch sollen solche, wenn sie Kraft haben sollen, zu Collmar homologirt werden; — Der Herzog hat das Recht der vacanten Güter und Confiscationen; nur mit Ausnahm des Verbrechens der beleidigten Majestät; — Der Herzog darf 6000. Liv. zu Unterhaltung der anzuordnenden Regierung alljährlich erheben; — Der Herzog darf vakant werdende Lehen einziehen, insofern es nicht feuda oblata sind; Er darf sie auch wieder begeben, aber nur an Königliche Unterthanen; — Der Herzog behält Schatzung, Bet, Atzgeld, Schloßwachtgeld, Burgergeld, Hinterfassengeld, Huldigung, Todfall, Abzug, Standgeld auf den Märkten, Weggeld, Brückengeld, Accis auf das mit Taback angebaute Land, auf den Eisenverkauf, Accis auf den Handel mit Dielen, Latten, Schindeln, Faßböden, Dauen, Bauholz und anderes vor Zimmerleute, Schreiner, Kiefer, Kübler; ferner — Depositions-Gebühr, Zinnsen, Renten, Gefälle in Geld, — Wein, Früchten, Hünern, Capaunen und überhaupt alle Herrschaftliche Gefälle; — Der Herzog darf bey Vermählung einer Prinzessin 12000. Liv. bey Vermählung eines Prinzen aber 24000 Liv. erheben; —

Betrachtung. §. 120.

Zehendgerechtigkeit auf lange Zeit umbebaut gewesenen Feldern, und Novalzehnden; — Ohmgeld von Wein, Brandewein und Bier; dahingegen Brod-und Fleisch-Accis bleibt abgeschaft; ferner behält der Herzog den Bundzoll von verkauftem und geschlachtetem Vieh; desgleichen den Accis von verbakendem Mehl; Schild- und Straußwirthen, Bierbrauerey, Brandweinbrennerey oder Keßelgeld; — Schornsteinfegerey, Oehlmühlen, Oehlverkauf im kleinen, Bleichen, Manufakturen in Flachs, Hanf, Baumwolle, Blech, und Drath; Holzschuhen, Badstuben, Scheerschleiferey, Keßelflicken, Gölzenleuchten, Lumpensammeln; — Die Wag zu Bischweiler, Waggeld; — Frohnden auf 12. Tag; Tax der Fuhr- und Handfrohnden; Aufnahm der Juden, Judenschutzgeld, Bestellung der Rabbiner; — Bergwerke, Schätze, gefunden Geld; — Salzhandel, Tax des Salzes; — Salpetersiederey, der Salpeter muß aber in die Königliche Magazine geliefert werden; — Die verrechnete Bediente sollen ihre Rechnungen zu Zweybrücken ablegen; und soll ihnen sicher Geleit gegeben werden; Herrschaftl. Bediente werden den Eingebohrnen gleichgehalten, solang sie im Dienst sind; Bischweiler, Minfeld und Candel, wann eine Residenz da ist, bleiben von Quartier und Etappen frey; Herrschaftliche Güter, die die Herrschaft selbst bauet, sind von allen Auflagen frey, den Fall einer allgemeinen Ritter Anlag ausgenommen; Auch wird dem Herzog der Bundzoll von beweglichen, d. i. der 50ste Denier und von unbeweg-

lichen, d. i. der 30ſte Denier belaſſen, mit Ausnahm
deſſen, was zur Nahrung dienet; Zoll= und Brücken=
geldsfreiheit der Herrſchaftlichen Effecten gegen Vor=
zeigung eines Certificats; — Das Recht auf Kirch=
weihen Märkte halten zu laſſen, und Abgaben dafür
zu heben; — Die Herrſchaftlichen Beamten können
auf die Herrſchaftliche Gefälle erequiren; Herrſchaft=
liches Siegel darf bey Contracten und andern öffent=
lichen Handlungen gebraucht werden; Siegelgeld; —
Epiſcopal=Rechte über die Evangeliſche Unterthanen
werden beſtättiget, die Eheſcheidung aber fällt weg;
— Der Selzer Rheinzoll bleibt dem Herzog, desglei=
chen das Hagenſtolzrecht; Laudemien; im Selz und
Hagenbachiſchen dörfen 8000. Liv. vor einen ſich ver=
mahlenden Prinzen, und 4000 Liv. vor eine Prinzeß
erhoben werden; u. a. m.

§. 121.

Doch mit dieſen Pfalz=Zweibrückiſchen Aufopfe=
rungen war demohnerachtet dem Franzöſiſchen Andrang
noch kein Ziel geſteckt. Um denſelben alſo auszuhalten,
mußte man ſich endlich Anno 1787. zu einem neuen
Schritt verſtehen, und die ſimple Souverainete, mit
Beybehaltung jedoch aller möglichen Herrſchaftlichen
Renten und Biſchöflich=und gerichtlichen Gerechtſa=
men über das Pfalz=Zweibrückiſche uralte und nie von
der Präfektur Hagenau, oder der Landvogtei Elſaß
dependirte Amt **Cleeburg und Catharinenburg** aner=
kennen. —

Betrachtung. §. 121.

Ohnmöglich würde es aber bey dem Anblick dieser Vorschritte einem teutschen und pfälzischen Patrioten haben verübelt werden können, wenn er seinem Wunsch Freyheit gestattet hätte, daß Frankreich nicht seinem alten Plan anhängen und mit der Zeit noch auf immer weitere Ausdehnungen seiner Souverainete, die ihm doch nie durch den Weg der Waffen gelungen waren, denken möge!

Diß ist nun das Schiksal des Hauses Pfalz seit 1618. gewesen! Nach unendlichem und unbeschreiblichem Elend und Verderben seiner unmittelbaren teutschen Reichslanden, mußte es endlich noch über einen Distrikt Landes von — wenn man das Steinthal einrechnet — mehr als siebenzig der schönsten Ortschaften, mit Zubuß seiner inästimablen Landeshoheitlichen Rechte und Renten, das Französische Scepter anerkennen, und in der Furcht, vor weit gröserm Schaden, noch dazu bleiben. **Welcher Abstand von den heiligsten Versicherungen des Königs von 1644. (§. 90.) und 1662! (§. 99).**

Siebende Betrachtung.

Kurzes *Resumé* **der vorhergehenden, zu Widerlegung der französischen** *Principiorum* **über die angebliche Ceßion des Elsasses, insofern es zu völliger Abfertigung des adoptirten Elsässer Gränz-Systems, als ob dasselbe aus jener Ceßion sich rechtfertige, und noch durch andere Gründe unterstütze werde, nöthig ist.**

§. 122.

Ich habe nunmehr, soviel in meinen Kräften stehet, gezeiget:

1. Daß die originelle nördliche Gränze des Elsasses die Selz und Sur seye; (selbst die Chamoische List von 1699. macht bey dem Amt Selz den frappanten Unterschied, und setzt die Stadt Selz und das Dorf Neubeinheim in die Straßburger Diözes (531.), Münchhaussen aber schon in den Speyerer Kirchensprengel (532.); — nur zur Bestättigung der Wahrheit, daß die Straßburger Diözes, somit das Unter-Elsaß, an der Selz wende).

2. Daß die Inkorporazion der beyden Speyer-

gau Städte zu dem Elsasser Städte - Verein gar keine Veränderung erzeugt habe, und der Ausdruck des Westphälischen Fr. Art. XI. §. 73. in Alsatia nur ein irriger Ausdruck seyn könne, der dazumalen gar nichts in Recessu hatte, weil es notorisch war, daß Landau und Weisenburg nicht ratione des Territorii — sondern nur in Ansehung des Präfektur-Offizialverbandes mit Elsaß in Verhältniß stand (g).

3. Daß die Präfektur Hagenau einen weitern offiziellen Distrikt gehabt habe, als das Elsaßische Territorium reichte.

4. Daß das seit 1558. also benannte Oesterreichische Landgraviat im Obern- und Untern-Elsaß nur ein blosser Titel gewesen, gestalten sich alle Elsaßische geistlich- und weltliche Reichsstände schon lange Jahre vorher und noch zur Zeit der Pfälzischen Innhabung der Landvogtei im Elsaß, unmittelbar gemacht hatten.

5. Daß Frankreich sich nur durch List in den Besitz von Elsaß zu schwingen wußte; nachdem Herzog Bernhard von Weymar die Welt verlassen hatte; und daß es durch den Westphälischen Frieden nichts weiter im Elsaß bekommen, als was das Haus Oesterreich Anno 1558. von Pfalz einlöste, und Anno 1648. noch besitzlich und nießlich innehatte, auch was

---

(g) So stehet Art. V. §. 37. J. P. O. (und Art. V. §. 35. J. P. M.) Reipolzkirchen, als ob es auf dem Hundsruck läge, und liegt im Nohgau. Quid inde?

Kaiser und Reich über diese Oesterreichische Possessa an Oberherrlichen Rechten besitzen konnten.

6. Daß Frankreich seine Ausdehnungen dieser ihm verwilligten eingeschränkten ehemals österreicher Besitzungen nur durch schreyende Gewalt und friedenschlußwidrige Syllogistik poußirt hatte.

7. Daß der Nimwegener, und Ryswicker, auch Badische Frieden keine Sylbe expresse von der völligen Ceßion der Souverainete oder Suprematie des teutschen Reichs über ganz Elsaß an Frankreich erwähnen, vielmehr ausdrücklich den Westphälischen Frieden zur Basis haben, somit dem teutschen Reich seine Jura heilig wahren.

8. Daß der von den Franzosen neu erfundene Punkt der Gränzen des Elsasses bis an die Queich nur eine falsche Konsequenz eines irrigen, von der angeblichen totalen Ceßion des Elsasses hergenommenen, Syllogismus seye; von dem Westphälischen Frieden aber ganz und gar nicht legitimirt noch legalisirt, ganz gegen geschichtliche Wahrheit anstose; am Ende nur allein seinen Betrieb in dem fortgesetzten französischen Plan — entweder mit lauter Gewalt, oder mit seinen Zudringlichkeiten, die Gränzen seines Reichs zu erweitern, finde; daß schlüßlich alles dasjenige, was Frankreich zu Ausführung dieses Plans bereits gethan, oder künftig noch thun wollte, lediglich unter diese zwei Wege — Gewalt oder seine Zudringlichkeit — zu ordnen seye;

9. Daß also im Grund Frankreich gar kein

Recht

Betrachtung. §. 123.

Recht habe, seine rechtmäsige Besitzungen über die Selz auszudehnen, darum auch blos seiner Konvenienz zuzuschreiben ist, wenn es an die Queich denkt.

Es bedarf also, meines Erachtens, keiner förmlichen Widerlegung der bisher hierunter gehegt- und geäusserten Grundsätzen französischer Autoren; denn, die Materialien zu solcher, liegen zu Tag. Doch wird es aber nicht ganz überflüßig seyn, einige Gründe zu durchgehen, welche hauptsächlich das Queich-Gränzsystem rechtfertigen sollen.

§. 123.

I. Hat Herr Professor Schöpflin seel. And. in seiner Als. Illustr. den Satz aufgestellt: Elsaß habe seine alte Gränzen nur bis zur Lauter ausgedehnt; seitdem aber Elsaß an Frankreich gekommen; — alle die Lande aber zwischen der Lauter und der Queich zur Präfektur Hagenau gehörten, so seye nun Alsatiæ *novae* Limes bis zur Queich vorgerückt.

Letztere Behauptung ist ganz irrig. Die Präfektur Hagenau ist niemalen über die Selz gegangen, bis ihr Anno 1504. einige Speyerische Gau-Orte, z. B. Altenstadt, und endlich 1521. auch Landau anvertrauet worden. Ein Graf von Zweibrücken war in seinem Amt Bergzabern freyer Herr, und stand unter dem Kaiser unmittelbar. Die Pfalzgrafen waren sich selbst genug, und ich wüßte nicht, was der Präfekt zu Hagenau in ihren Landen, ohne ihren Befehl, hätte ausrichten dörfen; dieser Befehl ist aber nie ertheilt worden, da Pfalz seine eigene Richter hatte. Und wenn auch auf einen Augenblick zugegeben werden wollte, Pfalz hätte zuweilen seinem Städtepräfekt Aufträge über seine, ausserhalb Elsaß liegende Lande, gegeben, so ist zu bedenken, daß diß doch die alten Grafen von Zweibrücken, die Herren Bischöffe von Speyer, und seit 1410. die Pfalzgräflich Zweibrückische Linie nicht obligiren können, da diese, Herren in ihrem Land, waren, und von keinem Menschen, als Kaiser und Reich, dependirten.

Aber Herr Schöpflin will auch sein Principium auf Lehmanns Speyerische Chronik bauen; in derselben soll Landau zur Gränze des Elsasses angegeben seyn. Ohnmöglich konnte aber diesem grosen Literator unbekannt gewesen seyn, daß die von ihm zum Grund gelegte Edition der Lehmännischen Chronik die geflissentlich verfälschte Frankfurter Ausgab seye, die anfänglich, gleich nach dem Ryswickischen Frieden 1698. und kurz vor den Badischen Friedenshandlungen de 1711. zum Vorschein kam. Ich enthebe mich, ein Wort weiter zu sagen, und beziehe mich pure auf Herrn Konsistorial-Assessoren Jo. Phil. Crollius — Abhandlung über Annweiler, woselbst diese Korruptionen mit der Wahrheit untersucht, und die Lehmännische Gewissenhaftigkeit gerettet wird (h).

(h) *Oratio de Anvilla* p. 32. usque 48. in not.

§. 124.

II. Hat der belobte Herr Professor Schöpflin, zum weitern Fundament seiner neuen Gränze des Elsaßes bis zur Queich, das **hohe Geleitsrecht** (Jus *salui conductus — le droit de haut conduit*) aufgestellt, welches die Kurfürsten von der Pfalz in der Qualität eines Landvogts vorhin durch ganz Elsaß und den Speyergau, bis nach Landau ausgeübt habe, und glaubt (i), das seye der Beweggrund gewesen, warum Lehmann in seiner (aber von Fuchs verunstalteten) Chronik, Buch VII. Kap. 24. die Gränzen des Elsaßes bis zur Queich fixirt habe.

Vor Herrn Schöpflins Zeiten hat wohl nicht jemand dieses Räsonnement geführt. Es hat auch gar kein Gewicht. Dann

1. kan aus dem allgemeinen Ausdruck Speyergau ganz und gar nichts für die Queich oder die Stadt Landau, die mitten im Speyergau liegt, genommen werden.

2. Das hohe Geleitrecht allein beweißt niemalen,

(1767.) Cf. auch **Lehmann** a. a. O. Lib. VII. Cap. XIV. wo er sagt, die Städte des Nieder-Rheins von Cöln bis Selz hätten die Parthie Kaiser Ludwigs des Baiern, und die Städte des Elsaßes bis Selz hätten die Parthie des Gegen-Kaisers Friedrichs von Oesterreich ergriffen.

(i) T. I. p. 2.

wenigstens nicht allezeit von den Gränzen eines Landes, oder der Jurisdictione ordinaria, wenn da nicht noch andere Data abminiculiren. Nur ein einziges Beyspiel! Anno 1382 (k) verwilligte Kaiser Wenzel, mit Einstimmung der Kurfürsten, dem Grafen Henrich von Lützelstein, das, zu Reichslehen tragen sollende, hohe Geleitsrechts von Zabern im Elsaß, bis auf St. Quirin, über der Saar, im Bistum Metz oder Herzogthum Lotharingen, auch bis Saarburg.

Gesetzt nun, die Graffschaft Lützelstein gehöre zum Elsaß, wie solches der Französische Theil seit 1600. etliche 70. bis 80. u. f. behauptet, so müßte sich ja diese Provinz, in Rücksicht des hohen Geleitsrechts der ehemaligen Grafen von Lützelstein, notwendig bis an die Saar, und noch darüber, erstrecken, und daran hat doch wohl noch Niemand gedacht.

Umgewendet; da Lützelstein ohnstrittig zum Westrich gehört, so müßte, nach dem Schöpflinischen System, all das Land zwischen den Gränzen der Lützelsteiner Lande und der Stadt Zabern, am Fuß des Vogesischen Gebürgs hin, zum Westrich gehören, und das wird wohl Herr Schöpflin nie zugestanden haben.

3. Die wahre Ursache, warum Kurpfalz diese hohe Geleitsrechte theils im Elsaß theils im

---

(k) Die Urkunde ist originaliter in Arch. Bipont.

Speyergau zugleich üben konnte, beruhet darinnen, weil Kurpfalz, wie oben ausführlich gesagt worden, seit 1330. 1349. 1423. beyde Landvogteien im Elsaß und Speyergau innehatte und am Ende so genau nicht unterschieden, wo es von Rechten die Rede war, die in einem, wie dem andern Gau gleichförmig exerzirt werden sollten und durften.

So hat Pfalz das Hoheit=Geleit in Lützelstein geführt, nicht weil es zum Elsaß gehörte, sondern, weil er selbst Graf zu Lützelstein wurde, und war.

Nachdem auch das Kaiserlich = Oesterreichische Haus Anno 1558. die Pfälzische pfandschaftliche Landvogtei Jura im Elsaß eingelößt hatte, fuhr demohngeachtet Kurpfalz, nach wie vor, in Ausübung seines Hohen Geleitrechts in denen sämtlichen Speyergau-Landen fort, und das als Pfalzgraf, oder Nachfolger der alten Herzoge des Rheinischen Franziens; — und die Herren Franzosen, nachdem sie schon durch den Westphälischen Frieden einen Fuß im Elsaß gefaßt hatten, haben ja selbst den $\frac{7}{17}$ Febr. 1667. den Kurfürsten in seinen Strittigkeiten gegen den Bischoffen von Speyer soutenirt, und ihm das hohe Geleit durch das Speyerische Oberamt Lauterburg bis an den Selzbach strenue adjudizirt (1); wobey es auch, bis zu denen, oben belobten, Reunionen geblieben.

---

(1) Acta Compr. Heilbr. sub num. 4. p. 35. sqq. & Laud. Heilbr. p. 354. 355.

§. 125.

III. Ein drittes Fundament zum Beweiß der Gränze des Elsaßes an der Queich will aus folgenden Umständen geschöpft werden:

Im Jahr 1332. habe Kaiser Ludwig einen Landfrieden aufgerichtet, wozu sich die Städte Maynz, Worms, Speyer, Straßburg und Oppenheim verbunden; darinnen werde unter andern disponirt:

„ Und das dirre Fried, stet, vest, bindlich belibe, so han wir zu nutz, zu fried und zu gemache den Luten und dem Land ein gemein Geleit uffgerichtet und uffgesetzt zu Oppenheim, da soll man nemen von jedem Fuder **Wins Elsassers und** der obwendig **Landau gewassen ist**, 32. schilling Haller, und von dem **Fuder Wins**, der in dem **Spirgow nidwendig Landau gewassen ist**, 10. Schilling Haller ꝛc. (m).

Mit diesem stimme überein der von Kaiser Karl IV. mit Einwilligung der Kurfürsten und Pfalzgrafen Rudolf und Ruprechts, mit denen Städten Maynz,

---

(m) *Lehmann* Chron. Spir. Lib. 7. Cap. 30. *Tolner* Cod. Dipl. N. CL. p. 102. lit. E. ein gleiches ist auch zwischen obgedachten Städten schon vorhin Anno 1325. pacisirt worden. *Lehmann* l. c. Cap. 27.

Straßburg und Speyer im Jahr 135½ aufgerichtete Landfriede (n); wo es heise:

„Und das der Landfriede stete., vest, und bindlichen bleibe, so han wir zu nuz, zu frieden und zu gemache den Lüten und dem Lande ein gemein Geleit aufgericht und gesezet zu Meinze, des soll man nemmen von jedem Fuder Elsassers, **und — der obenwendig Landow gewachsen ist**, 2. Pf. Heller und von einem Fuder Weins, das in dem Speyergau nidwendig Landau gewachsen ist, 10. Schilling Heller."

Woraus ja zu sehen seye, daß ex sententia Cæsaris, und der nächstgesessenen Reichsstädte, als welche von denen Elsaßischen Gränzen, schon in alten Zeiten, vollkommene Information gehabt, und solche als etwas ausgemachtes vorausgesetzt hätten, die Stadt Landau vor den Gränzort zwischen dem Elsaß und dem Speyergau wäre gehalten worden.

Siehet man aber den Inhalt dieser Urkunden genau an, so erhellt gerade das Gegentheil und so viel daraus, daß zwischen dem Elsaß und der Stadt Landau **ein von ersterm unterschiedenes und nicht darzu gehöriges** Spatium territorii **angezeigt werde**; denn — wann von dem Geleitsquanto des ober-

---

(n) *Lehmann* a. a. O. Cap. 47.
Tolner d. loc. CLI. p. 106. Lit. D. & E.

halb Landau gewachsenen Weins geredet wird, heisset es: „ Elsasser, NB. und der obwendig Landau gewachsen; " es bedeutet also die Copula conjunctiva: und, ein Separatum quid ab Alsatia. Dahingegen bey dem, unterhalb Landau aufgesezten Geleit solche Copula nicht befindlich: „ in dem Speyergau nidwendig Landau; " woraus aber nicht folget, daß der Speyergau gleich und unmittelbar unter der Stadt Landau seinen Anfang nehme: Dann dieser zog sich ja bis Selz (§. 16. cet.).

Marianus Ursenson ist in seiner Anno 1679., mithin vor der Französischen Reunions=Anstalt, in Druck erschienenen Beschreibung des Elsasses und Breyßgaues zwar der Meynung, und wahrscheinlich nicht ohne politische Ursache, daß das Elsaß biß an die Lauter ziehe. Seze man sich aber einen Augenblik über diese irrige Meinung weg, so kan doch aus seiner Aussage, die unter den Augen der Franzosen gedruckt worden, kein Argument für die Queich, wohl aber diß geschöpft werden, daß zwischen Landau und der Lauter noch ein beträchtliches Spatium territorii liege: Hier sind die Worte.

„ Der Mittel-Markstein Obern= und Untern=Elsasses, gegen den Rhein zu, ist das Städlein Markelsheim unter Breysach beym Fluß Ischer, von dannen

„ das Nieder-Elsaß sich erstreket bis auf Cron-Weisenburg unter dem 24. Grad. Longitud. und 49. latitudinis. "

Betrachtung. §. 125.

Nun fährt der Autor fort bey der Beschreibung der Stadt Weisenburg:

p. 85. „Sie liegt zwischen Landau und Hagenau, eine Meile von Bergzabern an der Lauter, ziehet sich gegen den Rhein hinab, an den Gränzen des Waßgaues, und wird fast füglicher zu diesem, als zum Untern-Elsaß gezogen; obwohlen sie eine der 10. Reichestädte ist; stoset an die Untere Pfalz und das Amt Germersheim."

p. 113. spricht er vom Wasgau, daß „es an „das Untere-Elsaß biß an den Rhein „stoße.

und p. 90. sagt er von Landau:
„Ist nicht eigentlich im Elsaß gelegen, ob-
„wohlen sie der 10. Reichestädte eine ist,
„wird aber unter diese gezehlt, weilen sie
„der Landvogtey Hagenau zugehörig.

Ich glaube hiemit deutlich gezeigt zu haben, daß unter dem Ausdruck: „Elsasser (Wein) **und der** „**obenwendig Landau** gewachsen ist, der Wasgau, einem Unter-Gau vom grosen Speyergau, verstanden werde.

§. 126.

Am kräftigsten kann aber hier zum Beweiß, daß Frankreich noch zur Zeit nicht mit wahrem Ernst an das neuerfundene Queich-Gränz-System, habe denken dörffen, dienen, wenn man das, §. 118. ausgezogene, Raisonnement des Intendanten Mr. de la Houssaye, auf einen Augenblick, ins Gedächtniß zurückruft; da er ja deutlich sagt: „ er glaube der „ Konvenienz des Königs am angemessensten zu seyn, „ wenn nur die Lauter zur Gränze des Elsasses ge= „ zogen werden könne. "

Wenn es also in Unsern Tagen verlauten wollen, " Frankreich wolle auf seine Ansprüche auf die Lande zwischen der Lauter und Queich Verzicht leisten, und für immer die Gränze des Untern Elsasses an der Lauter fixiren, so gäbe das zu erkennen, daß es bis dato im Geheim seinen Vergröserungsplan von 1680., der zwar Anno 1697. cassirt= von den Franzosen aber *sub titulo finium* gleichwohl zu erhalten gesucht worden, und wirklich in einigen beträchtlichen Schritten schon erhalten worden ist, (§. 120.) immer noch nicht verlassen, nunmehr aber dieser seiner friedensschlußwidrigen **Konvenienz** entsagen, und sich mit der von dem *Mr. de la Houssaye* Anno 1713. vorgeschlagenen **Konvenienz, an der Lauter die Gränze zu ziehen**, begnügen mögte.

Achte Betrachtung.

Durch die neuere Dekrete der National-Versammlung in Paris tretten die Dinge in ihren Zustand von 1648. zurück. — Schluß.

§. 127.

So lästig es auch immer für einen teutschen, unmittelbaren Reichsstand seyn muß, unschätzbare Landeshoheitliche Rechte, die eigentlich das unterscheidende Kennzeichen der unmittelbaren Reichsstandschaft sind, über solche Lande, die, von Anbeginn, von Niemand angesprochen worden, sondern jederzeit einen anerkannten Bestandtheil seiner Reichsständischen Lande überhaupt, seyen sie Bißtümer, Fürstenthümer, Graf-, Herr- oder anderer Landschaften gebildet, einer ausländischen Macht und Gerichtsbarkeit unterwerfen, und sich gleichsam zum Unterthanen herabstimmen zu müssen; So sehr auch dieses Gefühl sich dem Herzogl. Hauß Zweybrücken bey manchen nach- und seitherigen Vorfallenheiten einprägen mußte, zumalen da, wo man die Folgen der gar zu oft arbiträren französischen- von der teutschen und zumalen der Pfälzischen fideikommissarischen Hauß-Verfassung gar keine Notiz nehmenden Jurisprudenz, oder der Lieblings-Idee eines oder des andern Königlichen Offizialen, zu empfinden Ursache überkam; So wenig Ursache zu Beschwerden gab doch in der Haupt-Sache die Königliche-durch die Lettres-Patentes bedungene Regiments-Verfassung: Einmal waren die Haupt-Schmerzen schon von langen Jahren her verlitten, wenigstens erträglich; das anhaltende Gefühl der insistirenden Nothwendigkeit, daß die Umständen einmal nicht anderst seyen und seyn können, trug gar vieles dazu bey; und dann hätte man auch zuviel verlangt, wenn ausser der Befolgung derer von Seiten des Königs heilig-gehaltenen Lettres-Patentes, somit bey dem möglichst ruhigen Benuß der herrschaftlichen Seigneurial und Domanial Rechten, Renten und Gefällen, noch eine weitere Befriedigung würde haben erwartet werden wollen; dann nur zu genauester Execution der Lettres-Patentes hat sich der König engagirt, und von mehr — war bey der Submission der Herrschaften Bischweiler, Guttenberg, Lützelstein, Selz, Hagenbach und Cleeburg keine Frage: Allezeit blieb aber doch, im Fall sich Anlaß zu Beschwerden ergeben hätte, der Weg zur Königlichen Remedur offen, die auch früh oder spät erfolgte, eben weil der König seine pacta heilig gehalten hat. (o)

Es wäre weder erkenntlich, noch Königlich ge-

(o) Beyträge zum Pf. Zweybr. St. R. §. 37. p. 73.

Betrachtung. §. 127.

dacht, nie aber zu rechtfertigen gewesen, wenn der König sich den Gedanken habe wollen anwandeln lassen, seine teutsche — sich endlich ihm unterworfene Reichsstände ihrer unanfechtbaren Eigenthumsrechten auf ihren Herrschaften, Landen und Unterthanen, friedensschlußwidrig zu entsetzen. Daß er nie solches weder gewollt noch gekonnt habe, davon zeugt am besten die genaueste Sorgfältigkeit der Lettres Patentes selbsten, und die wiederhohlte Königliche Versicherungen, daß der König nur die Souverainete, und was ihr anhänge, sonst aber nichts verlange, den Konsens des Kaisers und Reichs zu den Submißions=Akten effektuiren und übrigens jeden sich submittirten Reichsstand bey seinem Eigenthum gegerichtlich und aussergerichtlich beschützen wolle: Die **Wahrmachung dieser Versicherung konnte auch nur allein die Beruhigung der Stände — mithin die Erfüllung der Königlichen Plane erwirken.**

Man denke sich aber den heutigen Zustand im Elsaß! Welcher schröcklicher Kontrast gegen die vorherige Lage! War dieselbe auch durch einen fast unheilbaren Schlag der vorhinigen Königlichen Gewalt schwer verletzt, blieben bey ihr auch, dem Kaiser und Reich überhaupt, und ins besondere den Ständen, noch viele Rechte zurück, die sie aus der Norm des — noch durch keinen einzigen Friedensschluß expresse umgegossenen Westphälischen Friedens zu reklamiren befugt geblieben; — so wird sie nun durch das Revolutionsfeuer der Neufränkischen Nazion völlig zer=

nichtet. Pfalz-Zweibrücken befindet sich durchaus in der nemlichen gekränkten Stellung, wie alle übrige geist- und weltliche Stände, welche sich der, vorher um sich gegriffenen, furchtbaren Königlichen Gewalt nicht widerſetzen konnten, sondern, **bis auf besseres Glück**, unterwerfen mußten: und die nun, bey leidender Zertilgung ihrer Rechten und Renten, soviel deren ihnen der Westphälische Friede — oder einstweilige partikular Verträge, ich meyne, die Lettres Patentes noch retten konnten, einstimmig um Hülfe bey dem teutschen Reichs-Oberhaupt, und dem unter demselben versammelten Reichskörper bitten und anrufen.

Nach denen, für die teutsche betheiligte Stände unglückseligen, Grundsätzen der Nazional-Versamlung hat sich solche das Ober-Eigenthum aller derjenigen Kaiserlichen- und Reichs-Hoheitsrechte über alle die Lande, die Frankreich sich inn- und ausserhalb Elsaß unterwürfig machte, zueigen gemacht, ob schon noch durch keinen einzigen ausdrücklichen Friedensschluß das teutsche Reich Verzicht darauf geleistet, sondern biß auf bessere Zeiten ihre Rechte vorbehalten hatte; aber auch aller Eigenthums-Rechte der teutschen Stände, aller ihrer durch die Friedensschlüsse und besonders durch Lettres Patentes, als inviolable sanctionirten, Gerechtsamen bemächtiget sie sich, reißt allen gesetzlichen Verband unwiderstehlich um, und setzt sich bisher über die Vorwürfe des Natur- und Völkerrechts weg.

Betrachtung. §. 127.

Das Haus Pfalz-Zweibrücken hat seine meiste §. 120. hererzählte - und von dem König respektirte hohe Landesherrliche Renten und Rechte verlohren. Dann ordne man dieselbe unter die Rubriken, welche das, daß ich das Kind bei seinem rechtlichen Namen nenne, wahre Spolium der Nazional-Versammlung rechtfertigen sollen,

1. alle aus der Lehensverbindlichkeit entspringende Rechte und Schuldigkeiten, persönliche Dienste oder Geldabgaben sollen ohne Ersatz abgeschaft,
2. alle Herrschaftliche Gerichte ohne irgends einen Ersatz oder Entschädigung unterdrückt,
3. alle Zehenden ꝛc. aufgehoben,
4. alle besondere Rechte und Privilegien einzelner Provinzen, Fürstenthümer, Länder, Bezirke, Städte, und Gemeinden ein für allemal vernichtet, endlich
5. alle geistliche Güter und Einkünfte, unter der Bedingung, für den Gottesdienst und den Unterhalt der Kirchendiener und der Armen zu sorgen, der Verfügung der Französischen Nazien untergeben seyn (p),

so mögte ich sehen, was noch übrig bliebe, das nennenswerth wäre. Der Herzog hat die Justizverfassung

---

(p) Zur geschwinden Erinnerung habe ich das Hessen-Hanauische Promemoria §. XX. S. 19. 29. hieher extrahirt.

verlohren, alle Unterthanen sind ihrer theuren Huldigungspflichten entlediget, kein Landesherrlicher Respekt und keine Unterthanen Pflichten begegnen einander, keiner denkt daher an Leistung seiner Schuldigkeiten und Abgaben, die säumigen Schuldner sind nicht mehr anzuhalten, und wer nicht freywillig geben will, ist nicht zu zwingen; die vorzüglichsten Regalien, z. B. der Rheinzoll im Selzischen, die von dem König surrogirte Zollabgaben, werden dem Landesherrn genommen, seine Bischöfliche Rechte werden gekränkt, und in Ansehung der Domänen wird Er auf die Stufe der geringsten Unterthanen herabgesetzt, und in Abnutzung derselben dem Schicksal überlassen.

§. 128.

Bey dem schauerlichen Anblick dieser Zerstörung, von denen die ältesten Jahrbücher fast keine Beyspiele der Menschheit zurückgelassen, fallen aber zwei Haupt-Wahrheiten, mit gesetzlichem Beyfall aus, die sich wie die Haupt-Säulen, worauf ein neues Gebäude künftig ruhen soll, emporheben.

I. Die Französische Nazion zernichtet mit einem Hieb das Band der allgemeinen und besondern Verträge. Das teutsche Reich und seine betheiligte Stände begehen also keine Treulosigkeit, wenn sie sich nun auch von dem Buchstaben der bisher verbindlichen Verträge ganz und gar zurück-

rückziehen (q), da, wo Frankreich zuerst sündigte.
II. Es folgt daher insbesondere:

a. daß Kaiser und Reich berechtiget bleibe, alle seine Hoheitsrechte, die Frankreich seit dem Reunionskrieg über das ganze Elsaß usurpirte, wieder auf den Zustand des Westphälischen Friedens, auf irgend eine Art, zurückzurufen: dann es hat nie ausdrücklich auf etwas weiteres renunziirt, als was die Ceßion der vormalig Oesterreichischen Besitzungen im Elsaß erforderte. Es hat auch nie Kaiser und Reich ausdrücklich in die spätere und neueste Partikular Submißions=Akten teutscher Reichs=Stände gewilliget; Es erfordern aber die seit dem Westphälischen Frieden geschlossene Nimwegener, Ryswicker, Badische u. f. Frieden, daß der Konsens beyder Theile expresse gegeben seyn müsse, wenn er gegen die Norm des Westphälischen Friedens verbindlich seyn solle.

b. Daß die teutsche Reichsstände, welche sich endlich genöthiget sahen, auf obbemeldte Art, und aus angeführten Ursachen, die Französische Hoheit anzuerkennen, vollkommen berechtiget seyen, von ihren Partikular Verkommnissen abzugehen, und lediglich bey der Vorschrift

---

(q) *Hugo Grot.* de Jur. B. ac P. L. III. C. XIX. aph. XIV. p. m. 975.

des Westphälischen Friedens stehen zu bleiben. Denn es war eine Conditio sine qua non, als sie sich früh oder später submittirten, daß dergleichen Verträge nicht bestehen könnten, wenn der König die Erfüllung der Lettres Patentes nicht genauest befolgen werde.

§. 129.

Diese zwey Grund-Wahrheiten bleiben in Thesi unerschütterliche Regel, und es könnte es die Neufränkische Nazion nur dem edeln Karakter der teutschen Nazion und ihrer Fürsten zuschreiben, wenn man sich nur noch an den Buchstaben der Geseze, den Westphälischen Frieden, hielte, und, bey fortgesezter Französischer Kontravention gegen dieses heilige Paktum, nicht noch weiter zurücktretten, und den Terminum der zu bilden berechtigten Reklamazionen gar auf die Zeiten zurückstellen wollte, da noch an den Ausbruch der Böhmischen Unruhen ganz nicht gedacht worden.

§. 130.

Da es aber weder zu vermuthen, noch zu hoffen ist, daß es zu dieser Extremität kommen werde, vielmehr zu wünschen wäre, daß durch den Weg der Mildigkeit und gütlichen Vergleichung die gerechte Klagen des ehrwürdigen teutschen Staatskörpers und seiner Glieder zu dem lang entbehrten Ziel der Befriebigung gelangen möge; so ist es auch gar wahrscheinlich, daß vorläufig daran gedacht worden seye, ob dieser Endzweck nicht durch ein Final-Gränz-Reglement zwischen Teutschland und Frankreich zu erreichen stehen möge. Es soll, nach öffentlichen Nachrichten unserer Tage, sogar die Französische Nazion selbst dieses Mittel in Vorwurf gebracht haben. Wenn man auch in Erwägung ziehet, daß der Wiener Frieden ein dergleichen Elsasser und Lotharinger Gränz-Regulatif billige und verordne; wenn man auch bedenkt, daß doch einmal die meisten teutsche Stände, unter gewissen Bedingnissen die Königliche Souverainete über mehr oder weniger Rechte und Lande anerkannt haben; so sollte es auch scheinen, daß dieser Punkt einer Gränz-Regulirung, wenigstens vor solche Reichsstände, die auf der Gränze liegen, nicht ganz inkonvenable wäre. Da aber damit denen Ständen im unstreitigen Elsaß noch nicht ganz geholfen wäre, so ist natürlich die Folge, daß dieser Gränz-Punkt nichts weniger als ein Universal Befriedigungs-Mittel aufgestellt werden könnte.

§. 131.

Bey denen öftern neuerlichen Versicherungen der Nazional-Versammlung, daß sie gerechte und billige Entschädigungs- und Vergleichsgesinnungen zu Befriedigung des heiligen Römischen Reichs und seiner leidenden Glieder hege; — bey denen oben angezeigten, von langem her in geheim gehegten Principiis des Französischen Hofs, nach welchen er seine vermeintlich berechtigte Extension des Elsasses schon selbst bis zur Lauter zurückziehet (r), läßt sich, bey heut oder morgen anzustellender ernstlicher Handanlegung an ein heilsames Vergleichsgeschäft, der beste Erfolg verhoffen.

Wenigstens wird einem Pfälzischen Patrioten der Wunsch nicht zu verargen seyn, daß bald ein Mittel ausfindig gemacht und vestgesetzt werden möge, wodurch der, durch die bisherige Exekution der Nazionalschlüsse dem Herzoglichen Haus zugeflossene ungeheuere Schaden ersetzt — für künftige Zeiten aber aller lästiger Verband mit Frankreich ein vor allemal abgeschnitten werden möge!

(r) Mémoires du Maréchal Duc de Richelieu T. IV. P. II. Ch. VIII. pag. 105. sq.

Beylagen.

Beylagen.

Lit. A.

Abſchrift des von dem Subſtitut des Königlichen Procureur Général in Gemäsheit des Arrêt der Chambre de Metz d d. 11. Dec. 1679. über die Inſinuation des Königlichen Befehls, daß der Herzog von Zweybrücken innerhalb 4 Wochen ſich über den Beſitz und Genuß ſeines angeblich von Metz relevirenden Herzogthums rechtfertigen ſolle, abgehaltenen Protocolls, d. d. 10. Jan. 1680. (Ex actis.)

L'AN mil ſix cents quatrevingt le dixieme jour du mois de Janvier à la requête de Mr. George d'Aubuſſon de la Feuillade, ancien Archeevesque d'Ambrun, preſentement Evesque de Metz qui a élu ſon domicile en ſon Palais Epiſcopal audit Metz & d'abondant au logis de Mre. Louis Lençon advocat en Parlement demeurant à Metz ruë Chapleruë paroiſſe de St. Martin qu'il a conſtitué pour occuper pour lui, je ſoubſigné Claude de Verdavoine commis par Monſeigneur le Procureur général en la Chambre Royale établie à Metz pour premier Huſſier en ladite Chambre, certifie m'eſtre exprès tranſporté & de cheval au lieu des Deuxponts! diſtant de la ville de vingt-quatre lieues, où eſtant, j'ay donné aſſignation au prétendu Seigneur de la terre & Seigneurie du Comté des Deuxponts appartenances & dépendances d'icelle, en parlant à George Muller Baillif pour le prétendu Seigneur au domicile du dit George Muller, auquel j'ay enjoint de le faire ſçavoir, affin qu'il n'en pretende cauſe d'ignorance à eſtre & comparoir le premier jour du mois de Mars prochain venant par devant

Nosseigneurs les Commiſſaires Deputés par ſa Majeſté par ſa déclaration du neuf Novembre dernier, ſcéante aud. Metz aux lieux & heure tenir leurs aſſamblées pour repréſenter & exhiber les Tiltres & papiers juſtificatifs en vertu desquels led. pretendû Seigneur *dudit Comté des Deuxponts à préſent Duché, appartenances & dependances* d'icelle, pretend avoir droit d'en jouïr; ſi non & à faute de ce faire voir eſtre ordonné, que ledit Comté des Deuxponts avec ſes appartenances & dependances ſeront & demeureront réunies au domaine de l'Egliſe de Metz, comme faiſant partie de ſes anciens domaines & uſurpez ſur icelle. Ce faiſant que ledit pretendu Seigneur de la Terre & *Comté des Deuxponts, à préſent Duché avec ſes appartenances & dependances*, ſera condamné à reſtituer à ladite Egliſe les fruits qu'il en a receû ou deûb recevoir depuis ſon injuſte detention, & aux deſpens, domages & interêts de ladite Egliſe, ſans préjudice au Seigneur Evêque & à ſon Clergé de prendre telles autres & plus emples concluſions, qu'ils trouveront eſtre à faire cy-après contre ledit pretendu Seigneur, auquel parlant, comme deſſus, j'ai laiſſé copie tant dudit préſent Exploit que de l'arreſt du Conſeil du vingt-trois Octobre dernier, Commiſſion ſur icelui du même jour de la Déclaration du neuf Novembre & de leur Enregiſtrement & publication d'icelle du onzieme Decembre dernier, attaché avec les préſentes, l'intimation l'Edict du Controlle notifié le tout en préſence du Sr. Simon Prévoſt & Juge royal à Cierck & de Jean Nicolas Kirſchhans ſoldat de Siersberg y demeurant, temoins qui ont ſigné avec moy ſur la préſente Copie & ſur mon original ledit jour, mois, & an ſusd.

Simon.   *Kirſchhans.*
De Verdauoine.

Lit. B.

Vorstellung des Königlich Schwedischen Gesandten zu Paris, auf Befehl seines Königs, dem Allerchristlichsten König, zu Vorstand des Herzogen von Zweybrücken überreicht. 1680. (ex actis.)

SIRE,

Frederic Louis prince palatin Duc de Deuxponts remonstre très humblement à Vostre Majesté, qu'il a été assigné à comparoistre en la Chambre Royale establie à Metz à la requeste de Mr. l'Evesque de Metz pour representer les Titres en vertu desquels il possede ses Etats; Bien que cette demande soit extraordinaire & peut-estre sans exemple; Neantmoins si la bienséance avoit pû permettre à un prince souverain de comparoitre en un tribunal étranger pour y representer les Titres de son independances, le respect & la veneration qu'il a pour Vostre Majesté l'auroit porté à y contester, C'est pour cette consideration, qu'il a comparu à l'assignation, mais simplement pour demander son renvoy par devant les arbitres dont on conviendroit suivant le traité de Munster, confirmé par celui de Nimegue, ou en tout cas par devant Votre Majesté ou tel de ses Ministres, qu'Elle voudroit députer, il a eu advis que par arrest de la Chambre Royale, il a été debouté de son renvoy & que meme, sans entrer en consideration, qu'une personne de la qualité du suppliant ne peut pas sans se faire tort reconoitre cette jurisdiction & qu'il ne pouvoit pas agir plus respectueusement pour V. M. que la supplier très humblement d'étre Elle meme fon juge. La Chambre l'a condamné en meme temps fans qu'il fe foit deffendu, à faire foy & hommage audit Sr. Evesque; fi depuis trois cents ans, Sire, que les Princes fes Prédeceffeurs ont poffedé le Duché des Deuxponts, il paroiffoit quelque conceffion aux fiefs fait par l'Evefque de Metz du tout de-partie ou quelque reprife, il fouscriroit à fa condamnation. Mais fi trois cents ans de poffeffion ne font pas fuffisants, qui eft le Prince, qui fe pourra dire en feureté? Il eft du droit des gens, Sire, que le Demandeur commence par juftifier fa demande, par cette raifon ledit Sieur Evefque doit juftifier que le Suppliant eft fon vaffal, c'eft ce qu'il ne fait pas, mais il veut, qu'il lui prouve, qu'il n'eft pas fon vaffal, comme fi touts ceux, qui ne pourront juftifier, qu'ils ne font pas vaffaux de l'Evefque de Metz éroient obligez de lui faire foy & hommage. *Il eſt vrai, qu'il prétend prouver par des Cartulaires nonfignez que les anciens Comtes de Deuxponts fe font declarés hommes liges de l'Evefque de Metz*: Mais dans l'antiquité on fe difoit homme lige nonfeulement de ceux de qui on tenoit quelques fiefs, mais encore de ceux, de qui on recevoit quelque Penfiou pour les fervir en guerre, fi les Comtes de Deuxponts ont été hommes liges de l'Evefque de Metz pour avoir été à fa folde, ou leur penfionnaires, c'eft une obligation perfonelle qui eft finie avec la lignée de ces anciens Comtes qui eft entierement efteinte, & s'ils ont été hommes liges pour quelques fiefs, il faut juftifier que ce foit à caufe du Comté de Deuxponts, car les Princes Palatins ne font pas defcendus de ces anciens Comtes, & ne font pas leurs heritiers; ils les reprefentent feulement par l'achapt, qu'ils ont fait de la moitié du Comté de Deuxponts, par Contract de l'an treize cent quatrevingt & cinq dans lequel il n'eft fait aucune mention, que les chofes acheptées meuvent en fiefs de perfonne, Au contraire les Vendeurs declarent par ce Contract vouloir tenir en fief à l'advenir l'autre moitié des Princes Palatins, Ainfi ces actes ne peuvent être tirez en confequence, contre le Suppliant, & s'il faut approfondir, pourquoy les anciens Comtes de Deuxponts fe font dit hommes liges de l'Evefque, Nous le trouvons dans l'hiftoire de Mr. de Madaure, Suffragan de cet Evefché au fait des Evefques de Metz, qui rapporte en la page 477. avoir trouvé en la Chancellerie de Vic qu'en l'an 1270. le Comte de Deuxponts fe recognut homme lige de l'Evefque à caufe du fief de Bretheim & de St. Eftienne au dela du Rhin qui font terres que le Suppliant & fes ancêtres n'ont jamais tenus, Il eft aysé de recognoitre, que ce n'eft que par cette confideration, ou par celle de quelque penfion, que les anciens Comtes de Deuxponts fe font reconnûs hommes liges de l'Evefque, car fi c'euft été pour le Comte de Deuxponts, auroit on laissé les poffeffeurs en paix pendant trois fiecles, fans les obliger à aucun devoir; *Cependant, Sire, c'eft fur ce mot d'homme lige, que ledit Sr. Evefque fonde fes pretenfions*; C'eft fur cette confideration, qu'on a entrepris de fatiguer le fuppliant par des affignations en la Chambre Royale, & c'eft fous ce vain pretexte, que fans qu'il fe foit deffendu & fans qu'il paroifie, que les anciens Comtes des Deuxponts fe foient dit hommes liges à caufe de leur Comté, on a condamné le Suppliant de faire foy & hommages pour fes états; Desquelles cependant le Comté de Deuxponts ne fait qu'une bien petite partie; Le furplus de fes biens, lui étants venus par fucceffions de la Maifon Palatine & par acquifition, Enfin il peut advancer comme une verité inconteftable, qu'on ne peut pas dire, n'y lui faire voir, que luy ou fes predeffeurs ayent jamais

tenus aucun fief de l'Eveché de Metz, Et cela
étant, ledit Sieur Evefque ne peut eftre en droit
de l'affigner en la Chambre Royale, ny cette
chambre, de prendre cognoiffance de ce qui concerne fes Etats qu'en tant, qu'on luy fera voir
qu'ils font en tout ou en partie fiefs des trois
Evechez, ce qui ne peut étre decidé par la Chambre Royale qui ne doit juger que de ce qui eft
recognu eftre fief, & le Duché de Deuxponts
ne le fut jamais, pour le tout ny en partie de
l'Eveché de Metz. Voila pourquoy, Sire, le
Suppliant efpere, que comme V. M. ne s'eft pas
moins fignalée par les effets de fa juftice, qu'elle
s'eft rendue incomparable par fa generofité & par
fa valeur heroique, Elle voudra bien avoir la
bonté de prendre cognoiffance de la verité du
fait, & de le decharger de contefter en la Cham-
pre Royale, qui ne doit aucune jurisdiction fur
luy, & fi la confideration que V. M. pourroit
avoir pour le Suppliant n'eft pas fuffifante pour la
porter à luy accorder fa demande, Elle fe laiffera
peut-être flefchir par la priere qui luy en fera
faite par le Roy de Suede, duquel il a l'honneur
d'eftre parent proche & qui n'eft guére moins
intereffé dans cette affaire que luy, puisqu'il eft
fon heritier prefomtif.

A ces caufes, Sire, il plaira à V. M. évo-
quer & retenir à foy la connoiffance de ce differend En tous cas la renvoyer à tel de fes Mi-
niftres qu'il luy plaira, & cependant le deschar-
ger de l'affignation qui lui a été donnée à la re-
quefte dudit Sieur Evefque de Metz en ladite
Chambre Royale.

Beylagen.

Lit. C.

Copia Befehls des Commandanten im Elsaß wegen der Territorial=Hoheit ꝛc. über die angebliche Mundats=Orte 23. Nov. ob. 3. Dec. 1679.

Joseph de Pont Freyher von Montclar der Armeen Ihro Königlichen Majestät General=Lieutenant, Obrister General aller derselbigen Reuterey, Obrister Kommendant im Elsaß, und Preyßgau, auch Ober=Landvogt der zehen Städt, und Landvogtey Hagenau;

Demnach Wir berichtet worden, daß ein Probst und dessen Lehenträger, die jetzmalige Besitzer, der im Mundat gelegenen, zu dem vnter Königlicher Landvogtey bestehenden Ampt Weisenburg gehörige Dörfer zu Nachtheil Königlicher Maj. obersten Gewalt Souveraincte, und rechten Sach, eigenmächtig den Artikuln des Münsterischen Friedens zuwieder vnderstanden, die Jurisdictionem criminalem, und ander actus supremi Dominii in solchen durch Dero Behuf bestellten Amtleuthe zu exerziren, und also Königlich Amt=und Staffelgericht, nichts weiters, als die casus civiles, und zwar limitirt zu judiziren vberbleiben; Wann dann solches sowohl der Natur selbsten, als allen offentlichen, und gemeinen Rechten, wiederstrebendes Vornehmen, hinführo zu verhindern, Königlicher Maj. Will undt Befehlch ist; Als befehlen Wir hiemit vnserm zu Weisenburg, über die Mundat bestellten Oberamptmann, sobaldt nach Empfahung dieses, alle solche im Mundat gelegene Dorffschaften, in wirklichen Besitz, durch ein von Dero Einwohner abgelegtes Juramentum fidelitatis zu nehmen, undt Ihnen bey hoher ernstlicher Straff ahnzudeuten, daß hinfüro bey Niemandt, als Ihme vnd den Ihme vndergebenen Staffelgericht, in allen vndt jeden Bege=

benheiten, Ihre Klagen, undt Rechtshändel anbringen, wann die daselbst gesprochene Urtheyl nicht annehmlich, an Königlich hohe Regierung zu Preyſach appelliren sollen; Mit scharpffen an alle undt Jede Beampten, so solche Jurisdiction bishero exerziert ergehenden Verbott, sich selbiger gänzlich, undt Bestraffung Ehr, Leib, Haab und Guts, hinfüro zu Müſigen, undt die in solchen Dorffschafften, der Gebühr undt Herkommen nach, fallende einkommen undt nutzen Jährlich zu erheben sich vergnügen. Preyſach den 13ten Nov. 1679.

(L. S.) de Montclar.

Es wird denen Zweybrückischen zu Verwaltung der Dörfer Cleeburg, Rott, Steinſelz, Oberhoffen, Ingolsheim, Hundtspach und Hoffen, verordneten Bedienten hiemit angedeutet, daß weilen in solchen Dörffern In Nahmen Ihrer Königlichen Maj. Possesſion zu nehmen und den einwohnern Deroselbigen den Eydt abzunehmen, gesinnet, selbige morgen Abendts zu Rott, nothwendige Lebensmittel, Fourage und habern behuef, meiner, eines Lieutenants, und zwölf Reuther, herbeytragen, undt alle undt Jede solcher Dörffer, Bürger, undt Hinderſaſſen, sich übermorgen den 5. Xbris zu Rott, Morgends umb 9. Uhr einzufinden befehlen sollen. Wornach sie sich zu richten, und vor schwerer Straff zu hüten. Cron Weiſſenburg den 3ten Xbris. 1679.

(L. S.) W. Pape von Eſpel, Königlicher
Oberamptmann der Mundat, Stadt-
Vogt zu Weiſenburg undt Landau
undt Amptmann der Altenſtatt.

Beylagen.

Lit. D.

Copia der Infinuationsacte des Königl. Befehls zu Reunirung der Zweybrückischen Aemter zwischen der Selz, Lauter und Queich. d. d. 18. Jan. 1680. (ex actis.)

Louis par la grace de Dieu, Roy de France & de Navarre au premier Huiſſier de Noſtre Conſeil d'Alſace. Comme ce jourd'hui ſur ce qui a été remonſtré par noſtre Procureur general audit Conſeil qu'il auroit eu advis que pluſieurs villages dependans de la prefecture Royale de Hagenau en ont été diſtruits & uſurpez par des Seigneurs voiſins qui s'en ſont emparés & en jouiſſent preſentement ſans autres tiltres que celui d'une bienſceance qui n'eſt pas ſuffiſante pour authoriſer une poſſeſſion de cette nature, & qui nous faiſoit prejudice requeroit à cette effet commiſſion luy être decernée qour faire appeller en notre dit Conſeil tous les pretendûs poſſeſſeurs & detempteurs desdits villages pour voir recognoitre la juriſdiction de la prefecture Royale de Hagenau ſe deſiſter de la poſſeſſion & jouiſſance desdits villages avec reſtitution des fruits depuis ladite uſurpation pour eſtre reünis à ladite *prefecture Royale de Hagenau à nous cedée par le traitté de Weſtphalie comme en* deſpendants, ce que notredit Conſeil luy auroit octroyé à ces cauſes te mandons & commettons d'aſſigner à jour certain en notre dit Conſeil comme juge naturel & competant du preſent differend tous les poſſeſſeurs & detempteurs desdits villages de la prefecture de Haguenau de quelque qualité & condition qu'ils ſoyent pour reſpondre aux concluſions de notre Procureur general ce faifant fe voir condamner, fe defifter desdits villages ainfi par eux ufurpez nous en laiffer la poffeffion & jouiffance avec reftitution des fruits depuis ladite Ufurpation & proceder ainfi qu'au cas appartiendra de ce faire, te donnons pouvoir, car tel eft notre plaifir. Donné à Brifach le deuxieme Janvier l'an de grace mil fix cent quatre vingt & de notre regne le trente fept. par le Confeil Signé Bourdelet avec paraphe & fcélé du grand Sceau.

L'an mil fix cents quatre vingt le dixhüitiéme du mois de Janvier, en vertu de la commiffion donnée par Nosseigneurs du Confeil fouverain d'Alface & d'Huiffier dudit Confeil Nous fommes transporté dans la ville de Bergzabern où eftant & parlant aux Officiers des Baillage & villages dans la refidence de Bergzabern, où nous avons bien & deüement affigné & donné affignation au Seigneur proprietaire, & à tous les habitans des villes, Baillages & villages, cy après nommez fçavoir de Bergzabern, Capel, Horbach, Thierbach, Barbarot, Obernhaufen, Truchweiler, Muhlhoffen, Winden, Hergersweiler, Annweiler, Sorftal, Weidenthal, Neucaftel, Elbersheimb, Lenzweiler, Frankweiler, Albersweiler & Queichhambach, à éftre & comparoiftre dans le mois à Brifac, par devant Nosdits Seigneurs dud. Confeil pour refpondre aux fins de la Commiffion dont copie eft d'autrepart, afin qu'ils n'en ignorent luy ai laiffé copie tant de la Commiffion que de mon préfent Exploit, fait audit lieu le jour & an fusd. en prefence de Jofeph Boichot Archer de la Marrechauffée & de Jean P. Saure Huiffier du Baillage de Wiffembourg.

Beaufire.

Lit. E.

Beylagen.

Lit. E.

Abschrift des Arrêt der Chambre de Metz d. d. 30 **April 1681. zu Behuf der Herzoglich Christianischen Besitz = Ergreifung des Herzogthums Zweybrücken mit innenbenannten Zugehörungen, erlassen.** (ex orig.)

Louis par la grace de Dieu Roy de France & de Navarre, au premier Huiſſier de la Chambre Royale par Nous établie en notre Ville de Metz ou autre ſur ce requis, de la part de nos chers & bien amés Couſins *Chriſtian* Prince palatin du Rhin, Duc de Baviere, & de Deuxponts, Comte de Veldence, Sponheim & Ribeaupierre, Mareſchal de nos Camps & Armées, & *Jeans Charles* ſon frere auſſi Prince palatin du Rhin, Duc de Baviere, Comte de Veldence & Sponheim, a eſté expoſé à noſtre ditte Chambre qu'il y auroient fait les repriſes & rendus les foy & hommages qu'ils nous devoient à cauſe du *Duché des Deuxponts, ſes appartenances & dependances*, du Bourg de Damviller relevant de l'Egliſe de Metz, des Baillages, Terres & Seigneuries de Lichtemberg, Landsberg, Mouchlen, *Neucaſtel*, Meiſenheim, Honbach, *Bergzabern*, *Klebourg*, Kirkel, Nofelden & Wolfersweiler, les Prevoſtés de Baumholder, Stadek & St. Medart avec toutes leurs appartenances & dependances relevans de l'Egliſe de Verdun & faiſant partie du Comté de Veldence, & generalement de tous les biens, qui leurs y appartiennent qui ſont dans l'étendue de ces lieux dependans de notre obeiſſance & ſouveraineté *à Nous cedez par le traité de Munſter*, confirmé par celui de Nimegue, le tout mouvant de *Nous* comme il paroit par acte

du vingt - huitieme de ce mois, Arreſt ou commiſſion ſur iceluy qui porte, qu'ils feront tenus
donner en noſtre dite Chambre leur adveu & denombrement dans quarante jours ; Et comme il
y a pluſieurs vaſſaux relevans des dittes Seigneuries qui n'ont fait les repriſes & rendu foy
& hommage qu'ils leurs doivent, & qu'ils font
obligez comprendre dans leur adveu & denombrement, les Droits, Rentes, Redevances & Pre-
ſtations qui en dependent. Requeroient qu'il pleuſt
à noſtre ditte Chambre ordonner à tous les vas-
faulx qui poſſedent des fiefs & Seigneuries relevant desdittes Terres & Seigneuries dependantes
du Duché des Deuxponts des Baillages de
Lichtemberg, Landsberg & autres, cy - devant
nommez, pour raiſon desquelles ils nous ont
rendu foy & hommage, de faire dans quinzaine
leurs repriſes, & leurs rendre auſſi les foy &
hommages qu'ils leurs doivent à cauſe de celles
qu'ils poſſedent, & quinzaine après fournir leurs
adveu & denombrement avec les pieces juſtifica-
tives, à peine de Commiſe, pour eſtre le tout
compris dans l'adveu & denombrement qui ſera
par eux donné en ladite Chambre, ce qu'il leur
auroit eſté octroyé, ſi Te mandons à la Requeſte deſdits Sieurs Princes Palatins du Rhin,
faire commandements à tous les vaſſaux deſdites
terres & Seigneuries cy - deſſus nommés de faire
leurs Repriſes deſdits Sieurs Princes Palatins &
leur rendre les foy & hommage qu'ils leurs doivent dans quinzaine & fournir quinzaine après leurs
adveu & denombrement avec les pieces juſtifica-
tives pour comprendre le tout dans un ſeul &
même denombrement qu'ils donneront en la
Chambre - le tout aux peines portées par nos Ordonnances, De ce faire te donnons pouvoir,
Donné à Metz en noſtre dite Chambre le trentie-
me jour d'avril, l'an de grace mil ſix cents quatrevingt & un, & de noſtre regne le trente - hui-

tieme. Collationé par la Chambre, Signé le Febure avec paraphe.

Lit. F.

Auszug Protocolli über die eingenommene **Herzoglich-Christianische** Huldigung. (ex authographo.)

den 24. dito (May)

Langten Serenissimi Hochfürstl. Durchl. mit Dero Suite gegen Abendt zu **Bergzabern** an, und wurde darauf

den 25. dito.

Die Huldigung im Schloß-Hof vorgenommen, auf Art und Weise, wie zu Zweybrücken. Die Officianten thäten Handtreu, die übrige Unterthanen aber zum Oberamt Neukastel und deme angehörige Unter-Aemter musten das Juramentum würklich prästiren, vnd " weil sich auch das Conseil zu
„ Breisach vnterfangen, besagtes Oberamt sampt
„ Zugehör vor sich zu ziehen, so hatt Mr. Simon
„ nicht allein offentlich kundt gemacht, daß berühr-
„ tes *Conseil Souverain* dieser Orten nichtes, her-
„ gegen aber die *Chambre Royalle* zu Metz zu thun
„ habe, sondern auch solches durch patenta, so der-
„ selbe sowohl Ihr Durchl. dem Herzog als andern
„ Officianten in specie dem Oberamt insinuirt, und
„ gar an die Pfordt geschlagen, noch ferner bekräffti-
„ get. hisce præmissis . . . . . ,,

N. I.

Carta Dagoberti pro Monasterio Weissemburgensi.

Dagobertus Rex francorum Viris illustribus Ducibus, Comitibus, Domesticis vel omnibus gentibus tam præsentibus quam futuris, illud ad stabilitatem regni vel remedium animæ nostræ perdurare credimus, si petitiones sacerdotum quas auribus nostris patefecerint, ad effectum perducimus. Ideo cognoscat magnitudo seu nobilitas vestra quia nos ad suggestionem viri venerabilis Ratfridi Abbatis de Monasterio Weissenburgo *balneas illas trans Rhenum* in pago Auciacensi sitas (quas Antonius & Adrianus quondam Imperatores opere suo ædificauerunt) ad monasterium, quod dicitur *Weissenburg* & est constructum in honorem S. Petri *in pago spirensi*, visi fuimus concessisse cum omnibus & cum ipsa Marcha ad ipsas balneas pertinente, que venit de duobus lateribus usque in fluvium Murga, & de una fronte ad partem Occidentalem rasta una, & de alia fronte ad partem Orientalem leucas sex quas homines loci istius dicunt rastas tres esse. Propterea hoc præceptum cessionis fieri jussimus ut ab hoc die memoratus Ratfridus Abbas vel Patres ipsius Monasterii Weissenburgensis, suique successores vel Monachi ibidem commorantes de supra scriptis balneis quas dicunt aquas calidas vel Marcha ad ipsas balneas pertinente, faciant quod maluerint, hoc est habendi, tenendi, suisque successoribus relinquendi, firmissimam habeant in omnibus potestatem. Et ut hæc præsens autoritas firmior sit, manu nostra vel annulo nostro subter eam decreuimus roborari. Data sub die XI. augusti Anno secundo regni nostri, in Christi nomine.

N. II.

Extractus Diplomatis Ottonis Imp. quo abbatiam Weiſſenburgenſem in pago Spirenſi ſitam Archiepiſcopatui Magdeburgenſi iunxit de a. 968.

Cum beatiſſimæ memoriæ Johannes Papa ſummus Romanæ ſedis Pontifex . . . cujus Nos petitione nec non venerando juſſui humiliter obſequentes jam dictam *Abbatiam Weiſſenburg in pago ſpirenſi ſitam* ad Eccleſiam in Vrbe Magdeburg Deo & ſancto Mauritio conſtructam noſtra Imperiali potentia firmiſſime tradimus & in proprium & perpetuum vſum ex noſtro jure in hujus Eccleſiæ jura largiendo transfundimus cum omnibus ejuſdem Abbatiæ regalibus juſtiſque appertinenciis, eo tenore, ut a nullo umquam altæ vel humilis perſonæ inde non retrahenda perpetuo ſub manu Archiepiſcopi eidem Eccleſiæ deſervitura permaneat. Inſuper etiam conceſſimus, & jure Imperatorio conſtituimus ut monachi in hac abbatia Deo ſub regula ſervientes liberam inter ſe habeant Abbates elegendi poteſtatem, & ſemper ſub voluntate & conſenſu Magdeburgenſis archiepiſcopi hæc fiat electio. . . Data II kal Nov. Anno Dominicæ Incarnationis DCCCCLXVIII. Indictione XII. Anno vero regni Domini Ottonis XXXIII. Imperii autem VII. Actum Anconæ in Dei nomine feliciter Amen.

N. III.

Diplomata Henrici VII. Imp. Georgium, Comitem Veldentiæ Advocatum Spirgoviæ profitentia de annis 1309. & 1310,

Heinricus Dei gracia Romanorum Rex semper Augustus prudentibus viris Scultetis, Scabinis, Consulibus & uniuersis Ciuibus in *Lutrea*, *Wizzenburg*, *Landowe*, *Selfa*, *Hagenbach*, *Germersheim* & *Anewilre*, fidelibus suis dilectis, gratiam suam & omne bonum. De fide, legalitate & circumspectione nobilis viri Georgii Comitis Veldentiæ *affinis* & fidelis nostri dilecti, plenam fiduciam obtinentes, ipsum vobis in *Aduocatum prouincialem* prefecimus & Rectorem. Fidelitati vestre studiosius injungentes, quatenus in omnibus, que commissi sibi Regiminis requirit officium, cum deuocionis promptitudine intendatis & humiliter pareatis. Datum *spire* ii Kalendis Martii anno Domini millesimo trecentesimo nono Regni uero nostro anno primo,

* * *
* *

Nos Heinricus Dei gracia Romanorum Rex semper augustus: Ad uniuersorum noticiam volumus peruenire quod de fide & circumspectionis industria nobilis viri Georgii Comitis Veldencie *advocati provincialis Spircowie* fidelis nostri dilecti plurimum presumentes sibi dictam advocaciam de novo duximus committendam, hoc adjecto, quod idem Georgius mille & ducentas libras Hallenses in edificia Castrorum nostrorum & Imperii *Drivels* & *Nykaftel* debeat convertere infra hinc &

feſtum beati Martini proximum, & annum continue
ſubſequentem, de qua ſumma pecunie ſibi quingentas
libras Hallenſes colligendas, & percipiendas de ſturis
Judeorum noſtrorum in *Landowia*; quas poſt ſtu-
ras ipſis imponendas ad præſens ſoluent proxime
& de Theloneo in *Germersheim* deputamus. Damp-
na etiam notoria, ſi que idem Georgius pro nobis & Imperio ſuſtinuerit, ſibi prout conveniens
fuerit, tenebimur reſarcire. In cujus rei teſtimo-
nium præſentes has ſcribi & noſtre Majeſtatis Si-
gillo juſſimus communiri. Datum in Luzelemburg
III. Idus Junii Anno Domini milleſimo trecente-
ſimo decimo, regni vero noſtri anno ſecundo.

N. IV.

Litteræ inveſtituræ ſuper Berkheim.

d. 1312.

Heinricus Dei gratia Romanorum Rex ſemper
Auguſtus Vniverſis ſacri Romani Imperii fidelibus
præſentes Litteras inſpecturis gratiam ſuam & omne bonum Regalis ſolii dignitas Laude decoratur
& gloria cum ſe jubjectis benivolam exhibet, &
ipſorum juſtis petitionibus benignum præſtat aſſenſum. Sane conſtituti in noſtra Majeſtatis præ-
ſentia, nobilis viri Heinrici de Rapoltſtein, fidelis
noſtri dilecti, petitio continebat, quod nos re-
ſignationem ville in *Bercheim* cum pertinenciis
ſuis & reportationem, quam de ea in noſtris ma-
nibus fecit libere & ſolute ſibi Titulo proprietatis,
ut aſſeritur, pertinentis, ab eo recipere & ipſam
villam cum ejuſdem pertinenciis ſibi & ſuis heredibus in feodum conferre de benignitate Regia
digneremur. Nos igitur ſuis ſupplicationibus benignum prebentes aſſenſum, predictam reſignatio-
nem & reportationem recepimus & predictam

Villam cum omni eo jure, quo ipfam poffidebat antea, fibi & heredibus fuis in feodum recepto ab eo fidelitatis debite facramento, duximus concedendam, inveftientes ipfum more folito de eadem, ex uberiore dono gratiofe fibi concedentes, quod ipfe ibidem oppidum conftruere poffit, ac muris ipfum fortificare valeat & foffatis, fic tamen, quod fine præjudicio fuo nifi in quantum Vafallus de fuo feodo tenetur domino, dolo & fraude exclufis ad Vtilitatem noftram & Imperii Nobis debeat patere, nec non remittentes eidem omnem culpam & injuriam, fi quam commififfet ex eo, quod idem & fui Villam ipfam antea in oppidum conftruere inceperunt. Inhibendo Vniverfis & fingulis, ne ipfum & fuos fuper hoc prefumant aliqualiter moleftare. Juribus noftris & Imperii & alterius cujuslibet femper falvis. Teftes qui interfuerunt, funt venerabiles Frater Heinricus Tridentinus Episcopus Aulæ noftræ Cancellarius & Heinricus Abbas Fuldenfis, Principes noftri dilecti Nobiles Viri *Joffridus de Liningen advocatus nofter provincialis Alfatie*, Dyetherus Comes de KazenElenbogen, Rudolphus Comes de *Nydowe* ac Conrad de Tengen nec non ftrenui viri Hartmannus de Munfter, Mathias de Herenftein, Rud. de Thyrberg & Thomas de feptem fontibus, Camerarius nofter & alii fide digni. In cujus rei Teftimonium prefentes Literas noftre Majeftetis figillo Juffimus communiri. Datum apud Portum Veneris diftrictus Janue VI. kal. Martii Indictione X. Anno Doni M. CCC. XII. Regni vero noftri Anno quarto.

N. V.

Lehen Revers des Konrads von Wittenheim über die Landgräfliche Rechte des Hauses Oesterreich in dem Dorf Haiterheim (vulgo Heitern) d. 1315.

Ich Conrat von Wittenheim ein Ritter, Burger zu Kolmar, thun kunt, allen den die dieſſen Brief ſehent oder hören leſen, daß ich von dem Edeln Herrn Herzog Lupolt von Oeſterich undt von Styre han empfangen zu einem rechten Lehen, mir ſelber zu nyſſende vnd zu habende, noch mynen Nutze vnd noch mynen Willen alle die Recht vnd alle die Nutze, die hie noch geſchrieben ſtand, die Er und ſin Brüdere hant zu Hayterheim in dem Dorff, oder die ſie noch do mochtin gewynnen, vnd ſint diß die Recht die ſie hant in dem Dorf von der Lantgraffſchafft, das ſint Sechzig virtel Habern die man yn ſoll geben Jerlich vor ein Herberg vnd von Jglicher Hertſtett ein Zun alle Jar vnd alle die Lewt die darkommen von frömbden Landen vnd frömbde Lewt werin, die über den Horwenſtein kement, oder über den Swartzwald kement, oder über die Virſte kement, oder über die Selz kement, vnd ſich zu Heyterheim nidderlieſſen vnd mit Huſe da ſeßhafft wurdint, die ſollent den Herzogen von Oeſterrich dienen vnd ſollent ouch dem Bannherrn dienen, zu ainem Ziele in dem Jar ain gewonlich gewerff von Wune vnd von Weyde, vnd ſullent ym Vaßnacht Húner geben, vnd ſollent vor ſinem Gericht zu Recht ſtan, vmb alle Sach zu Heyterhaim, vnd was Eynung (*) da wird gemacht, die ſollent ſy lyden als andere Lwte, die der Banherr da hat, wurde auch dhain Diep da ge-

---

(*) d. i. Frefelthaidigung.

fangen, oder dethe nemant beheinen Dotschlag an einem Menschen, würde der bewedere gevangen oder sie beyde, vnd wurdin dem Schulthissen zu Heyterheim geantwort, die solle er vbernacht gehalten zu Heyterheim, in dem Gerichte, vnd soll sy morgens antworten dem Vogt von Ensißheim, vnd soll der von yn richten an des Landgrauen Stete; fiele auch dehein gut oder Besserung von der keinnen oder von des Gerichts wegen das da geschee, das soll halp sin des Lantgrauen vnd das ander halp soll sin myn des vorgenannten Conrats von Wittenheim, wann ich Thwing vnd Ban in demselben Dorf han zu rechten Lehen von mynem Herren, Herrn Johannßen von Rapoltzstain vnd ouch das Gerichte. Ich vergihe auch offentlich an diessem Brive, were daß das myn Edeln Herren von Oestrich die vorgenannten, oder ymants von Jren wegen der es thun sollte an mich mutentent, oder an myn Erben, das Lehen, das ich von yn han zu hayternheim in dem Dorff, als davor geschrieben stat, so sollent Wir ich vnd myn Erben dasselb Lehen geben zu keuffende vmb zwey hundert Mark Silbers luters vnd lötiges des Geweges von Kolmar. Ich globe auch vor mich vnd vor myne Erben, stet zu Hand was hie geschrieben ist, anegeuerde, vnd zu ainem waren vnd ståten Urkund dieser Dingen, So han ich der vorgenannt Herr Konrat von Wittenheim Ritter dissen Brief versigelt mit mynem Ingesiegel, der wart geben an dem nechsten Donnerstag vor der Liechtmes noch Gottes Geburt Drutzehenhundert Jar vnd darnoch in dem fünffzehenden Jar.

N. VI.

Kaisers Friderici, Herzogs zu Oesterreich, Konfirmation der Wittenheimischen Belehnung. 1315.

Nos Fridericus Dei gratia Romanorum Rex sem-

per Augustus, ad univerforum notitiam publicam
cupimus pervenire, quod, quia Illuſtris Lupoldus
Dux Auſtrie & ſtirie frater & Princeps noſter ca-
riſſimus, ſtrenuo viro Chunrado de Wittenheim fi-
deli noſtre dilecto, ob grata & utilia, que nobis
& ſibi exhibuit & adhuc exhibere poterit, ſervitia,
omnes proventus & Jura, nobis, ſibi & ceteris
noſtris fratribus in Ville Heiterheim pertinentes,
titulo contulit feodali, Nos eandem infeodationem
noſtro & fratrum noſtrorum nomine ratam & gratam decernentes, Eidem Chunrado proventus &
Jura ville predicte, qui nobis pertinebant, ad inſtar
prefati fratris noſtri Lupoldi conferimus per eum
& ſuos heredes a nobis, noſtris fratribus & heredibus feodali titulo in antea poſſidendos. Harum
teſtimonio literarum Majeſtatis noſtre ſigilli muni-
mine firmatarum. Datum *in Selza* V. Idus Januar.
(9. Jan.) Anno Dni. MCCCXV. Regni vero noſtri
anno primo.

(cum ſigillo appendente).

N. VII.

Weißthum oder Kundſchafft, was vor Rechte einem
Landgraven im Obern=Elſaß neben dem Bannherrn zu Heiterheim zuſtehen. 1314.

Ich Wernher von Girbaden vnd Ich Wernher der
Schultheiß von Tiernheim, der alte vnd Ich Heinrich
der Reſchafft ingeſeſſene Burger zu Briſach in der
Stadt, tunt kunt allen den, die dieſen Brieff anſe-
hent oder hörent leſen, daß Wir alle drye das muſſent,
gedenkent und hant öch wol vernommen, vnd ouch
ſelber hant geſehen vmb die Recht vnd die Kunt-
ſchafft der Rechte des Dorffes zu Heiterheim, vnd
vmb alle die Recht die darzu hörent, daß die hant

zu lihende die Herſchafft von Rapelſtein, vnd wem
ſy das Dorf lihent, der ſoll mit Rechte han alle die
Recht die do zu demſelben Dorffe hörent; vnd hant
auch die geſehen han Herrn Cunrat einen Ritter
von Anſoßheim; Wir ſehen ſy auch han Herrn Frie=
derich einen Ritter von Anſoßheim, Herr Cunen von
Jungholtz einen Ritter, Her Hartmann von Baldeke,
einen Ritter, vnd Herr Oſwalden von Jllißiche einen
Ritter von Colmer, vnd ſehent die vorgenannten
Rittern han das Dorf vnd die Recht die zu dem Dorffe
hörent zu Lehene von der Herrſchafft von Ropelſtein;
vnd ſint diß die Recht die darzu hörent, Alß Wir
ſii geſehen hant, vnd öch vernomnen hant vnd ſint
die alſo, daß die Banherren höret an Zwing vnd
Ban vnd der Gezog (*) zu Heiterheim in dem Dorffe,
vnd das Gericht vber alle, die do ſeßhafft ſint, das
hant die Banherrn von Rechte; wurde aber ein Diep
do gevangen, oder beſchehe ein Todtſchlag do, vnd
wurde der gevangen der das tete, oder der Diep
vnd wurde der Dewedere (**) dem Richter zu Heiter=
heim geantwurtet, ſo ſol in der Richter zu Heitern=
heim ein Nacht gehalten vnd ſol in denn dem Vogte
von Enſisheim antwurten, vnd ſol der denn ab yme
Richten an des Lantgraven ſtat, vnd het er den
icht gutes (***) oder wurd dehein Beſſerunge (****)
do, die ſol man glich theilen in zwey, das halb dem
Lantgraven, vnd das ander halb dem Banherrn zu
Heiterheim; waz aber anders do beſchehe, daz ſont
die Banhernen richten. Man ſol auch jerlich gen (†)
von dem Dorffe dem Lantgraven ſechzig viertel Ha=
bern, ſechs ſeſter, je für ein fiertel, für ein Her-

(*) Jus recipiendi ſubditos.
(**) ein = oder = der andere.
(***) d. i. Erbſchaft, Confiſcation.
(****) d. h. Strafe.
(†) geben.

berg, vnd wenn man in die gegigt (*), so sont sii keine me nemen in dem Jar; vnd sol man In öch gen von jeder Hertstätte alle Jahr ein Hun; keme aber yemand frömder dar von frömden Landen von Swaben oder von Peiern (**) oder wa mann daz wer, von ferren Landen, der sol dem Landgraven dienen vnd öch dem Banherren eine Zit in dem Jor von Wunne vnd von Weide ein ge= wonlich gewerff (***) vnd Vasenacht=Hünre geben. Vnd wer die Banherren irrete an den Rechten, so zu dem Dorffe hörent, alß Wir es do vor bescheiden hant, der tete In Unrecht. Wir hant ouch gesehen, daß man die Banherren irrete an den vorgeschriebe= nen Rechten, vnd taten das die Lantgraven, do tet man In aber Vnrecht an. Wir die vorgenannten Wernher von Girbaden, Wernher der Schultheisse von Tierheim der alte, vnd Heinrich der Keschafft sprechent offen vnserm Eid, daß alle die vorgeschrie= ben Ding wor sint vnd es wol wussent vnd vernom= men hant von vierzig Joren har dan vnd lange me.

Vnd ich Bruder Johannes der Pol (†) der Au= gustiner zu Brisach Sante Agustines Ordens spriche das off minen Orden, daß ich die vorgeschriben Ding die vorgenannten erbere vnd alte Lute hörte für war off iren Eit sagen, vor mir vnd vor andern erbern Luten, vnd zu einem Vrkunde, daß sie es also vor mir seiten, also es davor geschriben stat, so gehenke ich min Jngesiegel an diesen Brif, der wart geben nach Gottes Geburt, drizehen hundert Jar vnd darnach in dem vierzehenden Jar an dem Fritage nach Vß= gonder Pfingestwoche.

(*) d. i Jhm solche gegeben hat.
(**) soll die Pfalz bedeuten: Ducatum francorum Bauariæ Ducum.
(***) Abgabe, Schatzung.
(†) Provinzial.

N. VIII.

Verbindungs-Brief der Stände im Elsaß.
1343.

In Gottes Nahmen Amen, Wir Bechtholdt, von Gottes Gnaden, Bischof zu Strasbnrg und Wir Ludwig und Friederich, Gebrüder von Oettingen, Landgraffen in dem Untern-Elsaß, und Wir Meister, die Schultheissen und Räthe auch Burger gemeinlichen der Stadt Straßburg Hagenau, Collmar, Schlet-stadt, Ebenheimb Roßheimb, Mühlhausen, Türckheimb und Münster, thun kundt allen denen, die diesen Brief sehen oder hören lesen, daß Wir durch fruchtbare kundliche Nutz des Landes und der Leuthe, einen gemeinen Landfrieden aufgesetzt vnd gemacht handt mit solchem Unterschiedt, alß hernach geschriestieht, und soll der Landfrieden angehen, obwendig Mühlhausen, hie dieser seit Rheins, die Schlicht herab auf die Selße, und von Kentzingen jenseits Rheins auch die Schlicht herab untz auf die Olße, und jederweder seits des Gebürgß, alß die Flußläuft gehen, gegen dem Rhein, ohne alle Geferde. Alßo, daß Wir in dieses Landtfriedens Zielen wehren sollen allen Raub, Brandt, Gefengnuß und allem Gewalt, auff Lande vnd zu Wassern, die denen wiederfahrend, die zu dessen Landfrieden gehörend, auch allen Kauffleuthen und allen andern guten Leuthen Sie seyndt Pfaffen oder Lheyhen, geistlichen oder weltlichen, Priestern oder Juden, die in diesem Landfrieden und seinen Zielen ohne Argwohnich reutendt oder fahrendt gohn oder wandtlen, ohne alle Geverde. Wir wollen auch Schirmen alle Clöster vor Gewalt, die unß zugehörendt, oder vnsere Bürger seyendt, als weit wir mögendt, daß Sie niemandt angreiffe, oder nöthige wider Recht, ohne alle Geverde.

Beylagen. 287

Hierüber und ober diesen Landfrieden zu erkennent seyndt erkoset und gesetzt Neun Mann, zwen von des vorgenannten Herrn Bischofs Berchtols von Straßburg wegen, einer von der Niedern Landgrafschaft, zween von der Stadt Straßburg vnd zween von der Reichsstett wegen, auch einer von der Ritterschafft wegen, und soll der Vottfest, Streng, Ritter, Herr Bechtold Schwader und Stettmeister zu Straßburg ein gemeiner Mundtmann seyn, von der Herren und Stett wegen, aller gemeinlich ꝛc.

Und das der vorgeschrieben Landfrieden, ganz stet vnd fest bleibe, untz zu dem vorgenannten Ziel, so hand Wir die vorgenannten Herren und Stätte, Vnser Ingesiegel ahn diesen Brief gehenckt, deß geschahe an dem ersten Zinstag vor dem schönen Montag (mens Febr.) in dem Jahr da man Zalt von Christi Geburt 1343.

N. IX.

Revers Caroli IV. Römischen Königs ꝛc. die Städte der Landvogtey Hagenau nicht zu verpfänden noch zu versetzen 1349.

Wir Carl von Gottes Gnaden Römischer König, zu allen Zeiten Mehrer des Reichs und König zu Böhmen ꝛc. Thun kund allen, die diesen Brief sehen und hören lesen. Unserer Königlichen Klarheit geziement, die Bitte gnädiglich zu erhören und sie zu fördern, die mit ganzem lauteren Willen des Heyligen Reichs Diener vnd Anhafften sind und durch des Reichs Nutz und Ehre, ihr Leib und ihr Gut unerschrockentlich gebührend wagen; Davon so haben Wir gnädiglich angesehen, die willig vnd dienstbahre Werk, die Unß und dem Reich die Burger und die Gemeinde unserer Städte zu Colmar,

Schlettstadt, Enheim, Roßheim, Mühlhaußen, Kaisersberg, Türkheim und Münster, Unsere Lieben getreuen haben erzeigt und gethan und noch thun sollen und haben ihn gelobt und geloben mit Urkund diß Briefs, daß Wir sie noch derselben Städte kein an Niemand von dem Reich sondern, hingeben versetzen noch verpfänden wollen, damit sie von dem Reich entfremdet getheilt oder gesöndert werden mögen, in keiner Weise ohne alle Gefährde. Dessen zu einer Urkund haben Wir Unser Königlich Insiegel gehangt an diesen Brief, der zu Hagenau war gegeben im Jahr da man zahlt von Gottes Geburth Dreyzehen hundert Neun und Vierzig Jahr an dem nächsten Mittag nach St. Nicolaus Tag.

N. X.

Pfandbrief, worinnen Kaiser Ludwig an seine Vettern Rudolph und Rupert mehrere zwischen der Selz, Lauter und Queich liegende Reichs-Domainen verpfändet. 1330.

Wir Ludwig von Gots Gnaden Römischen Kayser zu allen Zeiten merer des Reichs, verjehen und thun kund allen den die diesen Brieff ansehent oder hörent lesen, daß Wir von Kayserlichen Gnaden Unsern lieben Vettern und Fürsten Rudolfen vnd Ruprechten, Pfalzgraven by Rine und Herzugen in Bayern umb die Dienste die sie Uns getan hant vnd noch tun sollent, vnd umb schaden die Sie Uns und dem Reiche genommen habent, versetzt haben in rechts pfandes Wisse unser und des Richs stete, Burge, Lande, und Lüte, die hernach geschrieben steent. Des Ersten Gemünde Burg und stait und waß darzu gehöret, besucht und unbesucht; Eberbach, Burg und Statt und die Zenten und waß darzu gehöret besucht und

und unbesucht, Moßbach die Statt vnd was darzu gehöret besucht und unbesucht im Craichgau; Sinßheim die stait und was darzu gehöret, besucht und unbesucht, Triefels die Burg und was darzu gehöret, besucht und unbesucht, Nikastel, die Burg und was darzu gehöret, besucht und unbesucht, Germersheim, die Burg und stait und was darzu gehöret, besucht und unbesucht, Annweiler die Stait und was darzu gehört, besucht und unbesucht, Guttenburg die Burg, und was darzu gehöret, besucht und unbesucht, Falkenburg die Burg und was darzu gehöret, besucht und unbesucht, Wegelnburg, die Burg und was darzu gehöret, besucht und unbesucht, Haßelach das Dorff, und was darzu gehöret, besucht und unbesucht, und Bobel das Dorff, und was darzu gehört, besucht und unbesucht, umb Sechs Tausend Mark lötiges Silbers Straßburger Gewicht, mit der Bescheidenheit, daß sie dieselben stete, Burge, Dorffer, gute, Lande und Lüte innehaben sollen und nießen mit allen Rechten und nutzen, die darzu gehörent, als lange, biß Wir oder Unssere Nachkommen Römische Kaiser oder Könige dieselben stete, Burge, Dörfere, gute, Lande und Lüte, und was darzu gehöret, wieder von ine ledigen und lossen umb die vorgedachte vj.m. Mark silbers gar vnd gentzlich one Geverde, und was der vorgenannten stete, Burge, Land, Lüte und Gute noch nicht ledig ist und pfandes stet, das mogen und sollen sie an Unsser Statt vnd von Unserme Gewalde den Wir Jne mit diesem Brieff geben, ledigen und lossen vmb das Geld vnd gut, daß sie steent und darum sie versetzt sind, und sollent daßelbe geld darum sie lossen uff allen vorgeschrieben Pfanden haben in aller der Wise, als die obgenannten vj.m. Mark Silbers. Wir sollen auch die vorgenannten stete, Burge, Dorffere, Lande, Lüte und Gute eins ohne das ander umb dhein sunder Geld nit lossen noch ledigen, sondern sollen Wir die pfand alle mit einander ledigen und lossen umb die vj.m. Mark Silbers, und umb alles das sie

T

Beylagen.

darauff stahent und die sie vns mit guter Kuntschafft bewießent, darum Sie geloset haben, was der Pfande nit ledig sind zu disen Ziten; Und wollen und gebieten allen den, die die vorgenannt Burg, stete, Lande und gute inhabent, daß sie Unsern egenannten Vettern **Rudolfen und Ruprechten** also furfaß unterthänig und wartende sin, als lang unz Wir, oder Unßer Nachkommen an dem Reiche sie, umb die vorgenannt gut alles ledigen und erlosen in der Wiß als vorgeschrieben stet; Und darüber zu Orkunde geben Wir yne diesen Brieffe mit Unserm Kayßerlichen Ingesiegel versiegelt, der geben ist zu Trient an dem Montag nach sant Agneten Tag, da man zalte nach Christus geburt xjjj.C. jar darnach in dem dreysigten jar in den sechzehenden jare Unsseres Reichs und in dem dritten des Keyserthumbs.

N. XI.

Pfandbrief über die Landvogtey des Speyergaues mit der Stadt Weissenburg 1331.

Wir Ludwig von Gottes Gnaden Römischer Kayser allezeit ein mehrer des Reichs, verjehen offentlichen an diesem Briefe und thun kund allen den die in sehent oder hören lesen, daß Wir Unsern lieben Vettern und Fürsten, Rudolffen und Ruprechte Gebrüdern Pfaltzgrafen by den Rine und Hertzogen in Beyern bevolhen haben und auch befehlen mit diesem gegenwärtigen Briefe unser vnd des Riches Statt Wissenburg und besunder die Landvogtey überal in dem Spiregawe und sollen sie die Statt und die Landvogtey Innhaben und nutzen mit allen rechten, eren, nutzen und alten Gewohnheiten, die durch recht und von alter davon gevallen, sollen und mögen, alß lang biß Wir oder unser nachkommen an dem Riche die vorgenannt unseren Vettern oder ir

Erben geweren und verrichten Tusend Pfund Heller
geben und guten gar und gentzlichen, die sie von
Unseren wegen verricht und gewehrt haben, dem Edel=
mann Albrecht Humel von Lichtenberg — vnd dar=
über zu Urkundt geben Wir In diesem Brief verſie=
gelt mit Unserem Kayſerlichen Ingeſiegel, der geben
iſt zu Regenſpurg, da man zalt von Chriſtus Geburt
drützehen hundert Jare darnach in dem ein und dri=
ſigſten Jare an dem Dornſtag nechſt nach ſant Mathias
tag des Zwelff Botten in dem ſiebenzehenden Jahr
Unſeres Riches und in dem vierdten des Kaiſerthumb.

N. XII.

Pfandverſchreibung über die Landvogtey der Reichs=
Städte im Elſaß, das Schultheiſſen=Amt zu Ha=
genau, auch Kayſersberg, Plichsberg, Münſter=
thal und Thoringheim. d. 1349.

Wir Carl von Gottes Gnaden, Römiſcher König
zu allen Zeiten mehrer des Reichs und König zu Bö=
heim ꝛc. verjehen und thon kont offentlich mit dieſem
Brieff allen den, die ihn ſehen oder leſen, daß Wir
haben angeſehen die ſtete, lautere und die beſondere
Liebe, die Wir an dem Hochgebohrnen Rudolphen,
Pfalzgrafen bey Rhein und Herzogen in Bayern, Un=
ſeren lieben Schwehr und Fürſten befunden haben,
und ſtetiglich erfinden, und gönnen und erlauben Im,
mit beſonderen unßeren Königlichen Gnaden, daß er
loſſen und ledigen ſoll und mag, von den Edeln Jo=
hanſen von Vinſtingen die Landvogtey in Elſaſſen,
um Sechshundert Mark lottges Silbers, und das
Schultheiſſen Ambt zu Hagenaw mit dem Forſt
und dem Wiltpannt, und mit den Clöſtern und mit
aller Zugehörung von Herzogen Friederichen von
Tekhe umb vierzehen hundert Mark lottges Silbers,

und von Burcharten München von Basel Kaysers=
berg, Blichsperg, Monsterthal und Thoringheim,
umb Tausend Mark lottges Silbers in aller der
Weise, alß die egenannten Pfandschaften versetzet sind
und schlahen im daruff von sonderlichen Gnaden und
mit rechter Witzen Drey Tausend Mark silbers, die
er vormalens umb daß heilige Römische Reich ver=
dient hat, und Jm daruff gegeben sint, die Wir Jm
auch von newes gegeben haben, und geben wißentlich
mit diesem Briefe und wollen mit Unserem Königli=
chen Gewalt alß ein Römischer König von wegen des
heiligen Römischen Reichs, daß Er und alle seines
Leibes Erben Die vorgenannte Landvogtey zu Elsas=
sen, das Schultheitzen Amt, und den Forst zu
Hagenau mit dem Wiltpannt und mit den Clöstern
und was Wir da haben mit aller Zugehörung, und
Kaiseroberg, Plicksberg, Monsterthal und Thü=
ringkheimb, zu rechter satzung und Pfandschaft mit
allen Rechten, Ehren, Nutzen, Freyheiten, steuren
und allem dem, das dorzu gehöret, besucht und un=
besucht, wie man das nennet oder finden mag, mit
sonderlichen Worten für die vorgenannten Sommen
gelts, der miteinander wirt sechs Tausend Mark
lottges silbers ynne haben, Nutzen und nießen sullen,
ohn allen Abschlag uns an die Zeit, daß Wir oder Un=
ser Nachkommen an dem Reiche Jme oder seines Lei=
beserben die vorgenannten Sechstaußend Mark lott=
ges silbers ohn alles Minner Nutze gar und gänzlich
mit gerürtem Gelde verrichten und bezahlen: war
auch, daß Wir fürsatz ymandt deheinerley Brief
geben, von Vergeßenheit oder übriger pete, wollen
Wir mit Unßerem Königlichen Gewalt, daß dieselben
Brief untoglich und unkrefftig sein sullen und dem
egenannten Unserem lieben Schwoher undt sein Leibs=
Erben in den genannten Satzungen und Pfandschafften
keinen Schaden bringen; auch wollen Wir, was
den eyegenannt Unser Schwoher undt sein Leibs=Erben
uff die vorgenannte pfandtschäffte kuntlich und wis=
sentlich verbouen, daß sie alle dieselben Kost uff die=

selben satzung und pfandschäffte stahen sullen, und
daruff setzen, gleich dem anderen gelte, als vorge=
schrieben stet; Wer auch, daß nemant den vorgenann=
ten Unßeren lieben Schweher und sein Leibs=Erben
in den ehegenannten satzungen und Pfandschäfften
hinderen oder irren wollten, So geloben Wir ihm,
mit unsseren Königlichen Genaden on Geverde, daß Wir
ihm wieder alle dieselben, die in beschädigen wollen,
getreulichen zu allen stücken, als vorgeschrieben stet
verhelfen; Wer auch, daß der vorgenannte Unßer
lieber Schweher und Fürste vergienge, daß Er
Leibs=Erben nicht ließe, so wollen Wir, daß alle
die egenannte satzung und Pfandschafft der Durch-
leuchtigen Anna unserer Ehelichen Wirtinne und
iren Leibs=Erben verfallen sullen, vergieng sie
aber also, daß sie Leibs=Erben nicht liezze, so
sollen dieselbe Satzungen und Pfandschaffte wieder an das Reich gevallen. Wann wir nicht
wollen, daß dieselben Pfand=Guth
yemanden werden, oder verfallen,
der unßer oder des Reichs Feind und
Wiedersacher seye; Zu Urkund dieß Briefs
versiegelt mit Unserem Königlichen Ingesiegel, der
geben ist zu Velde bey Kastel da man zahlt von Christus Geburt Drutzehen Hundert Jahr und darnach
in dem Neun und Viertzigsten Johr, des nechsten
Freytags nach des Heylichen Sand Pancratien Tag
in dem dritten Jahr unserer Reiche ꝛc.

N. XIII.

Bewilligung und Geheiß Kaisers Caroli IV. daß die
Verein=Städt in Elsaß sich mit einander ver=
binden sollen und mögen. 1354.

Wir Carl, von Gottes Gnaden Römischer König,
zu allen Zeiten Mehrer des Reichs und Kö...

Böhm ꝛc. Bekennen und thun kund allen Leuthen, die diesen Brieff sehen hören oder lesen: Wann Wir kundlich angesehen haben, solche Gebresten, Mißhelle und Auflauffe, die bis auf diese Zeit in dem Lande, in den Städten und unter den Leuthen, die Uns und dem heiligen Reich zugehören, in Elsaß gewesen sind, So haben Wir von Unsern Königlichen Gnaden, durch Nothdurfft und offenbahren Nutzen der ehgenandten Unser und des Reichs Städte, Land und Leuthe, gebotten und geheißen, heißen und gebieten mit diesem Brief, bey Unseren und des Reichs Hulden, Unseren Schultheißen, Burgermeister, Räthen, Burgern und Gemeinden der Städten Hagenau, Colmar, Schlettstatt, Weisenburg, Enheim, Rosheim, Mühlhausen, Kaysersberg, Münster und Dürkheim, daß sie sich zusammen verbinden mögen gegen männiglichen, doch außgenommen Uns, das Reich, Unsere Landvögt und andere Unsere Amptleuthe, die Wir haben, zu Zeiten einander getreulich zu rathen und zu helffen. Mit Urkund diß Briefs versiegelt, mit Unserm Königlichen Insiegel. Geben zu Regensburg nach Christi Gebuhrt Dreyzehen Hundert und dornach in dem vier und funfzigsten Jahr des nechsten Donnerstages nach St. Bartholomäi des heiligen Zwolff Botten in den neunten Jahr Unserer Reiche.

N. XIV.

Kaiser Ludwigs Brief, wodurch er denen Stätten in der Wetterau befiehlt, Grafen Walram zu Spanheim, als Landvogten gehorsam zu seyn. 1345.

Wir Ludwig von Gots Genaden, Römischer Kaiser, zu allen Zeiten Mehrer des Reichs entbieten den Wifen Lüten, den Burgermeistern, den Schepfen, den Räten und den Burgern gemeinlichen der Stette Frankenfurd, Geilnhaufen, Friedberg und Wepflarn (*), Unfern lieben getreuen Unfer Hulde und alles Gute: Wir laffen euch wiffen, daß Wir den Edeln Mann Graf Walramen von Spanheim, Unfern lieben getreuen zu Unferm Landvogt in der Wetterry gefezt haben und gemacht und im diefelben Landvogtey von Unfern und des Reichs wegen empfohlen haben. Davon wollen und gebieten Wir ju (**) vesticilichen und ernstlichen bei Unfern und des Reichs Hulden, daß ir im mit allen Sachen von Unfern und des Reichs wegen wartend und gehorfam feit, als Unferm Landvogt durch Recht (*ₓ*). Geben zu Werde am Freytag nach fant Andres Tag, Nach Christus Geburt, drüzehen hundert Jare, darnach in dem fünff und vierzigsten jar, in dem zwey und dreyßigsten Jar Unferes Reichs und in dem achtzehenden des Kaiferthums.

N. XV.

Copia Lehenbriefs Sygfrids von Strahlenberg über die dem Rathfamhaufen verliehene Oberkeit der Keffelflicker im Elfaß. 1361.

Ich Sygfrid ein Ritter von Strahlenberg, thue kund allen Lüten, die dießen Brieffe anfehen oder

---

(*) in einem Duplikat diefes Briefs d. 1346. ift Wepflar Friedberg vorgefezt.
(**) das heißt: euch.
(*ₓ*) in dem Duplikat d. 1346. ift hinzugefezt: des wollen wir nicht entberen.

hören leſſen, daß ich von dem Riche zu Lehen han, im Römiſchen Riche zu dutſchem Lande, die Keßler, die das Land bruchen, und han das Rechte von ihnen, daß ſie mir ſollen dienen zue meinen eigenen Neden ein Monat, wenn ich ſie hinan vierzehen Tage uff ihr Koſten ohn meinen Schaden, und die andern vierzehen Tag uff meine Koſten, und han auch Machte, inen Tage zu machen in dem Jare zu einmale, wan ich will, da es gelegenlich iſt und mir füget, und han auch ein Recht zu jhne, daß ſie mir alle Jahre geben ſollen alßo viele Keſſel und Pfannen als ich ihr bedarffe, von einem Jahre zu dem andern in meinem Huße, wer das daß ſye mir des nyden deden, ſo hane ich das Rechte, daß ich yne mag nemmen uff der Straſſen alßo viele Pfannen und Keſſel als ich bedärffe in meinen Huße und ſollen die Keſſel gemeiniglichen gelten und wider geben demſelben, was ihm genommen und das erkanntlich machen: darnach uff die erſte Tâge, den ſie haben, von den eynungen die da innfallendt ſind, und des bin ich gefreyet von dem Riche, wo ich die Keſſel angriffe, als do vorgeſtat, daß ich daran wider innen men han gedane, und ſich auch niemand zu verantworten hat, dann ich Sygfrid von Stralenberg und die ſie von mir zu Lehn hant. Und ich Sygfrid von Strahlenburg han geliehen Johannes von Ratzenhuſen die Keßler, alle zu Seiſe, dem Forſte, und dem Sauenſtrin, die das Land bruchen mit allem dem Rechte, als ich Sie von dem Riche han und als hier vorgeſchrieben ſteht.

Und des zu einem wahren Urkund all vorgehender Ding, ſo han ich mein hangende Jngeſiegel gehenkt an dießen Brieffe. Datum Anno Dreyzehen Hundert Sechſzig und eins in die Lamperti Epiſcopi &c.

N. XVI.

Extractus 𝔎𝔞𝔦𝔰𝔢𝔯 𝔖𝔦𝔤𝔦𝔰𝔪𝔲𝔫𝔡𝔦 𝔏𝔢𝔥𝔢𝔫𝔟𝔯𝔦𝔢𝔣𝔰 ü𝔟𝔢𝔯 𝔡𝔦𝔢 𝔡𝔢𝔪 𝔑𝔞𝔱𝔥𝔰𝔞𝔪𝔥𝔞𝔲𝔰𝔦𝔰𝔠𝔥𝔢𝔫 𝔊𝔢𝔰𝔠𝔥𝔩𝔢𝔠𝔥𝔱 𝔷𝔲𝔤𝔢𝔥ö𝔯𝔦𝔤𝔢 𝔎𝔢ß𝔩𝔢𝔯 𝔒𝔟𝔢𝔯𝔨𝔢𝔦𝔱. 1434.

Sigismond par la grace de Dieu, Empereur des Romains toujours Auguſte de l'Empire, Roy d'Hongrie, de Boheme, Dalmatie, & Croatie & Confeſſons & ſçavoir faiſons par cette préſente Lettre à tous ceux qui la verront & liront, qu'à cauſe & touchant *les Chaudronniers;* Nos & du Saint Empire bien aimez & fideles qui ont leur demeure aux Cercles & Finages ſusmentionnés, ſçavoir le premier *d'iceux ſe commence au nommé Havenſtein,* joignant vers le Liebron juſqu'à Pourentruy *& dela dans la foret de Hagenau & finages du Rhin* juſqu'au vieux Pont *entre la Cime des Montagnes & la foret noir; Suivant que les neiges ſe fondent dans le Rhin.* Nous fut répréſenté qu'iceux appartenoient d'ancienneté & d'un temps immemorial au Noble Eſcuyer Egenolf de Ratzenhauſen, Chevalier & ſes Deſcendants, Noſtre & du St. Empire bien amé & fidel en qualité de fiefs, provenant & relevant du Très-Illuſtre Notre bien aimé Oncle l'Electeur Louis Comte Paatin du Rhin, & Echanſon du St. Empire Duc de Baviere &c. concernant les anciennes Coutumes, Reglements & Statuts louables d'iceux qu'ils ont tenu & exercés par cydevant ſuivant qu'il eſt marqué à la ſuite. …

N. XVII.

Arret du Confeil Souverain d'Alface par lequel il eft ordonné aux Maiftres Chaudronniers de comparoiftre à l'Affemblée au jour marqué par le Sieur de Rathfenhaufen leur fuperieur.

Louis par la grace de Dieu Roy de france & de Navarre : Au premier notre Huiffier ou Sergent fur ce requis fçavoir faifons que comme ce aujourd'hui font comparû en Notre Confeil Souverain d'Alface Goifroy de Rathfamhaufen Efcuier Seigneur de Wibolsheim Demandeur en Chancellerie le Sixieme Aouft dernier & exploit fait en confequence le vingt neufieme du dit mois en fuivant & de l'acte par le quel il a ratifié fes Conclufions du troifieme Janvier auffi dernier à ce que les Deffendeurs cy après nommés en interpretant l'arrêt du Notre dit Confeil du quatrieme Juillet 1681. d'Homologation des Statuts des dits Deffendeurs foient condamnés & par corps à l'exécution des dits arrêts de point en point felon la forme & teneur & pour y eftre contrevenus, être condamnés chacun des contervenants à la fomme de cinq-cent livres d'amende aux dommage & Interêt du demandeur à donner par déclaration & aux depens, & deffendeur d'une part & les Maiftres jurés & prepofés de meftier des Chaudronniers *de la Province de la haute & baffe Alface*, Soutgau & Breisgau & Pays Voyfins, Demandeurs & Deffendeurs fuivant leur deffence du onzieme Decembre auffi dernier d'autre, fans que les qualités puiffent nuire ou prejudicier après que le Laboureur Advocat & Bruffe Procureur pour le dit Sieur de Rathfamhauffen & Canvilles Procureur des Chaudronniers ont été ouï enfemble, Favier pour notre Procureur General.

Beylagen.

Notre dit Confeil faifant droit fur les demandes refpectives des parties a ordonné & ordonne que l'on arrêt d'homologation des Statuts du Meftier *des Chaudronniers de la Province d'Alface* fera executé felon fa forme & teneur, ce faifant que les parties de Canville feront tenus de s'affembler en la ville neuve de Brifac au jour marqué par les dits ftatuts à peine de tout dommage depens & interêts de la partie de le Laboureur. Si Te Mandons de faire pour l'exécution du préfent arrêt tous Exploits & autre actes de juftice requife & neceffaire de ce faire Te donnons pouvoir.

Donné à la Ville Neuve de Brifac en notre dit Confeil Souverain d'Alface le trezieme de janvier l'an de grace Mil fix Cent quatre vingt cinq & de Notre Regne quarante deux.

Collationné par ordonnance & arrêt du Confeil. Signé Berillon avec paraphe.

N. XVIII.

Kaiſerlicher Lehenbrief über die den Herren Grafen von Rappoltſtein verliehenen Oberkeit der Spielleut. 1481.

Wir Friederich von Gots Genaden Römiſcher Kayſer, zu allen Zeiten Mehrer des Reichs, zu Hungarn, Dalmatien, Croatien König, Herzog zu Deſterreich, zu Steir, zu Kerndten und zu Crain, Graf zu Tyrol ꝛc. Bekennen offentlich mit dieſem Brieff nnd thun kund allermänniglich, daß Uus der Edel Unſer und des Reichs lieber Getreuer Wilhelm Herr zu Rappolſtein demuthiglich hat anruffen und bitten laſſen, daß Wir Ihm von ſein ſelbſt und des Reichs lieben getreuen Schmaßmanns Herrn zu Rappoltstein seines Bruders wegen die Lehen und Herrlichkeiten Streyff-Jagens über Land zu jagen, von dem Hauenstein biß in Hagenauer Forst, und zwischen dem Rhein und der First, auch die Diensten und Oberkeyt der Spielleut in demselben Bezirk, so von Unß und dem heylichen Reich zu Lehen rühren, und ihr Vorfahren von Rappoltstein und Sie bißher von Uns und demselben Reiche in Lehens weise ingehabt und herbracht hätten, zu Lehen zu verleyhen gnädiglich geruheten. Des haben Wir angesehen solch sein demüthig ziemlich Bitte, auch die annehmen getreuen und nützlichen Dienst, so Er Unß und dem heylichen Reiche gethan hat, und hinfür in künftig Zeit wohl thun mag und soll und haben darumb mit wohlbedachtem Muthe, guttem Rathe und rechter Wissen demselben Wilhelmen von Rappolstein von sein selbst und des genannten Schmaßmanns seines Bruders wegen, die obbestimmten Stük und Lehen mit allen und jeden ihren Rechten, Herrlichkeiten, Oberkeiten und Zugehörungen zu Lehen gnädiglich verliehen und leyhen die ihm also von Römischer Kayserlicher Macht, wissentlich, in Kraft diß Briefs was wir ihm daran von Billigkeit und Rechts wegen zu verleyhen haben, die nun fürfaßhin von Unß und dem heiligen Reiche in Lehensweise inzuhaben, nutzen, nützen und zu gebrauchen von allermänniglich unverhindert, doch Uns und dem Reiche an unsern und sonst Männiglich an seinen Rechten unvergriffentlich und unschädlich. Der vorgenannt Wilhelm von Rappoltzstein soll auch darauff von sein Selbst und des genannten Schmaßmanns seines Bruders wegen hiezwischen datum dieses Briefs und sanct Mathiß des heyligen Zwölfbotten Tag schirist künftig dem Ehrwürdigen Achatien Abt des Gottshauses Murbach Unserm und des Reichs Fürsten und lieben Andächtigen, an Unser statt und in Unserm Namen von solcher Lehen wegen gewöhnlich gelübd und Eydethun, Unß und dem Reych davon getreu, gehorsam und gegenwärtig zu ſeyn, zu dienen und zu thun, alß ſich von ſolchen Lehn gebühret ungefehrlich. Mit Urkund dieß Briefs beſiegelt, mit Unſerm Kaiſerlichen anhangenden Inſiegel, geben zu Wien, am letzten Tag des Monats Octobris, nach Chriſti Geburt, vierzehen hundert und im Ein und achzigſten, Unſerer Reiche des Römiſchen im zwey und vierzigſten des Kayſerthums im dreyſigſten und des hungariſchen im drey und zwanzigſten Jare.

N. XIX.

Königlich Franzöſiſche Confirmation dieſes Pfeiffer=Lehens für die Provinz Elſaß. 1700.

Louis par la grace de Dieu Roy de France & de Navarre à tous ceux que ces preſents verront, ſçavoir, faiſons que comme ce jourd'hui veu par notre Conſeil Souverain d'Alſace la Requeſte à luy preſentée par notre très cher & bien aimé Couſin le Sieur Chriſtian Prince Palatin du Rhin Duc de Baviere Comte de Veldence Sponheim & Ribeaupierre, Seigneur de Hohenak, expoſitive que depuis pluſieurs ſiecles les Comtes de Ribeaupierre ont tenû enfief de Notre très cher frere l'Empereur la qualité de Superieur des Violons & autres joueurs d'Inſtruments *de cette Province ſçavoir depuis la Montagne de Hauenſtein juſques à la forêt de Hagenau entre le Rhin & le haut des Montagnes de Lorraine*, qu'en cette qualité ils avoient droit de le faire aſſembler à tel jour de l'année, & à tel lieu que bon leur ſembloit & lesquels Violons & autres joueurs d'Inſtrumens étoient obligez de rendre leur devoir aux dits Comtes de Ribeaupierre ſous les peines portées par les ſtatuts & Reglements faits pour la Confrairie des Violons, qui eſt fort modique puis-

qu'elle ne confifte qu'en une Livre de Cire appli-
cable à notre Dame de Doufenbach & à quelques
Schillings d'amendes. Et comme la mort des dits
Comtes de Ribeaupierre le fuppliant qui a éfté
invefti par nous des fiefs qu'ils poffedoient à
continuer a jouir de ce droit & pour faciliter
l'Affemblée defdits Violons & joueurs d'Inftruments tant les fusdits Comtes de Ribeaupierre
que le fuppliant les auroient obligé d'affembler
en trois differents endroits qui leur été indi-
qués cependant il eft arrivé, que depuis peu ils
veulent fe fouftraire de ce devoir & obligation en
negligent de fe trouver aux affemblées ordinaires
& accoutumées ne voulant point deferer aux ordres du fupliant ny de celuy qui reprefente fa
perfonne entre les dits Violons ; Et lorsque l'on
a edicté contre eux les amendes ordinaires de
leur contravention & defobeiffance, l'on ne peut
les contraindre au payemeut d'icelles par les op-
pofitions qui forment les Magiftrats des lieux de
leur refidence en forte que ce droit eft tellement
meprifé par les Joueurs des Violons & autres
Inftruments qu'infenfiblement il va a une aboli-
tion entiere ce qui eft fi vray que le huitieme
du prefent mois, jour de la nativité de notre
Dame qui eft le jour ordinaire de leur affemblée
en la Ville de Ribeauville il ne s'y en eft pas
trouvé vingt, ont meprifé les Ordres que le fuppliant leur auroit envoyé auparavant de s'affembler au dit jour & lieu en la manier accoutumée
& comme ce droit eft un fief, comme dit eft,
mouvant de Nous, que Nous avons reconnu tel
par nos Lettres Patentes données à Verfailles
au mois de Juin Mil fix cent quatre vingt fept,
portant Etabliffement d'une foire au lieu de Bifch-
willer le jour de l'affomption de la Vierge, que
le fupliant, qui a preté le ferment de conferver
fes dits fiefs en qualité de Vaffal, feroit obligé
d'empecher le deperiffement de celuy de fuperieur

de Violons & joueurs d'autres Inftruments Requeroit *veu les Lettres d'Inveftitures des Empereurs* du dit fiefs, enfemble les reglements & ftatuts faits pour la maitrife & Confrairic des dits Joueurs des Violons & d'Inftruments nos Lettres des années Mil quatre cent quatre vingt un, quatorze Cent, quatre vingt quatorze, quinze Cents trent trois, feize Cents treize, & mil fix Cents quatre vingt fept, il plût à Notre dit Confeil ordonner que conformement à icelles les dits joueurs des Violons & autres Inftruments *de la Province depuis la Montagne de Hauenftein jufqu'à la forêt de Hagenau entre le Rhin & les Montagues de Lorraine* feront tenus & obligés conformement aux dites Lettres d'Inveftitures, Reglements & ftatuts, de s'affembler toutes les années une fois à tel jour & lieu qui leur fera indiqué par le fuppliant fous les peines portées par les dits ftatuts & Reglements, qui feront exécutés non obftant oppofition ou appellation quelconque & fans y prejudicier & que deffence fera faite aux Baillifs, Prevots & Magiftrats des Villes, Bourgs & Villages de la ditte Province d'empecher l'execution contre les joueurs des Violons & autres Inftruments leurs jufticiables, leur enjoindre au contraire de preter le main à la dite exécution, à peine de répondre en leur propre & privé Nom & de trois cent Livres d'amande, envers Nous, la ditte Requette, fignée Canville Procureur. Conclufions du Procureur General: Oüi le Rapport de Mr. André de Guillermin de Corny Confeiller: tout veu & confideré Notre dit Confeil faifant droit fur la Requette, enfemble fur les Conclufions de Notre Procureur General a ordonné & ordonne par Provifion que les ftatuts & Reglements feront executés felon leur forme & teneur, ce faifant que lesdits joueurs des Violons & autres Inftruments *de la Province* feront tenus de s'affembler une fois par chaque année, à tel jour & lieu, qui leur sera indiqué par le suppliant le tout sans prejudice de nos droits & à charge que dans les dites Assemblées il ne passera rien contre notre service, & qu'il n'y sera traité d'autres affaires que celles qui regardent le fait de leur metier, ejoint aux Baillifs & Magistrats du Ressort de notre Conseil de tenir la main à l'observation des dits statuts & Reglements conformement au présent Arrêt, donné à Colmar en Notre Conseil Souverain d'Alsace le quinze Juin l'an de grace, Mil sept cents, & de Notre Regne le Cinquante huitieme. Collationné Cuenin. Par Arrêt & ordonnance du Conseil. Signé Jacquinet avec paraphe, & y apposé le sceau ordinaire sur Cire jaune.

N. XX.

Extract Relationis an die Römisch Kaiserliche Majestät, über beschehener Conferenz zwischen Dero, wie auch der Fürstlichen Durchl. zu Lotharingen ꝛc. Abgesandten, wegen des Leberthal und desselben Bergwerk, der Hohen Obrigkeith und Gränzen, zwischen Elsaß und Lotharingen ꝛc. circa 1516. bis 1519.

Als aber die Lotharingische vorgebend, das ganze Leberthal Grund und Boden sey zu dem Fürstenthumb zu Lotharingen gehörig, vermeintent solches auch mit Erzt und Bergwerk das doch allein der Kaiserlichen Hoheit frey eigenthumblichen zustehe, als dem Obristen Haupt und sich kein minderer gebrauchen möchte, ohne sonderlichen Tittel Kaiserlicher Verleichung, dann es sey in den Regaliis, vorab in den Umbkraysen des teutschen Römischen Reichs,

So

Beylagen.

So sagten Wir, daß das gantz Leberthal in demselben umbkraisen des Reichs Grundes und Land Elsaß, das wissentlich Teutschland ist, gelegen seye, und sonderlich durch die zehen Fürsten oder Joch des Gebürges, der Waßig, zu latein Vosagus genannt, von Lothringen und dem welschen Land nach der Schneeschmelzen, die aus diesem Thal in den Rhein gehendt, abgetheilt, dann was hierherwärts in den Rhein fließt, seye zu Teutschen Landen, und was in die Mußel dort hinüber fliesset, zu welschen Landen gezehlet, mit Anzeigung der Creutzen, Bildstöcken, Cappellen und Marken, die von Teutschen Belchen Bergen an besagter Herrschafft gelegen, der den ein Anfang des Waßichs ist, ab und ab, unten an Zaberer Steg zu höchst der Strasen undt pfädten, über das Gebürg gesetzt sind, vndt von Meniglich für wahre Marken vndt scheidungen zwischen Lothringen vndt deutschen Landen gehalten werden.

Die Römischen Kayser und König seyndt auch im Gebrauch der Höchsten Kaiserlichen Oberkeiten, und Hochheiten in diesen Bezirken, dann sie verleyhen Fürstliche und andere Hohe Lehen, die sich vntz an die obbemeldte Marken und Höchste Zech oder Fürsten des Gebürgs erstrecken, als die Landgraffschafften obern und niedern Elsaß, die beyde vom heiligen Reich, Lehen, feuda regalia genennt, seyndt, Item die Römischen Kayser gebendt auch Freyheiten in diesen Bezirken, deren sich gefreyten ohne Intrage gebrauchendt. Alß nemlich der Keßler Freyheit, daß kein fremder Keßler in einem Bezirk, darinn die Hohe Fürst des Waßiches nach der Schneeschmelzen vntz in den Rein mit Namen ist bestimbt, Kessel feil haben soll, auch der Herrschafft Rappoltstein Freyheit oder Lehen, daß kein Spielmann zu Dantz pfeiffen soll, er habe des dann von der Herrschafft Hoff-Trommeter Erlaubniß entpfangen.

U

Item daß daß Bistumb zu Straßburg durch das ganze Leberthal aufgehet vntz an die Hohe Fürst, das auch Straßburger Müntz in dem Thall von alter her gebraucht ist und noch gebraucht werde, und nüt Lottringische Müntz, in kaufen verkaufen und Steuer-Bezahlung, wie das in den Steuerbüchern zu befinden. Item das des geistlichen Gerichts von Straßburg auch des Heiligen Reichs Hofgerichts zu Rottweil Proces in das Leberthal vnd vntz vff die Hohen Fürst des Waßichs geendt, desgleichen Zoll und Gelait des Reichs und der teutschen Herrschafften, die solches vom Heil. Reich zu Lehen erkennet, werdent auch genommen, vnd gebraucht vntz an die viel gemelten zehen Fürsten.

Item das Gotteshauß Leberau, davon das Thal den Namen hat, lige nach Ausweißung der Stifts Briefen Im Elfaß und die Vmkreiß derselben Stiftung erstrekendt sich auch vntz an die Höchsten Joch oder Fürsten des Waßichs. Aus dem allen erscheine lauter, daß das Leberthal nicht zu Lotharingen mögte geschetzet noch gezogen, sondern dem heiligen Reich und dem Elfaß zugehörte ꝛc. ꝛc. ꝛc.

Daruff haben die Lothringische Räthe wieder geredet, u. s. w.

N. XXI.

Entschied Kurfürsten Ludwigs des Bärtigen von der Pfalz, zwischen Katharinen von Burgund und Herzogen Leopold von Oesterreich eines, und Smaßmann, Herrn zu Rappoltstein, anderntheils, Rechnungsstrittigkeiten ꝛc. ꝛc. betreffend. 1409.

Wir Ludwig von Gots Gnaden, Pfalzgraue by

Beylagen.

Rin, des heiligen Römischen Richs Oberster Troch=
sese, Hertzoge in Bayern und Landvogt im Elsasse,
bekennent und tun kund menglichen mit diesem Brieffe
allen den die in sehen oder hörent lesen, umb soliche
Zweyunge und Mißhel so gewesen ist, zwischen dem
Hochgebornen Fürsten, Hertzoge Lupold, Hertzoge zu
Oesterreich ꝛc. Unserm lieben Oheim und der Hoch=
gebohrnen Fürstynnen, Frauen Katharinen von Bur=
gunden, Hertzogynne zu Oesterreich, Unser lieben
Muhmen, of ein Syt, und dem Edelen Smaß=
mann Herrn zu Rappoltstein, off die andere Syt,
das dar triffet von der Landvogtie wegen in Obern
Elsasse und in Suntgauwe, als er ir Landvogt
daselbst gewesen ist, derselben Sachen aller, wie
sich die verluffen und verhandelt habent, Untz off die=
sen hütigen Tage, sind der Edele Grafe Johanns von
Luppfen, Landgraue zu Stulingen ꝛc. vnd Hans von
Fridingen, Rittere, vogt zu Phirt vnd Conrad Mar=
tin Hupmeister, von wegen, an stat und in Namen
des egenanten Unsers Oheims vnd der egenannt Un=
ser Mumen von Oesterreich vnd der egenannt Smaß=
mann von sin selbs wegen, zu Mynne und zu Recht
genzlich zu Uns kommen, also wie Wir und die Wir
zu uns nement, sy des nach Clage und Antwort zu
mynne und zu Rechte ußsprechen vnd entscheiden, ha=
bent die vorgenannten Graue Johanns von Luppfen,
Johanns von Fridingen vnd Conrad Martin Hup=
meister von der egenannten Unsers Oheims vnd Unser
Mumme von Oesterreich wegen gelobt, getruwlichen
vnd stete zu halten und zu vollfuren, als auch das
die Anlaß=Briefe auswissen, die sie beyder syte dar=
über geben vnd versiegelt habent; Und also habent
Wir Uns der Sachen angenommen, und gesezt Un=
sere liebe und getreuwe Swarz Rinhart von Sik=
kingen, Rittern, Luttelmann von Razenhausen,
Albrecht Boger von Geispozbeim, Johannes von
Bilenstein und Egenolff von Razenhusen, Rittere,
Gerarthus von Razenhusen, Wilhelmen von Fal=
kenstein, Hoffmeister, und Sannß von Klingspach

genant Nagel, Vogt zu Kaisersberg, vnd habent
von den Sachen zuerst für Uns genonmen solche Briefe, so Unser Oheim und unsere Mumme von Oesterreich, Smaßmann, und derselbe Smaßmann Innen
hinwiederumb geben habent, Als von der Landvogtie wegen, Wie er die halten vnd vßrichten solte,
als das dieselben Brief uß wissent und von Wort zu
Wort hienach geschrieben steet: Wir Lupolt von Gots
Gnaden, Herzog zu Oesterreich, ze Steyer, ze Kerndten und ze Krayn, Graue zu Tyrol rc. Und Wir Katharina von Burgunde von denselben Gnaden Gots
Herzogynne der egenant Lande, tun kund, Als Wir
egenannt Herzoge Lupolt der vorgenannten Unß-
sere lieben Gemaheln die Land und Herrschufft,
Elsaß und Sundgauw, von jrer Lesture wegen
verschrieben haben, Alßo haben Wir beide dieselben
Lande und Herrschaffte Elsaß und Suntgauw dem
Edeln Unserm lieben getruwen Smaßmann Herrn zu
Rappolstein empfolhen und jn zum Landvogt darüber
gesezt und empfehlen und sezen, auch wissentlichen
mit dem Brief in solcher maße, das er die in Unserm Name und an Unserer Statt getruwlich ver-
wese, vßrichte und verspreche, vnd vor allem Gewalt vnd Vnrecht vesticlich halte und schirme überall
an allen steten und gein menniclichen da des not ge-
schiehet vnd zu gelicher wiße als das ander Landvogt
vormals getan habent vnd vesticlichen volfüre, was
Wir ime empfehlen mit Unserm Briefe oder Botte
und darinne nymand fürsez weder Fründ noch andern
yemand, angeuerde, Alß er Uns auch darumb ge-
sworen hat, Und zu Verwesung und Vßrichtung derselben Landvogtie Wir ime zu Kostgeld bescheiden habent alle Jar und dieweile er also Unser Landvogt
ist und in zu einem Landvogt halten Sieben hundert
guter Rinscher Gultin, die ime unser Oberst Amtmann daselbs zu Elsaß und zu Suntgauwe, Wer
der dann je zu den Ziten ist, ußrichten und bezahlen
soll, zu yeglicher Frohnfasten Hundert und fünf und
Sibenzig Güldin und darüber zu jeglichen Zile seinen

Beylagen.

Quidtbrief nemen, Wann Wir die nach derselben Quidtbrieff Begreiffunge dem obgenannten Unserm Ambtmann allezeit an sine Reytunge legen, und abziehen willent; Wenn er auch also seines Kostgeldes bezahlt würdet, So sol er mit unsern Nutzen, Zinsen, Zellen, und Gulten der egenant Lande und Herrschafft nichts zu schaffen haben, dann das er dem egenant Unserm Amptmann die und ander sache, die er an in bringt, helffen Inzubringen und uß zurichten, wann er darüber von ihme angerufen würdet, und in allen andern Sachen sin bestes getreustes zu tunde, an geverde. Wir geben auch dem egenant Unserm Landvogt vollen Gewalt, Unsere Herren, Ritter und Knecht und Unser Manne von solcher Sache wegen zu tage zu manen, die dann für Uns und Unßer Manne gehorent, an Geverde, mit Urkund des Briefs. Geben zu Friburg ym Briessgaw an Dunerstage vor Phingsten, nach Christes Geburt Vierzehen hundert Jar und darnach an dem sechsten Jahre. Wir Catherina von Burgunden von Gots Gnaden Hertzoginne zu Oesterreich ze Steyr ze Kernoten und ze Krain, Grafinne ze Tyrol ꝛc. Entbieten unsern lieben getruwen allen Herrn, Rittern und Knechten, Stetten und Amptluten und allen andern Unsern Unterthanen im Elsaß und in Sundgaw Unsre Gnade und alles Gute, Als Wir die Landvogtie daselbs in Elsaß und ym Suntgaw dem Edelen Unserm lieben getruwen Smaßmann von Rappoltstein empfahlen habent, Also lassen Wir uch wissen, daß er Unß verheissen hat, dieselben Landvogtie zu verwesen und vßzurichten in solcher Maße als die Abgeschrifft sines Briefs, den er Uns darüber gegeben hat, lautet und mit allen Articfeln darinne begriffen hernach geschrieben stet, und damit muget ir in zu allen Ziten wol ermanen und anruffen, ob uch darüber kein ungelichs geschehe, Und ist das die abgeschrifft: Ich Smaßmann von Rappoltstein Tun kund offentlich mit diesem Brieffe, als mir der Hochgeborne Fürste myn gnediger lieber Herre, Hertzog Lupolt, Hertzoge zu Osterreich ꝛc. vnd myn gnedige

Frawe, Frawe Katherina von Burgund, sine Gemahel, Ir Land und Landvogtie in Elsaß vnd yme Suntgaw Ingeben vnd empfolen habent, also hab ich gelopt und verheisen, gelobe und verheiße, auch by guten truwen an eyns geschwornen Eyds statt, daß ich dieselben Land und Landvogtie getruwlich ußrichten, versorgen und verwesen sol und v.! und Land und Lute resticlichen halten und schirmen vor allen Gewalt und Unrecht, und alle die Lute und Untertbanen, die in denselben Landen, Herrschafften und Stetten geseßen seind vnd darzu gehörend, an allen stetten getruwlich verspfrechen vnd verantworten vnd die by Recht beliben laßen vnd dawider nit besweren in dehein wise; Sunderlich hab ich gelobt, by dem Gelübden, als davor, das ich myner egenannten Herrschafft in ire Nuße, Zinnße, Fell, Gülte und anders, das in zugehört, nit griffen wil noch sol, sunder iren Obersten Amptmann, der dann dieselben Zinnße innimpt, vesticlichen zu halten, und zu schirmen und yme in denselben und andern Sachen die er an mich bringt und mich darumb ermanet, zu Raten und zu helffen und in allen Sachen die fur mich kommen: in Gerichtswise ein gemeiner Richter zu sinde, den Armen als den Reichen und in alle Wege min Bestes ze tunde nach allem mynen Vermogen, vnd Verständnisse, ungeverlich und Was min Herrschaft mit mir schafft mit iren Brieffen oder Botten; das also völlichen zu volenden vnd zu tunde und darinne niemanden fürzusetzen, weder Fründ noch ander jemand, auch angeuerde, mit Urkund diß Briefs, versiegelt mit mynm anhangenden Ingesiegel, vnd mit des erberen Vesten Dietrichs von der Witenmühlen Ingesiegel, der das zu gezugnuß der Sache von myner flißigen Bete wegen auch an diesen Brief gehenkt hat, yme und sinen Erben an Schaden. Geben zu Friburg im Briesgaw, an Donerstag vor dem heiligen Phingstag nach Christes Gepurt in dem Vierzeben Hundersten und dem sechsten

Beylagen.

Jare und so ist dieser gegenwärtig Brieffe gegeben in der Nuwen statt of dem Schwartz-walte an dem heiligen Pfingst-Abend unter unserm ofgedrükten Innsiegel Anno Domini millesimo quatringentesimo sexto. Und nachdem so haben Wir in Rechnung verhort, des ersten ꝛc.

(Der ganze weitere Innhalt betrift eine Abrechnung, wie obgemelt, so allhier einzurücken überflüßig wäre.)

Und alles das in diesem Brief geschrieben stat, sprechen Wir zu Mynne und Recht, daß je ein Theil dem andern nach Ußwißung yedes Artikels halten, thun und vollenfuren sol hie zwusient um Ußgander Pfingstwochen nechst an allen Verzog und an alle Geverde. Und heroff und umb alle vorgeschriebene Zweyung und Mißhell, wie sich die von der Landvogtie wegen verlossen und verhandelt habent, sollent die obgenannte Unser Oheim und Unsere Mumnie von Oesterreich alle ire Ambtlute und die Jren und der egenannt Smaßmann und alle die sinen und alle die, die das of beyde sit angan möchte, gentzlich mit einander gerichtet und übertragen sin, und das deheinteil an das ander darumb, was davon offerstanden ist, nymmer kein Anspruch gehaben noch getan sollen, in deheinen Weg, an alle Geuerde; und Wann diese obgeschrieben stücke und Artikle alle an einer hute Bergements nit wol gestan noch geschrieben mögten werden, so haben Wir ein Stücke Pergements daran heißen machen unde das mit einer Syden Snure bewaren und versorgen; Vnd Wir und unser Rete habend auch erkannt, daß alle Stücke, Artikle und Wort, Was heran geschrieben stat, Craft und Macht haben söllent, gleich als ob sie alle in einer Hute Bergements geschrieben stönden, an alle Geuerde. Und deß zu waren stetten Vrkund aller vorgeschriebenen Dinge, So haben Wir Hertzoge Ludewig obgenannt unser Inngesiegel gethan henken an diesen Brieue, und Wann Wir die obgenannt Swarz Reinhart von **Sikingen**, Luttelmann von **Razenhusen**, Albrecht Woger von **Geispolzheim**, Johannes von **Bilenstein** und Egenolph von **Razenhusen**, Rittere, Gerarthus von **Razenhusen**, Wilhelm von **Falkenstein** Hofmeister und Hannß von **Alngspach** genant **Nagel**, Vogt zu **Kaisersberg** in diesen Sachen zu Mynne und Recht by dem egenannten Unserm gnedigen Herren Hertzoge Ludwigen gewesen und gesessen sind, So haben Wir alle unßer yeglicher sin Ingesigel zu des egenannten Unsers gnedigen Herren des Herzogen Ingesigel gehenkt an diesen Briefe. Der geben ist des Samßtags vor dem Sonntage Halb Fasten des Jars als man zalt nach Christi geburt vierzehen Hundert und Nun Jare und sind der Briefe zween gelich der yede Partie einen hatte.

(Das Original ist auf Pergament geschrieben und mit 10. anhangenden Insiegeln unversehrt zu Rappolzweiler verwahrt).

N. XXII.

Extract ans Bernhard Lukẽ geschriebenen Chronik der Herr = und jetzigen Grafschaft Rappoltstein ad annum 1413.

Schmaßmann und Ulrich Gebrüder, Herrn zu **Rappoltstein** seint diß Jahr verglichen worden mit Graf **Joann** von **Lupffen**, Landgrafen zu **Stuhlingen** vnd Herren zu **Hohennach** wegen des Schadens und Ueberzugs, so ermeldter Graff von **Lupfen** den Herren von **Rappolstein** zugefügt, als er **Rappolzweiler** überzogen; und seint schiedsleuth gewesen, **Burkhard Graff zu Lützelstein**, Thumprobst der Stift **Straßburg**, Landvogt der Herrschafft von **Oesterreich**, **Bernhard Graf zu Eberstein und Land-**

Vogt im Elſaß, der Reichsſtatt Geſandten Hanne-
mann Würmbelin, Schultheiß zu Colmar, und
Wilhelm Boßheim von Schlettſtadt, wie auch von
Kayſersberg, Jerathey von Ratthſamhauſſen, Friederich von Heuß, der Hertzogin von Oeſterreich Hof-
meiſter.

N. XXIII.

Abſchrift Reſcripti Herzog Steffans von Zweybrücken
an Herrn Smaßmann von Rappolſtein, die Irrungen zwiſchen dem Abt von Münſter im Gre-
gorienthal und Anthonien von Hattſtadt, betreffend. 1429.

Stephan von Gots Gnaden Pfalzgraue by Rine
vnd Hertzug in Beyern

Unſern früntlichen Gruß zuvor, Edeler lieber ge-
treuwer, von ſolicher Spenne wegen, ſo dann ſind
zwiſchen dem Abpt von Monſter in Sand Gregorien Tal, an eynem vnd Anthonien von Hadſtat,
dem andern theile, darumb ſie an den edeln Bernhart Grauen zu Eberſtein, Dich und Heinrich von
Fleckenſtein kommen ſind, nach Lute eines Anlaß
darüber begriffen, des hait der obgenannte Grafe
Bernhart beden Parthien einen Tag gein Briſach ge-
ſaßt, of Sand Thomastag des heiligen Apoſteln nechſt
konipt zu nacht dazu ſin, des Morgens darnach die
ſach vor Hant zu nemen, Bitten wir Dich alsdann
auch daſelbs zu Briſach zu ſin, die Parthien gütlich
oder richtlich nach Lute des Anlaß helffen zu ent=
ſcheiden, Inmaß Du Dich des angenommen und Uns
auch zugeſchrieben haſt vnd Dich herinn früntlich be-
wyſen und heran nuſt nit hindern laſſen, of das nit

brafts an Dir ſy. Datum Hagenauw ſabbô poſt Lucie, virginis Anno &c. XX. nono.

N. XXIV.

Copia eines Schreibens Pfalzgraven Ottonis, der Churfürſtlichen Pfalz Vormundern und Adminiſtratoris — auch Landvogten im Elſaß an Herrn Schmaßmann, Herrn zu Rappoltſtein und Hohenack d. a. 1437.

Unſern Gruß zuvor, Edler lieber beſonder, als Du dem Hochgebohrnen Fürſten Herren Ludwig, Pfalzgrafen bey Rhein und Herzogen in Bayern, unſerm lieben Bruder ſeelig geſchrieben und Abſchrift etlicher Brief mitgeſchikt haſt, antreffend die Edle unſere liebe beſondere Eberhardten und ſein Bruder Grafen zu Lupfen, als von der Schloß und Herrſchafft Hohenach mit ihrer Zugehörung ꝛc. ſolchen Deinen Brief und auch die Abſchrifft haben Wir mit Unſeren und der Pfalz Räthen eigentlich verhöret und eingenommen, und haben darauf den obgemelten von Lupfen geſchrieben, als Wir die Abſchrift hierinnen verſchloſſen ſchikken, was Uns nun darauf von ihm zur Antwort wirdt, darnach wöllen Wir uns richten, und Dir das auch zu wiſſen thun; dann wolten Dir die obgemelte Grafen von Lupfen Dir wieder gleich und recht jechts fürhalten oder thun, das wär Uns nit lieb, nach dem Du des obgemeldten Unſeres lieben Bruders ſeel. Söhnen und ihrer Herrſchafft und Uns als ihrem Fürmunder, gewant biſt. Datum Heydelberg ſecunda feria poſt octavas Epihaniæ Domini anno milleſimo quadringenteſimo trigeſimo ſeptimo.

ad N. XXIV

Extractus aus Johann Jacob Lufs Annalibus Rappoltsteinensibus Mspts ad annum 1483.

Schmaßmann Herr zu Rappoltstein und zu Hohenack, nachdem ihme das Schloß Hohenach mit seiner Zugehört durch Herzog Otten, Pfalzgrafen, dem Churfürsten und der Pfalz Räthen, im Rechten zugesprochen, daß die von Lupfen solches Schloß mit seiner Zugehört einraumen sollen, uff Montag nach Judica, als hat ermeldter Herr, solchen Spruch zu volziehen den Vesten Walther Ghirßberg, Fritz von Weilstatt, Ulrichen von Rappoltstein, seinen Bastarts-Bruder, Fritzen von Thüringen und andere zu ihnen mit einem Gewalts Brief abgeordnet, solche Vestung einzunehmen vnd zu besetzen, so geschah uff Freytag nach Judica.

N. XXV.

Vertrag zwischen Churfürsten Philipp zu Pfalz, alß Landvogt im Elsaß nnd Graf Sigmund zu Lupfen, wegen einziehender fremden Leute zu Morßweiler und Winzenheim im Obern-Elsaß. 1493.

Wir Philipps von Gottes Gnaden Pfalzgraue by Rine, Herzog In Bayern, des heiligen Römischen Reichs Erz Druchsaß und Kurfürst bekennen und thunt kunt offenbahr mit diesem Brief, das Wir, als ein Landvogt in Elsaß von des heiligen Reichs wegen uns mit dem Edeln unserm lieben getreuwen Sigmundt Grauen zu Lupfen Hern zu Stühlingen, umb die Dienst und Angehorikeit der armen Lüt, so von uſſen in die Dorf und Gericht zu Morßwile und Wintzenheim gezogen ſint und fürter ziehen werdent, vertragen laßen han, Alſo daß alle die Lüt, ſo uß der Stift Straßburg auch der Montat, mit ihrem Anhang, Item der Stift Morbach, Münſter im Sant Gregorien Thal und dergleichen allen andern frien Clöſtern, wie oder wo die gelegen ſint, Item von der Herrſchaft Horburg, Item von der Herrſchaft Rappolſtein hie diſſit der Fürſt die an Lothringen Land ruret, Item von der Herrſchaft Sadſtat, auch hie diſſeit der Fürſt, Item und darzu alle frie und Richsſtett von Nuwe, oder altem Herkommen, mit allen ihrem Anhängen, wie die das an ſich bringen, die alle ſullen dem heiligen Rich und Uns, als Landvogt, dienen. Dagegen ſollen alle die Lüte, was uſſerhalb den vorgeſchrieben frien Stiftern, Clöſtern, Herrſchaften oder Richſtetten, mit allen iren Anhengen, ſuſt von andern Fürſtenthümern, Geiſtlichen oder weltlichen, Marggrafſchafften, Gravſchafften, auch andere Herrſchafften, Ritterſchafften und gemeinen Landen, wo die gelegen ſint, der Herſchaft Lupfen dienen. Und ſolchem Vertrag haben Wir für Uns und Unſere Erben gegen den obgenannten von Lupfen, ſine Erben und ſiner Herrſchafft uffgenommen, den on alle Irrung und Hinderniß ſtet und veſte zu halten, getreuwlich und ungeverliche, Zu Urkund haben Wir unſer Ingeſigel thun henken an dieſen Briefe Datum Heidelberg uff Donnerſtag nach Sant Gallen Tag Anno Dni milleſimo quatringenteſimo nonageſimo tertio.

N. XXVI.

Revers der Römiſch Kayſerlichen Majeſtät Maximiliani I. als Oberlandvogts ꝛc. als Sie die Reichs-

Beylagen.

Landvogtey zu Jhro und des Heiligen Reichs Handen genommen ꝛc. 1504.

Wir Maximilian von Gottes Gnaden Römischer König ꝛc. zu allen Zeiten Mehrer des Reichs, zu Ungarn, Dalmatien, Croatien König, Ertz Herzog zu Oesterreich, Herzog zu Burgundt, zu Braband und Pfalzgraf ꝛc. Bekennen öffentlich und thun kund allermänniglich mit diesem Brief, als Wir dann jetzt die Landtvogtey im Untern Elsaß, so Pfalzgraf Philipp bey Rhein, bißher von Unß und dem Heiligen Reich, als ein Ober-Landvogt inngehabt, auß merklichen Ursachen, wiederum zu unsern und des heiligen Reichs Handen gewaltsahme und Regierung gezogen und genommen, daß Wir demnach bey Unsern Königlichen Würden zugesagt und versprochen haben und thun das wißentlich in kraft dieses Briefs, daß Wir Uns und des Reichs lieben Getreuen Schultheiß, Burgermeister, Raht und Zunftmeister der Stadt Collmar so in gemeldte Landvogtey gehörig, wollen schützen, schirmen und befrieden, vor allem Unrechten und Gewalt, alß ferr Wir können vnd mögen; Auch haben Wir zugesagt, daß Wir sie wollten laßen bleiben bey allen ihren Rechten, Freyheiten, Gnaden, guten Gewohnheiten und bey allen ihren Handvesten und besiegelten Brieffen, die sie haben von Uns und Unseren Vorfahren am Reich, Römischen Kaisern und Königen, Seeliger Gedächtniß, und Wir verheisen auch, daß Wir keinem Unseren Diener — noch andern, einige Briefe oder Schuld geben sollen, weder umb sein Dienst noch von anderer Sachen wegen, darumb sie die Stadt Colmar oder die Leuth, so darzu gehören, ansprechen mögen, oder ycht darumb an sie besonder oder mit andern Städten in Gemeinschafft ycht zu fordern, in kein Weiß, ausgenommen alle Gefährde. Mit Urkundt diß Briefs besiegelt mit Unserm Königlichem anhangenden Jnsiegel. Geben am zwanzigßen Tag des Monaths Augufti nach Chrifti Gebuhrt, Fünfzehnhundert und im vierdten, Unßerer Reiche des Römischen im Neunzehenden und des Ungarischen im Funfzehenden Jahre.

N. XXVII.

Schreiben des Königs in Frankreich an Herzog Friederich von Pfalz-Zweybrüken über des Königs Gesinnungen bey dem bevorstehenden Friedens-Geschäft zu Münster vom 20ften Auguſt. 1644.
(ex originali)

Mon Coufin, le defir paſſionné que j'ai eu depuis mon advenement à la Couronne *de voir ceſſer les troubles* dont la chreſtienté eſt agitée depuis tant d'années m'a obligé de n'obmettre rien de ce qui feroit en mon pouvoir pour parvenir à une fin fi fainte & falutaire, pour cet effect & *pour faire fenfiblement cognoiſtre la fincerité, avec laquelle j'agis*, & que mon deſſin n'eſt pas d'amufer le monde des mines & de vaines apparances J'ay choiſy pour l'aſſemblée de Munſter des Miniſtres des plus intelligens & confommez dans les affaires & des plus confiderables en fidelité & en zele que j'euſſe auprès de moy. Et que J'ay plainement informez de mes intentions & fondés de pouvoirs fuffifans, pour traicter & refoudre par eux-memes & fans avoir befoing de nouveaux ordres, toutes les chofes neceſſaires pour conclure & eſtablir la paix pour laquelle on s'aſſemble, & affin qu'un fi louable deſſein peuſt s'achever plus heureufement & avec plus de facilité, mes plenipotentiaires vous ont conviez par mon ordre d'envoyer Vos deputez pour aſſiſter au fusd. traicté & pour y cooperer avec eux & lui donner une bonne issuë, *furquoy je leur ay expressement commandé, qu'en ce qui concerne l'Allmagne, Ils n'eussent pas feulement a agir favorablement qu'il fe pouroit pour le bien des affaires de ce pays la, mais qu'ils efcoutaffent encore & fissent grande consideration de vos bons et fages confeils* pour les traicter en la meilleur & plus plaufible maniere qui feroit poffible. J'ay encore une autre raifon qui m'a faict defirer la préfence de Vos Deputez à ladite affemblée, c'eft affin, qu'ils *fuffent fpectateurs & tefmoins* de la conduite de mes Plenipotentiaires, & que voyans par eux mefmes *la candeur & la bonne foy qu'ils ont ordre d'apporter en leur negociation*, Vous en puiffiez eftre mieux éclaircis & cognoiftre plus affeurement l'injuftice *de ceux qui tafchent de la defcrier & de donner des impreffions contraires*. C'eft pourquoy je n'ay pas efté peu furpris des propofitions qui ont efté faictes à Francfort contre mesdits Plenipotentiaires, lesquels feront paroiftre en ce rencontre une telle moderation quelle fera bien voir que la profperité ne m'enfle point, mais pluftoft que c'eft par la que je defire correfpondre aux heureux fuccez que Dieu m'envoye & que je receois comme une approbation de fa part de mes deffins & de mes intentions, qu'il cognoift entre touttes eftre portées au bien & au repos de la Chreftienté; *& pour ofter tout lieu aux artifices qu'on employe contre la fincerité de ma conduite*, J'ay jugé à propos de vous exhorter immediatement & par moy mefme à intervenir à l'affemblée de Munfter pour y proceder dans le mefme efprit que moy *qui eft un efprit de paix & felon la mesme regle qui eft celle de l'équité et de la juftice.* — Priant cependant Dieu qu'il Vous ayt Mon Coufin en fa fainte & digne garde. Efcrit à Paris le xx Aouft 1644.

    LOUIS.

              [ARMENIEC.]

N. XXVIII.

Abschrift des erſten Schreibens der Franzöſiſchen Bott-
ſchaffter an Herzog Friederich von Zweybrücken
d..d. 6. Apr. 1644. (Ex autographo)

CELSISSIME PRINCEPS,

Ut pridem Gallia vt cupide pacem tota Chriſti-
anitate ſancitam voluerit, nec Celſitudo Veſtra
nec e Germaniae Proceribus quisquam neſcire poteſt. Anni iam nobis quinque in hanc rem inten-
tis perierant, cum tandem conſpirare nobiscum
viſi ſunt, & in idem publicae tranquillitatis ſtudi-
um trahi Domus Auſtriacae Principes. Pepigimus
Hamburgi vtriusque partis cum poteſtate legati,
tempusque & locum habendo Conventui ediximus.
Pactionem proxime conſecutae ſunt & Galliae &
Sueciae Ratihabitiones; Imperatoris & Regis Ca-
tholici non ſunt conſecutae. Exacto deinde anno,
Adverſarii quieta rurſus conſilia amplecti & pactis
conuentis ſubſcribere. Vt primum pacis ſpes illa
rediit, Lutetia moturi eramus. Interceſſit luc-
tuoſa mors Regis noſtri, glorioſiſſimae memoriae,
quae non eſt paſſa niſi rebus domi conſtitutis
aliud foris agitare. Jneunte vero Regnum foelici-
bus auſpiciis Ludovico XIIII. Reginae matri- ac
regenti, ſapientiſſimae juxta & ſanctiſſimae Principi,
nihil antiquius fuit quam votis mariti defungi,
publicamque omni ſpe promovere concordiam. Jpſius
mandato ſtatim profecti, Hagâ iter fecimus &
Belgii ordines huc quoque propediem legationem
adornaturos in noſtram ſententiam adduximus.
Nimirum pacis diuturnitati proſpicientibus nobis
cautio fuit, vt neque ſine belli ſociis vllo modo,
neque cum iis indiligenter res tanta ageretur.
Nunc a nulla re imparati adſumus; nec in nobis
mora, nec in foederatis erit. Vtinam eandem Cae-
ſarianis

farianis viam infiftere vifum effet, & vos Germaniae Principes magnam inftituti operis materiam ad Congreffum hunc accerfere: Expeditiores exitus haberet negotium, & ferio rem agi crederemus. Jam uero nullus hic ab vniverfis Jmperii Ordinibus nullus a fingulis ablegatus. *Vbi funt quorum maximè causâ bellum fusceptum eft, & fœliciter geftum?* Vbi illae voces Amniftiam flagitantium, & quae nunc vltro fe offert inftaurandi Jmperii occafionem? Hanc vel praecipuam inter belli caufas fibi ftatuerunt Galli Suecique ac publice contestati funt: *eo confilio arma fumpferunt, nonnifi reddita Germaniae libertate, ponenda.* Id fecus interpretati Auftriaci ita accipi voluerunt, *quafi Regnis res fuae folummodo cordi effent, commoda veftra obtenderentur.* Vtrius partis fincerior fuerit oratio, *magna alterutrius mercede hic patefiet.* Nunc demum detrahenda eft perfona, *profitendumque palam in hoc ad pacem Conuentu quid fibi quisque bello parari voluerit.* Accedat igitur Celfiffimus Princeps, veniant in rem praefentem quotquot funt Germaniae Proceres, *confiliorum factorumque noftrorum teftes futuri, atque haud dubie adjutores.* Sane fi rite atque ex ordine publicam Europae caufam aufpicari & abfolvere fas eft, nonnifi cum Jmperatore & ftatibus fimul ac femel tranfigatur oportet.

Neque enim jus belli & pacis ei uni competit neque Gallia *quae Germanicam praetulit & conftanter tutata eft libertatem*, in eâque non parum praefidii fibi effe fentit, haec legitima Jmperii *& propriae fecuritatis fundamenta* convelli patietur vnquam. Norunt omnes, feriem iftam bellorum quibuscum tam diu Chriftianus populus mifere conflictatur, ab ifto ferme capite fluxiffe, quod neque Principibus neque ordinibus Jmperii fuus honor habitus fit, fua jura fervata; nonnullis etiam dominia, imo & ipfa corporis libertas erepta fuerint. Quae vero ad omnes ab ipfis Imperii primordiis, ac primum latis legibus pertinent, ea ad vnum fere contraxit paucorum potentia. Quid opus eſt verbis ? Jam diu circumfertur Domum Auſtriacam Europae Monarchiam moliri: Baſin tanti aedificii conſtituere in ſummo dominatu Imperii Romani ceu centri Europae. Hunc vt ſtabiliat omnia Majeſtatis jura vim legum & munia Magiſtratuum ordinibus Imperii paulatim ire ademptum. Sola certe Electores & Principes aliquot in exilium egit. Sola hactenus armorum jus ſibi aſſeruit. Et nunc quoque Francofurti in eo tota eſt, vt ſibi ſoli vindicet tractandæ pacis arbitrium. Quod niſi Celſitudo veſtra cæterique *quibuscum diuiſum Imperium Caeſar habet*, mature prohibuerint, actum eſt de libertate Germanica, jactum firmatumque fundamentum Monarchiæ regnaturæ. Cum vero Dei beneficio ita ſe dent tempora vt liceat tantis malis mederi, ejusque rei cauſa freqüentes foederatorum Principum Legati Monaſterium Weſtphalorum & Oſnabrugam conuenerimus, impoſituri tot conatibus pulcherrimum diem; hortamur Celſitudinem veſtram nomine Chriſtianiſſimi Regis ne cum publicæ rei tum priuatæ in tanta omnium expectatione deſit, & ſuos continuo Miniſtros huc mittat daturos nobiscum operam ne armis jam pene parta, Tractatu dilabatur cautio communis ſecuritatis. Idcirco Celſitudini veſtræ & uniuerſis Imperii ordinibus ſaluum Conductum impetrauimus, nec niſi impetrato, pacis negotium proceſſiſſet. Certe unum fuit e præliminaribus in quo diutiùs hæſimus. Renuebat omnino Imperator. Longo poſt tempore concedebat iis verbis, quæ infra dignitatem veſtram eſſent, ea ſententia quæ authoritatem nullam præſtaret. Vobis prouidendum eſt ne quod tandem magna contentione veſtri cauſa expreſſimus, inſuper habeatis. Sin ita viſum fuerit, ſi tantam ſinatis rei bene gerendae opportunitatem corrumpi, pace veſtra dictum ſit, hæc non erit veſtra Pax. Compoſitis cæteris Europæ partibus ſola Germania de ſtatu dejecta,

non tantum a foluto legibus Imperatore, fed etiam
vt e re Hifpanorum fuerit ab extremis Gadibus aut
bellandi aut quiefcendi fufpenfas habebit rationes.
Itaque negotium Germanorum imprimis agitur,
Quanto fuo malo, quam miferanda patriæ calami-
tate fummum illud in Imperio imperium ipfis ftete-
rit, fuperfluum eft eloqui. Si vocatis, ut par erat,
omnibus Imperii Principibus inftituta fuiffet illa
tractatio, profecto liberæ grauesque fententiæ di-
ctæ fuiffent, & incendium iftud quo Germania fini-
timæque Provinciæ arferunt, quodque hodie ne
ruina quidem reftinguitur, nunquam foret excita-
tum. Senfiffent, qua pollent prudentia Ordines fub
nomine ejusmodi pacis irritamenta belli latere, vt
docuit euentus: qua pollent authoritate, monuif-
fent, auertiffentque. Tot malis ac trifti experientia
edoctos vix credimus fefe rurfum præteriri paf-
furos, in hoc maxime loco vbi de fumma rerum
agitur. Nec fi liceat ipfis per Imperatorem & quidem facile licebit, alibi feorfim Collegium habere, *nullius quae hic gerentur infciis & incon-
fultis*, falua dignitate confentient. Moti fcilicet
celeberrimo conuentu tanti Principes, in loco
peregrino ftarent additamentum partium. Sed non
folum in eo vertitur dignitas; Vana illa fint &
tranfmittantur. De Jure. *de fortunis* res eft. Mag-
nis itineribus hinc diffiti, inania rerum ad ipfos
perferrentur, arcanorum ignari; neque fincerum
quicquam audirent quod aliter quam eft, referri
ipfis alterius intereffet. Nimirum in tantis & im-
peditiffimis negotiis os ori admovendum eft,
omnia coram adminiftranda: Internunciis, epifto-
lis, relationibus, quodcumque lubitum eft, inter-
polatur facile adulteraturque. Animaduertant denique in peculiaria illa paucorumque Comitia gratiam facile irrepere (fordibus enim ibi effe locum
vix quifquam fufpicari audeat). Vt vt fit, omnia
Imperatoris arbitratu gerantur neceffe eft. Quod
non perinde ufu venit, in majoribus Comitiis vbi

numerus & authoritas aequitati fuffragantur, veritatem in aperta luce collocant. Quae quidem etfi aliter quam veremur cafura, nullus praeftare poffit. Quis moram penfabit pacis tantopere concupitae? Ejus miros amores cum profiteantur Caefariani, non eft cur ad ambages confugiant, quae necefsario fuccidanea & fubordinata illa Comitia confequentur. Poftremo quis non jure metuat inter longiores moras ex fubitis armorum cafibus nova confilia capiantur quibus negotium pacis omnino intercidat.

Haec funt, Celfiffime Princeps, quae munere nobis impofito Celfit. Veftrae fignificare oportuit, pro publico quidem, *atque fingulari Imperii Principum bono* fi ferio animum adjecerint. Sin autem cunctatione fua, quod abfit, vel aduerfariorum artibus fiat, vt praefentiffimam opem ferenti, eosque in partem victoriarum vocanti amiciffimo Regi non aufcultent, fruftra pofthac errore an culpa amiffum Imperium decus quaefierint; fruftra auream Bullam, Conftitutiones Imperiales, Tranfactionem Paffauienfem; fruftra Capitulationem & Sacramenta Caefarum, aut Sanctionem Pragmaticam, obfoleta nomina implorauerint. Vnius domus patrimonium erit Germania; & quo Bohemia fato, primarium Imperii membrum eodem vtique totum Imperii corpus corruet. Denique fic habeat Celfitudo veftra & quotquot eftis Germaniae Principes priftinam dignitatem, jura, libertatem, aut hic recuperanda effe aut nullibi; talique impofterum fortuna vfuros, qualem fibi communicatis nobiscum confiliis in hoc Chriftiani orbis Senatu fecerint. Dab. Monafterii in Weftphalia die 6. Aprilis 1644.

  Celfitudini veftrae,

      Ad officia paratiffimi

   Claudius de Mefmes. Servien.

N. XXIX.

Weiteres Schreiben der Französischen Gesandten an H. Friederich d. d. 4. Sept. 1644. (Ex autographo).

CELSISSIME PRINCEPS,

Quam conſtanter & publicæ tranquillitati & dignitati veſtræ Rex Chriſtianiſſimus faveat, ex his ab ipſius Majeſtate literis haud dubie Celſitudo veſtra grato in optimum Principem animo agnoſcit. Id multis jam documentis perſpectum in hac vero pacis tractatione perſpiciendum magis, ſcripta nuper ad Celſitudines veſtras epiſtola profitebamur: hortatique eramus adeſſent frequentes Monaſterii, teſtes futuri num promiſſis noſtris reſponſum res foret. Veſtra hoc intereſſe plurimum veſtrique eſſe juris inſuper monuimus. Quæ quidem Cæſariani in lequiorem ſenſum & a noſtro plane alium detorquere poſſe rati, nobis vitio dederunt, quaſi temere injuſſique ſcripſiſſemus. Nunc ecce Regia dictis factisque noſtris accedit *authoritas*. Ipſe vos Rex, ipſa vos Imperii jura, ipſum hoc de pace colloquium vocat. Omnino opperimur ab Imperii Proceribus ablegatos, nihil rerum agimus interea temporis: quorſum evadant tot injectæ ab adverſariis moræ & qua tandem commodiſſima ratione reduci illi in viam poſſint, circumſpicimus. Submittat nobis Celſitudo Veſtra tam Chriſtiani tam ſalutaris conſilii adjutores. Agitabimus ſimul proferemusque in medium ſingula, quibus negotium Pacis inchoari ac proinde Pax ipſa conſieri poſſit, nec in nobis quicquam deſiderari patiemur. *Jam omnia ſumma fecimus, nec renuimus ad iniquas paene conditiones deſcendere.* Imprimis, quod præmittendum fuit, Mandata hic noſtra Procuratoria cum diverſæ partis Mandatis commutavimus: quod

etſi itidem eodemque tempore Oſnabrugæ ex pactis
præliminaribus fieri oporteret, nec per Imperiales
fieret, perreximus tamen neque podem vt par erat
retulimus. Tum ne diutius in limine hærendum foret, vtque omnis protrahendi negotii prætextus
amoveretur (peccatum enim quidpiam in exordio
Diplomatis verborumque apicibus arguebant) pro-
tinus per Illuſtriſſimos Nuntium & Oratorem Ve-
netum ſignificandum ipſis curavimus, nos ſimulat-
que Mandata Oſnabrugæ commutata fuiſſent in no-
vam Mandatorum noſtrorum formulam conſenſuros,
modo illi ſua in præcipuo capite manca & vitioſa
corrigi quoque curarent. Denique licet tam multa
jam præſtitiſſemus, ericerunt tamen a non invitis
Illuſtriſſimi Mediatores vt dum in ſextum jam men-
ſem producitur debita Oſnabrugæ commutatio, hic
nihiloſecius vtriuſque partis Mandata ex compacto
emendarentur, alia a Principibus vtriuſque noſtris
accerſerentur. Hoc vnum ſtipulabamur æquiſſime vt
quæ tandem Monaſterii Diplomatis Procuratorii
formula ad Imperiales pertineret; placeretque: eadem iisdem verbis concepta Oſnabrugæ placeret,
admittereturque; cum vtrobique par agendi ratio
tempusque præſcripta ſint. Nonnihil de jure noſtro
& Fœderatorum remiſiſſe & merito quidem exiſti-
mabimus: Nam nec Sueci a nobis diſſenſerunt,
quamvis cur diſſentirent, graves eſſent cauſæ, &
præteriri hoc pacto viderentur. Id poſtquam impe-
tratum eſt conſultant Cæſariani Monaſterienſes &
Oſnabrugenſes medio inter vtramque Vrbem loco,
bene longo tempore, (ne ſcilicet neſciremus illos
deliberato omnem promovendæ pacis rationem
abjeciſſe) oblatam conditionem ſibi minime placere
pronunciant. Quid ipſa porro placiturum ſit, non
aſſequimur. Cæterum hæc neque a nobis debeban-
tur, neque ab aliis exigi poterant; Vltro a Rege
conceſſa ſunt ſtudio Pacis, cujus apud ſe potiora
eſſe jura voluit, quam ipſius Tractatus Prælimiṅaris
& rerum judicatarum. Quæcunque autem illæ ſunt

argumenta quibus Procuratorii noſtri Mandati vel formulam reprobare vel authoritatem elevare conantur adverſarii, ea quantumvis futilia ſint, ac dicis tantum cauſa afferantur, uno verbo diluimus. Etenim ci m nobis facta ſit poteſtas faciendi ſatis ipſorum poſtulatis, certe voluntas non deeſt. Age congrediamur, nulla erit mora, omnes formulæ clauſulæ cautiones concepta verba vel ad faſtidium Prætoris adhibeantur: omnia quæ vel leviſſimam in animis ſuſpicioſorum hominum umbram excitare poſſunt, expungantur. Procedat modo tantopere ab omnibus (vtinam non a quibusdam in ſpeciem tantum) exoptata pacis tractatio. Sed neque ceſſatum eſt a Suecis aut quidquam prætermiſſum quo poſſent Imperiales ad conſtituendum tandem negotio initium promoveri: Cauſantur iſti illatum Mediatori bellum, amoto Mediatore capita conferre nolle. At reponunt ea Fœderati noſtri quæ nulla ars nulla umquam ingenii ſolertia ſatis apte eluſerit. Imprimis, ſe Mediationem Venetam accepturos profitentur; quoquid ab illis commodius dici fierive, quid durius ab adverſariis repudiari poſſit non videmus. Hic Sereniſſimæ Reipublicæ fidem, æquitatem Legati peritiam dignitatem prædicari non eſt conſilium; neque ea in dubium vocantur a Cæſarianis. Jugulum cauſæ petimus. Quænam iſta prudentia eſt Monaſterii Venetæ interpoſitione uti velle, nolle Oſnabrugæ? cum etiam uterque conventus pro vno eodemque ex pactis cenſeatur. Nunquid pro locorum varietate ſentiet Verietus, num aliud ſtans aliud ſedens loquetur? Offerunt ſe ſecundo loco Sueci Mediationi Veſtræ, Celſiſſimi Imperii Princeps, in quo quid prius miremur incertum, vel Suecorum fiduciam qui ab alienis, vel Cæſarianorum diffidentiam, cum veſtra injuria conjunctam, qui ne quidem a ſuis æquitatem expectent. Poſtremo ſi neutra Imperatori Mediatio placeat, parati ſunt nihilominus nullo nec interprete nec ſequeſtro Congreſſum in-

ftituere, rem amice coram & in os componere.
Hæc omnia contrahendæ tractationis media cum
liberaliter, fincere, publice a Suecis oblata fint,
fubit omnes mirari & merito, qui fiat, vt nulla
æquiſſimarum conditionum accepta fit, repudien-
tur cunctæ ac ne audiantur quidem. Qui Ofnabru-
gæ funt Cæfaris Plenipotentiarii (hos libenter in-
terrogatos vellemus cujus tandem negotii caufa
illic hæreant) nefas efſe ducunt vel hifcere, quod
ad rem faciat, vel minimum illam in viam ingredi,
qua ad pacem eatur. Ipfis fane & Imperialibus
Commiſſariis ad Comitia Francofurtenſia optime
convenit; illorum quippe altum filentium cum di-
cenda eſt fententia fuper oblatis Mediationis con-
ditionibus; horum oratio & grandes iræ eo plane tendunt, vt omnem non modo pacem fed et
fpem pacis explodant. Nos minimo negotio cri-
minationes iftas refelleremus, quibus male accepti,
Regiæ erga vos benevolentiæ & officioſiſſimæ in-
vitationis præmium, convitia retulimus. Quod fi
non ejusmodi contumeliarum fenfu careremus
neque Reipublicæ condonatas vellemus, perfacilis
erat accufationis in nos inftitutæ depulfio. At cum
ita res fe habeat, vt nihil apud nos fit obtrecta-
tione vilius, nihil pace carius, hanc filentio noftro redimere, præftat quam acri refponfione iis
ipfis gratam novæ litis materiem præbere per
quos nullus tandem altercandi finis effet. Mone-
mur exemplo præeuntis Regis, cujus in facram
Chriftianiſſimamque Majeftatem cum parum quoque reverenter & parum Chriftiane dixerint, ma-
luit ille magnifice contemnere quam dignitatis fuæ
clementiæque oblivifci. Neque vero ullum efſe ar-
bitramur qui, quod obduramus, modeftiam hanc
noftram infirmitati deputet. Abfolvunt nos ab ifta
fufpicione quas Regi Deus Dominoque noftro vi-
ctorias ad vetera fortunæ Gallicæ ornamenta con-
tinentur addit; Ei nos imprimis voluit Chriftia-
niſſimus Princeps, imo etiam fingulariter, unice

que vni cætera incuriofos incumbere. Eſt profecto cur hanc mentem illuſtreſque conatus Celſitudo Veſtra pro virili juvet, jubeatque ſuos *ſe ibi Miniſtros quantocyus ſiſtere, vbi parati ſumus palam fateri, ac conteſtari invictiſſimis rationibus & ipſis factis. Regem non modo pacis eſſe percupidum ſed illius pacis quae ſit Germaniae uſibus accommoda.* Quin etiam habemus in Mandatis vt Procerum Ordinumque Imperii non ſolum conſilio (quanquam hoc maxime) verum judicio quoque vtamur, nil inſciis ipſorum Legatis de rebus Germaniæ aut deliberemus aut ſtatuamus. Non evocantur ad conventicula ſeditioſa. Per Comitia Ratisbonæ nuper habita, per acceptam a Caeſare tuti itineris fidem, per & Imperii leges cujus tanta pars ſunt, licet iis coactum, hic ipſo Deo authore Concilium adire, in eo federe, ſententiam dicere. *Iſto jure ſuo ſi fuerint vſi, factam ſibi eſſe injuriam nemo conqueri niſi injuria poteſt:* in ea autem tempora negotiaque incidimus, *vt nunc profecto jure illo utendum ſit aut nunquam.* Huc pertinet non Imperatoris ſed Imperii ſumptibus bellum hactenus geſtum eſſe, *nolentes volentes in ſocietatem belli adſcitos ſtatus.* Quidni itaque & in conſultationem pacis vocentur? Quidni jure ſocietatis participes fiant tractationis illius, cujus beneficio e tantis malis poſſint emergere? Nam minime id contendunt Foederati Reges & Principes, atque imprimis Rex Chriſtianiſſimus, vt Imperatoriæ poteſtatis legitima decora in dubium vocentur, aut violentur: Nec vel Galli Proteſtantium vel Sueci Catholicorum libertati ſtruunt inſidias, ſed vtrique vtrosque eum in locum reſtitutos cupiunt quo ante has turbas, ſecundum fundamentalia Imperii jura, æquabili inter Cæſarem Ordinesque temperamento feliciſſime conſtitere. Studium hoc honeſtiſſimamque voluntatem bonis probatam iri non dubitamus; præſertim vero Celſitudini Veſtræ, omnibusque Germaniæ Principibus vere Germanis. Cavendum

autem ipſis maxime, *ne tempus agendi deliberan-*
do conſumant in deligendis mittendisque Legatis,
alii alias circumſpectantes. Jam diu ceſſamus; ne-
gotium urget. Videant etiam ne quorum primam
vocem exemplumque patienter magis quam caute
ſecuturi expectant, iis forſitan per occultas artes-
præire non ſatis liceat, neve aliqui ſuis priuatim
commodis conſulant, Reipublicæ ſecuri. Quod ſi
laboranti patriæ ſuccurrere, minus velint aut poſſint; certe non intercedent, generoſis conatibus
vindicantium libertatem publicam, & Orbi Chri-
ſtiano pacem repræſentare Satagentium. Hunc nos
diem ſpe votoque præcipimus, facturi ſedulo vt
nec priuatis Celſitudinis Veſtræ nec Germaniæ totius rationibus parum commodaſſe videamur. Dabantur Monaſterii Weſtphalorum die 4. Sept. 1644.

Celſitudini Veſtræ,

Ad officia paratiſſimi

Claudius de Mesmes. Servien.

N. XXX.

Abſchrift des durch den Königl. Schwediſchen Geſandten dem König in Frankreich zugeſtellten
Schreibens über die Abſtellung ſeiner angelegten,
an rechtlichen Fehlern kränkelnden Reunionen und
den wahren Verſtand des Weſtphäliſchen Friedens wegen der Oeſterreichiſchen Ceſſionen im Elſaß. 1680. (ex actis originalibus.)

SERENISSIME AC POTENTISSIME REX
CHRISTIANISSIME DOMINE, CLEMENTISSIME.

Trigeſimus ſecundus jam agitur annus, quum
Pax Germaniæ reddita, neque incognitum eſt, quan-

Beylagen. 331

tis difficultatibus non modo arduum illud opus, fed & Regiæ Majeſtati Veſtræ *ſatisfactionis conditiones* conſtiterint, tandemque omnium conſenſu eo conventum fuerit, vt præter tres illos Epiſcopatus, Metenſem, Tulenſem & Virodunenſem, ſcilicet, Eorumque Epiſcopatuum diſtrictus *certâ etiam Alſatiae Pars* Majeſtati Veſtræ, quo magis dicta Pax & amicitia inter Paciſcentes tunc firmaretur, & ſecuritati publicae melius proſpiceretur, cederet; Quemadmodum vero multos poſt annos vterque Paciſcentium in illo, quod pactum erat, *acquievit, neque Regiae Majeſtatis Veſtrae Miniſtri quicquam ulterius praeter novum aliquod homagium, a Decem civitatibus ſuperialibus, in Alſatia non ceſſa*, ſitis, vt & a nonnullis Imperii ſtatibus (ratione dictorum Epiſcopatuum) feudalitatis nexum exegerant, (quæ lis tamen poſtea ad certos utrinque Selectos, arbitros remiſſa, & quod ad juramentum Civitatum attinet, deciſa fuit) Ita pace non ita pridem Neomagii concluſa & ratificata, præter omnium ſpem, exſpectationem mox longe diverſum) undiquoque poſtulatum fuit, ac nuper a Regiæ Veſtræ Majeſtatis & Briſaci noviter Conſtitutis Parlamentis Tribunalibusque ni ſingulos in utraque Alſatia Imperii ſtatus, Eorumque Territoria ſupremi quoddam Dominii jus per modum ſententiæ attributum, eoque nomine juramentis ſubjectionis exactum ſubditi ab homagio (legitimis Dominis) præſtito) abſoluti novoque erga Regiam Majeſtatem Veſtram ligati, atque vi, manuque militari ad ejus præſtationem nec non Contributionum & ſubventionum, ut vocant, ſolutionem, contra expreſſum tenorem Inſtrumenti pacis Neomagenſis §. Contributionem vero &c. coacti fuerunt; Imo eo jam res erupit, ut cum ſub eodem colore plurimæ Sereniſſimi Electoris Palatini, cæterorumque Comitum Palatinorum Rheni, Trans-Rhenanæ Provinciæ, nuper a Gallico Milite armata manu, occupatæ fuiſſent atque Caſtrum Falkenburg, eadem lege addeditionem poftularetur, fua Serenitas Electoralis autem illud dedere optima fide renueret, longe fane vehementiori, impetu, dictum caftrum aggreffione militari, & tormentorum vi, expugnatum. Ejusdemque Serenitatis territoria, oppida, Arces, villæ, & alia infeftata, fubditi fpoliati, omniaque adincitas redacta fuerint.

Verum cum adeo acerbæ executiones Paci Weftphalicæ (*per Neomagenfem nuper denuo confirmatae*) minime conveniant, Infuper Electores Principes & ftatus S. Imperii fummopere foliciti reddantur, quod dicta tribunalia in ftatus Imperii eorumque territoria qualemcunque fuperioritatem fibi arrogare, contendant, officii noftri omnium duximus, ad Regiam Majeftatem Veftram totam caufam decenter referre atque totius negotii Rationem paucis exponere.

Conftat enim Pace nuper Neomagii conclufa, lege Publica utrimque conventum fuiffe, ut Pax Monafterii Weftphalorum Solidiffimum mutuæ amicitiæ, tranquillitatisque publicæ effe debeat fundamentum, illaque in omnibus & fingulis priftino fuo rigore reftituenda fit, fi itaque pactio ifta folennis, hoc undiquaque inniti debeat fundamento (uti revera innititur), certe quidquam amplius, quam quod ibi expreffe ftipulatum reperitur, exigi non poterit.

Neque enim, qualiscunque alia territoriorum & iurium Ceffio, quam illa, quae Monafterii Weftphalorum facta, ac Neomagii confirmata fuit, nullo publico Documento, probari poteft, Regiae etiam Majeftatis Veftrae nunquam peritura literarum, aliaque documenta fatis euincunt, Ipfum apud tractatus Weftphalicos, aliis locis toties atque publice, afferuiffe, nil fibi magis Curae effe, quam vt ftatibus

Imperii sua libertas immedietatis, jura & dominia inconcussa servarentur atque restituerentur.

Testatur insuper abunde Pacis Monasteriensis Instr. §. Primo quod supremum &c. 70. praeter supradictos Episcopatus, Eorumque districtus nil amplius cessum neque aliam Paciscentium mentem fuisse, quam vt in Regiam Majestatem Vestram translatum supremum dominium omnimodaque iurisdictio tantum eatenus exerceatur, quatenus illa tunc intra districtus illorum Episcopatuum obtinuit, atque exercita fuit, neque sub ullius iuris Dioecesani, numquam cessi, aut ullo alio quocunque praetextu, ultra dictos districtus, propriumque ipsorum territorium longe minus in ea feuda quae status Imperii ante motus Germaniae à dictis Episcopatibus forte olim recognouerunt, extendenda sit.

Patet quoque Landgrauiatus cessione, neutiquam uniuersam Alsatiam, immo ne quidem ulli Paciscentium adeò enormem Cessionem in mentem venisse. Quemadmodum enim ibi, scilicet §. 3. Imperator &c. 73. quid Regiae Majestati Vestrae in Alsatia cessum fuerit, nominatim designatur, nempe Oppidum Brisacum, Landgrauiatus superioris & inferioris Alsatiae (*non tota Alsatia*) Sundgovia, Praefecturaque Prouincialis 10. civitatum Imperialium in Alsatia sitarum (*non vero ipsae Ciuitates Imperiales*) omnesque Pagi, & aliaquæcunquè iura, quae à dicta Praefectura (*non ab Alsatia vel dictis Ciuitatibus*) dependent, *adeoque Alsatiam à Landgrauiatu & eiusdem Praefectura Prouinciali maxime semper distinctum fuisse, euidenter probatur*, ita subsequenti, ac speciali lege nempe §. teneatur Rex Christianissimus &c. 87. notanter conuentum atque pactum fuit, *quid ab illa Landgrauiatus & Praefecturae Cessione exceptum & non cessum fuerit*, tene-

ri nempe Regiam Majeftatem Veftram non folum
Epifcopos Argentinenfem, & Bafilienfem, cum ci-
uitate Argentinenfi; *fed etiam reliquos per utram-
que Alfatiam Romano Imperio Immediate fubiectos
ordines*, Abbates, Murbacenfem & Luderenfem,
Abbatiffam Andlavienfem, Monafterium in Valle St.
Gregorii, Palatinos de Lyzelftein, Oberftein, to-
tiusque inferioris Alfatiae Nobilitatem, itemque
praedictas 10. Ciuitates Imperiales, quae Praefecturam Hagenoenfem agnofcunt, *in ea libertate &
poffeffione Immedietatis erga Imperium Rom. qua
hactenus gauifi funt, relinquere, ita, ut nullam ulterius in eos Regiam fuperioritatem praetendere
poffit, fed iis iuribus contenta maneat, quaecun-
que ad Sereniffimam Domum Auftriacam
fpectabant* & per tractatum illum Pacificationis ceffa fuere &c. &c. *His ita praemiffis nulla
ratio fupereft, qua totam Alfatiam ceffam fuiffe, evinci poterit.*

*Ad quid enim opus fuiffet, decem Imperiales
Alfatiae Ciuitates poft Pac. W. plenarie reftituiffe?
militemque Gallicum eduxiffe? ad quid etiam opus
fuiffet, de libero Gallicarum legionum tranfitu, de
Civitatis tabernarum neutralitate, de fortalitii Ben-
feldani demolitione, & fimilibus, in fauorem Galliae nominatim ftipulari? fi utraque Alfatia, ut
fupra Allegatum, translata fuiffet; ad quid denique de fupra dictorum ftatuum immediatorum refti-
tutione, adeoque follicite tranfigere, fi talia, quae
nunc adgerentur, licerent?*

Et pofitó, ante unum vel alterum feculum,
alia nonnulla ad illa loca Galliae in Inftrumento
Pacis ceffa, de quo haud conftat, pertinuiffe, ex
eo tamen inferri nequit, ea, *tempore conclufae
Pacis*, adhuc ad illa fpectaffe, *cum nihil aliud
ceffum fit, quam quod dicto tempore à Sereniſ-
fima Auftriaca Domo, poffeffum fuit, nec fub*

dependentiarum qualicunque tandem nomine status Imperii & immediati intelliguntur, multo minus transferuntur, cum status Imperii ab aliis statibus ita minime dependeant, sed singuli per se subsistant; Longe etiam iniquius foret, status immemorabili & plurium seculorum possessione innixos, ad editionem titulorum suorum, contra omnia Jura cogere, hoc enim modo totius orbis possessiones & rerum dominia incerta redderentur.

Accedit porro, quod omnia illa territoria & loca, quae nunc tam in utraque Alsatia, quam à Serenissimo Domino Electore Palatino, & Domino Episcopo Spirensi, sub praetextu Weissenburgensium dependentiarum praetenduntur: Imo ne quidem ipsa praepositura Weissenburgensis, in Alsatia sita, nec pro eiusdem parte nunquam habita fuerit, idque inter alia ex ipso supra citato §. Teneatur Rex Christianissimus &c. 87. evidentissime probatur, ubi potiora atque utriusque Alsatiae membra, tamquam status Imperii, à Landgraviatus cessione excepta, non modo nominatim designantur. *Palatinatus, & Weisenburgensis praepositurae territoria autem-tanquam non ad Alsatiam spectantia prorsus omittuntur,* sed & Instrumenti Pacis textus longe aliud, tam de Palatinatus quam Episcopatus Spirensis, & dictae Praepositurae Weissenburgensis, territoriis & iuribus restituendi, transactum fuisse, notorie testantur.

Palatinatum enim, quod concernit, lege publicâ in §. Deinde ut inferior &c. 14. conuentum est, quod ille totus cum omnibus & singulis Ecclesiasticis & secularibus bonis, iuribus & appertinentiis, quibus ante motus Bohemicos Electores Principesque Palatini gauisi sunt, plenarie restituendus sit, *quod etiam de reliquis Dominis Comitibus Palatinis Rheni,* Pace Osnabrugensi Art. IV.

§§§. 20. 21. & 22. nominatim stipulatum reperitur, dictos scilicet, Comites Palatinos, in omnes Ditiones, dignitates & iura ac in specie Dominum Leopoldum Ludovicum in Comitatum Veldenz ad Mosellam tam in Ecclesiasticis quam Politicis contra omnia attentata in eum statum, quo anno 1624. Eiusdem Dominus Parens fuit, restituendum esse.

Neque minus, de Comitibus de Nassau, Hanau, Leiningen-Dachsburg, liberaque Imperii Nobilitate, aliisque Imperii statibus supra citata Pace Osnabrugens. §. Comitibus Nassau Sarapontanis &c, 30. & sqq. expresse statutum fuit, Idemque quoque de Episcopatu Spirensi & Præpositura Weissenburgensi in §. Rex tamen præter &c. 77. pactum fuisse, ex ipsis conventionis formulis constat, quo scilicet omnia & quidquid omnino antiquitus in totius Episcopatus Spirensis Ecclesiarumque illi incorporatarum (qualis Weissenburgensis, à nonnullis retro seculis est) districta, Episcopo, & Capitulo competebant, & competere poterant, Eidem quoque inposterum salva integra & illæsa permanere debeant, quæ sane salva manente Westphalica & Neomagensi Pace immutari aut in alium sensum detorqueri non potuerunt; Vt autem de hac Paciscentium intentione posteritati tanto melius constare possit, illa Imperii omniumque statuum Consensu, eorumque nomine, singulari, ac publica declaratione scripto mandata Regiæque Vestræ Majestati per litteras die 28. Sept. Ao. 1648. decenter transmissa fuit, prout præter Instrumenta Pacis ad fidem etiam Protocollorum omniumque actorum Publicorum provocamus, neque enim Regiæ Vestræ Majestatis Ministri huic transactioni unquam contradixerint, quin potius, ultra 30. annos eandem bona fide agnoverunt, nec præter supradictum insolitum juramentum, Cujus decisio tamen, ut & Episcopatuum controversia, ad amicabilem compositionem

Beylagen.

tionem certosque arbitros jam pridem remissa
fuit quicquam praetenderunt, immo quod magis est,
Regia Vestra Majestas non solum in literis respon-
soriis ad Sacr. Imperium, die 18. Sept. 1669. da-
tis, declaravit, velle se Ministris & officialibus
suis Regiis in Alsatia demandare, ut in omnibus
actionibus sese taliter exhibeant, ut ex parte Imperii nulla causa querulandi superesse possit, sed
etiam per evacuationem & restitutionem, post pacem Westphalicam & recessum executionis Norih-
bergensis abunde testatum fuit; In gravatos modo
status Imperii & immediatos, nihil tale, quod iam
exigitur, praetendisse.

Quod pace insuper Neomagensi §. iuxta pacem &c. 27. non modo repetitum fuit, iuxta la-
pedictam Pacem Monasteriensem, in omnibus con-
firmatam omnia loca reciproce restituenda, & bona fide evacuanda, atque hanc in finem Commis-
sarios, eodem tempore, quo tractatus utrinque
ratihabebuntur nominandos esse, quod tamen hactenus ex parte Regiae Vestrae Majestatis executione
caruit; Asserunt quidem nunc demum Tribunalia Regia, quae Metis & Brisaci, & non modo, ratione Imperii statuum prorsus incompetentia sunt, sed &
Judicis & actoris partes simul sustinere conantur,
omnia; quae ante nonnulla retro secula, à dictis
Episcopatibus nec non superiori & inferiori Alsatia
Praepositoraque Weisenburgensi, dependisse, volunt,
quoniam Majestati Vestrae cessa, ideoque vindi-
canda esse; Quoniam vero nuda ista assertio, omni
fundamento & probatione destituitur, ipsaeque Pacis Tabulae (ubi saepedicti Episcopatus cum eorum
districtibus tantum & Landgraviatus Alsatiae cum
Praefectura Hagenoensi, duntaxat: nihil vero extra
districtus neque tota Alsatia, cessa deprehenditur)
eandem manifeste impugnant, eique contradicunt;
Regiae Majestatis Vestrae totius Europae iudicio re-
linquimus, utrum Tribunalium ista declaratio locum
habere atque sub tali praetextu tot Electorum Prin-

*cipum ac statuum aliorumque Imperii immediatorum
territoria Eorumque iura simul abforbere possint.
Cui, ut assentiamur, ipsa sane fides publica, quam
Patriae & posteritati debemus, ipsaque auctorum
publicorum ratio, prohibet;* Conqueruntur insuper
summopere Domini Duces Wurttenbergiæ, tam
Stuttgardianæ quam Mompelgardiensis Lineæ ut
& Dominus Princeps Salmensis & plures alii quod
ipsorum territoria, una cum dependenciis a Regiæ
Vestræ Majestatis Milite contra manifestum tenorem
Pac. Westphal. Osnabrugensis detineantur, restitutionemque
nec non ut in Provinciarum suarum,
& immedietatis possessione tranquille relinquantur,
juxta praefatum Instr. Pac. Westphal. §.
Principes quoque Wurtenberg. &c. 25. item Rheingravii
35. instantissime desiderant. Cognoscat Regia
Majestas Vestra quod saepedictorum statuum
Imperialium adeo enormes querelas (quas præ ceteris
quæ aliunde in dies & variis Imperii Regionibus
magno numero audiantur, tantum exposuimus)
tanquam totius S. Rom. Imperii Causam
paulo prolixius deduxerimus, quo sane libentius
superfedissemus, nisi tranquillitatis, ac Publicæ Pacis
necessitas, ipsaque causae Justitia, id quam
maxime postulasset, verum cum de Regiæ Vestræ
Majestatis Justitia & aequanimitate, optima quaeque
speremus, vix quoquo credibile sit, ipsam tot
tantasque Ministrorum officialium suorum Pacis
contraventiones approbaturam ulteriusque permissuram
esse; Eandem hisce decenter & instantissime
rogamus, ut controversias, quae ratione feudorum
olim ab Episcopatibus cessis dependebant,
nec non Civitatum Imperialium, quae Praefecturam
Hagenoensem agnoscant, amicabilem Compositionem
arbitriumque hisce in Comitiis jam dudum
constitutum, (remota omni armorum vi) denuo
remittere; Caeteros vero Sacri Rom: Imperii
Electores, Principes ac status *ubicunque sitos*,
parta sua libertate & immedietatis juribus impoftes

rum quiete utifruique permittere, nec non gravatos vel ditionibus fuis dejectos, reſtituere, omnes hoſtilitatis actus officialibus fuis & militaribus ſerio inhibere, gratioſe placeat. Quae omnia ut Paci tranquillitatique publicae *& Regiae Majeſtatis Veſtrae ſaepius repetitis ſincerationibus* quam maxime conveniunt, ita & illorum ſedula obſervatio in immortale Regiae Majeſtatis Veſtrae Decus & gloriam cedet, cui Nos impenſe commendamus, &c.

N. XXXI.

Abſchrifft Schreibens der Geſandten und Bevollmächtigten der Churfürſten, Fürſten und Stände des Teutſchen Reichs an den König in Frankreich d. $\frac{12}{15}$ Sept. 1648. (ex actis orig.)

SERENISSIME POTENTISSIME ET CHRISTIANISSIME REX.

Diuturna ac ſalutari pacificationis opere, Divina fauente Clementia eo perducto, ut quantum Caeſaream & Regiam Sueciae Majeſtates concernit, omnibus ſuis numeris ſit abſolutum, Colophonemei Gallicorum negotiorum perfectione, imponere atque publicis Calamitatibus, quibus Germania tam miſere hucuſque conflictata eſt, finem facere contendentibus obſtitit nobis, praeter ſpem & expectationem, ſatisfactionis Gallicae ante annum circiter Monaſterii inter Caeſareae & Regiae Veſtrae Majeſtatis Plenipotentarios, inita conventio. Quis ſcopus aut quae intentio armorum Gallicorum ab initio horum motuum fuerit, publica literarum nec uſquam inter molitura loquuntur monumenta, Nimirum nihil aliud quam ut ſtatibus Romani Impe-

Beylagen.

ti fua Jura, Dominia atque libertates in quibus illa
securitas tam Imperii quam Vicinorum, praesidii
non parum collocavit, restituantur atque eodem
modo sarta tecta maneant, quo ante hos motus
consistere; Nec tamen renuimus, quin, praeter ii-
los Episcopatus Metensem, Tullensem & Virodu-
nensem, quatenus illi cum Territoriis & Districtibus eorum ante hos motus possessi fuerunt, *etiam
quantum in nobilissima Germaniae Provincia, Alsatia, Domus Austriaca hactenus hereditarie posse-
dit satisfactionis loco cedat*. Vt tamen omnibus à
quovis tempore constare de hac nostra voluntate
queat, scripto eam comprehendimus, atque Regiae
Majestatis Vestrae Plenipotentiario, Illustrissimo
Domino Comiti de Servien &c. per manus Excel-
lentissimi Domini Salvii tradi fecimus; verum ut
juxta tenorem adjunctae Copiae, ipsi satisfactionis
Contextui generalius loquenti, Declarationem hanc
nostram & consensum adderet, impetrare ab ipso,
defectum mandati iugiter allegante, non potui-
mus. Dehinc non exigua negocio Pacificationis
mora injecta, rem omnem ad Regiam Majestatem
perferre, necessarium esse duximus, Nulli dubitan-
tes, quin Consensum hunc nostrum aequitati con-
sentaneum, atque ita comprehensum sit, ut desi-
derari à nobis hac in parte alterius nihil queat.
*Sane quemadmodum Domini Caesareani sese pluris
iuris, quam Domui Austriacae in Alsatia hactenus
competiit, & olim Episcopi in praedictis Episcopatibus possederant, in Coronam Galliae transfer-
re, nec voluisse nec potuisse, serio adfirmant, eoque nomine ad fidem Protocollorum provocant: Ita
nec in nostra situm est potestate, ulli Con-statuum
Imperii praeripere, quae usque nobis accepta fuerint, neque precario sed suo iure possident*; Idque
ut speramus, tanto minus Regia Majestas Vestra
a nobis exiget, quo magis expertum exploratum-
que habemus, eundem sumpsisse arma non ad in-
fingendum sed recuperandum & conservandum in

ra *Imperii & Statuum ceu amicorum & ex parte
Confoederatorum Coronae Galliae.* Ut igitur Tractatus pacis eo citius ad optatum perduci finem &
patria noftra ex duiturnis bellorum tempeftatibus
in portum tranquillitatis venire queat, pro ea,
qua publici boni gratia, urgemur fide & follicitudine Communi omnium ordinum ac ftatuum Imperii nomine, certo confidimus & rogamus, ut
Regia Veftra Majeftas *immutabili* huic noftrae
Declarationi, utpote legibus Imperii, Juribus
Statuum, *intentioni Dominorum Caefarianorum
& Promiffionibus Regiis, per literas & legatos
faepiffime iteratis, omnimodo conformi loco relinquat, nec contra illam fupra memoratam Conventionem ullo modo extendi patiatur, atque ita, quod
fubinde palam profeffa eft, re ipfa comprobet, nihil fibi tranquillitate Orbis Chriftiani prius effe,
nihil antiquius.* Nos nihil intermittemus, eorum
quae à nobis conferri illuc poterunt, omniaque
faufta ac falutaria in fimul toto pectore applicantes, quavis inter manus nafcente occafione teftatum reddere cupimus, quam fimus.

       Regiæ Veftræ Majeftatis

Dabantur Monafterii
$\frac{12}{23}$ Sept. Ao. 1648.

     Humilimi & ad officia paratiffimi Sacri Romani Imperii Electorum Principum ac
     Statuum ad hofce Generales
     PacisTractatus Deputati Confiliarii & Legati.

N. XXXII.

Auszüge aus Rechnungen und denen Lettres-Patentes, zu Begründung der Herzoglich Pfalz-Zweybrückischen Gerechtsamen, Rechten, Renten und Gefällen in der Herrschaft Bischweiler, Graffschaft Lützelstein und Herrschaft Guttenberg.

[Die Rechnungen laufen durch das 15. 16. 17. und 18. Jahrhundert.
Die *Lettres-Patentes* sind vom J. 1780.]

Rubriquen.	Bischweiler Herrschaft.	Lützelsteiner Grafschaft.
	Rechnungen.	Rechnungen.
Abgeld.	1606. pag. 1. 1659. p. 4. 1703. p. 1. 1741. p. 1. 1788. p. 7.	. . . . . .
Abzug, od. Nach=steuer, Detract, 10 Pf. it. von frem=den Handwerks=leuten-Verdienst.	1642. 1659. p. 19. 1703. p. 31. 1741. p. 28. 1788. p. 43.	1574. p. 156. 1659. fol. 73. 1701. fol. 54. 1741. p. 59. 1788. p. 25.
Abkauf der Leibeigenschaft.	. . . . . .	1497. fol. 10. 54. 1574. p. 24. 156. 1659. fol. 64. 1701. fol. 43. 1741. p. 61. 1788. p. 26.
Accis von Metz=gern u. Beckern.	1703. p. 34. 1741. p. 23. 33. 34. 1788. p. 51.	1667. 1707.
Accis von Bor=den und Diehlen.	1788. 1703. p. 57. 1741. p. 59. 1788. p. 88.	. . . . . .
Amts-Sergean=ten Dienst.	. . . . . .	. . . . . .

Beylagen

Guttenberger Herrschaft, Rechnungen.	Lettr. P. d. 1780.	Anmerkungen.
	Art. 11. & 35.	
1574. p. 31. 1659. f. 23. sq. 1701. f. 22. sq. 1741. p. 17. 1788. p. 60.	Art. 11.	Auch von denen, so in andere Herrschaften NB. des Elsasses oder andere französische Lande gezogen, bis ad annum . . . .
Man hat die abgegangene theils manumittirt, theils von denselben Leibbeet gezogen, vid. die Rubrique Leibbeet in Rechnungen von 1481. bis 1722.	Art. 11. sub: vor Auswanderung.	Nach der Lützelsteiner Schloßrechnung de 1497. hatte Lützelstein in Lothringen, Elsaß, dem Nassauischen und andern Herrschaften Ausbürger, welche Schirmgeld zahlten; desgleichen Guttenberg vid. besonders die 1574r Rechnung.
. . . . . .	Art. 11. & 15.	Vom Ochsen 2. liv. Kuh 30. sols. Schaaf, Bock, Lamm 4. sols. Schwein 8. sols. vom Viertel Brodfrucht 8. sols.
. . . . . .	Art. 11.	
1788. p. 97.	Art. 11. & 35.	

Rubriquen.	Bischwriler. Rechnungen.	Lüzelstein. Rechnungen.
Beed- und Amts-Geld.	1656. p. 1. & 2. 1659. p. 3. 8. 1703. p. 1. 3. 1741. p. 1. 5. 1788. p. 7. 10.	1497. fol. 5. sq. 1659. f. b. pp. 12. 13. u. f. w. 1701. fol. 5. sq. 1741. p. 17. 1788. p. 6. 7.
Burger-Recht Einzuggeld.	1606. p. 5. 1659. p. 16. 1703. p. 28. 1741. p. 25. 1788. p. 35.	1720. 1741. p. 56. 1788. p. 23.
Boden-Grund- ꝛc. ꝛc. Zinnß. Schafft.	1606. p. 3. 1659. p. 31. 1701. p. 31. 1741. p. 238. 1788. p. 146. & 246.	1497. fol. 5. sq. 1559. f. 9. 11. u. f. w. fol. 20. 1701. fol. 6. sq. fol. 83. sq. 1741. p. 69. 249. 1788. p. 31. 178. sq.
Beed-Haber. Herrn-Haber.	1603. p. 40. 1659. p. 301. 1703. p. 196. 1741. p. 292. 1788. p. 248.	1701. fol. 123. 1741. p. 320.
Berg-Hütten- Werk. Glashüt- ten. Accis auf Eisenverkauf. Alle Erz, Metalle, Halbmetalle, Fossilien, Steinkohlen.	1497. fol. 7. 1574. p. 57. 1659. fol. 67. 1701. fol. 44. 1741. p. 125. 126. 1788. p. 83. 84. 127.	. . . .

Beylagen.

Guttenberg. Rechnungen.	Lettr. P. d. 1786.	Anmerkungen.
1481. fol. 1. 1574. p. 1. 1659. p. 1. 40. 1703. p. 3. 6. 54. 1731. p. 3. 1788. p. 6. 86.	Art. 11.	Sowohl ständig als unständig.
1659. fol. 27. 1701. fol. 33. 1741. p. 22. 1788. p. 42.	Art. 11.	
1481. f. 2. 22. 23. 1574. p. 2. 60. 1659. p. 1. 42. 50. 1701. p. 7. 54. 60. 1741. p. 4. 36. 57. sq. 1788. p. 184.	Art. 11.	Wann sie auch in den L. P. nicht genannt sind.
. . . . . .	Art. 11. & 35.	
. . . . . .	Art. 11. & 20.	In dem Begriff der 3. Aemter, sowohl im Rhein als in den Gebürgen.

Rubriquen.	Bischweiler Rechnungen.	Augelstein Rechnungen.
Boutiquen-Geld.	. . . . .	. . . . .
Von Badstuben.	1748. 1760.	1613. 1624.
Confiscation.	. . . . .	1504. 1574. p. 152. 157. 172. 1676.
Caminfegeren.	1741. p. 108. 1788. p. 145.	1722. 1741. p. 170. 1788. p. 125.
Eichel-Eckergeld.	1606. p. 11. 1659. p. 47. 1703. p. 39. 1741. p. 37. 1788. p. 37.	1497. fol. 18. 1574. p. 148. 1659. ⎫ 1701. ⎬ Forst- 1741. ⎪ Rechnung. 1788. ⎭
Von verlohrnen Sachen (*Epaves*)	. . . . .	1503. 1574. p. 154. 1601.
Ecker-Haber.	. . . . .	1497. f. 25. 28. 1658. f. 204. b) 1701. F. R. f. 18. 1741. p. 320. 1788. p. 191.

Beylagen. 349

Guttenberg. Rechnungen.	Lettr. P. d. 1780.		Anmerkungen.
	Art. 11.		
1481. p. 11. 1574. f. 4. & 6. 1652. p. 2. 1701. fol. 9. 1741. p. 9. 1788. p. 9.	Art. 16.		
1536. 1615. 1680.			
1712. 1741. p. 41. 1788. p. 95.	Art. 16.	Für beständig oder auf gewisse Zeit.	
1574. p. 44. 1659. fol. 31. 1701. fol. 37. 1741. p. 30. 1788. p. 72.	Art. 6.		
1558.			
. . . . . .	Art. 11. & 25.		

Rubriquen.	Bischweiler.	Lützelstein.
	Rechnungen.	Rechnungen.
Deserte Erbschaften. Vacante Güter.	1666. 1693. 1686. 1737.	1686. 1701. 1741.
Ehlen- und Gewicht-Eich.	1701. 1741. p. 39. 1788. p. 59.	. . . . .
Frohnd-Geld.	1659. p. 10. 49. 591 1703. p. 4. 1741. p. 7. 1788. p. 12.	1619. f. 44. 52. 1701. fol. 53. 1761. p. 51. 1788. p. 18.
Von Fischereyen.	1659. p. 46. 539. 1703. p. 53. 1741. p. 57. 1788. p. 80.	1497. fol. 19. 1574. p. 130. 148. 1569. fol. 67. 1701. F. Rech. fol. 12. 1701. fol. 46. 1741. } Forst- 1788. } Rechnung.
Floß-Geld. Schwemm-Passage-Geld.	. . . . .	. . . . .
Frey-Haber zu Dörrenbach.	. . . . .	. . . . .

Beylagen. 351

Guttenberg.	Lettr. P. d. 1780.	Anmerkungen.
Rechnungen. 1624. 1660 1705. 1644. 1701. 1722.	Art. 8.	
. . . . . .	Art. 11. & 35.	
1481. fol. 39. 1574. fol. 49. 1701. p. 41. sind in natura präſtiret worden. 1741. p. 38. 1788. p. 23. in Geld zahlt	Art. 18.	
Herrschaftswegen benutzt. 1788. p. 70.	Art. 6.	
. . . . . .	Art. 6.	
1481. fol. 25. 1574. p. 64. 1659. fol. 46. 1701. fol. 64. 1741. p. 70. 1788. p. 212.	ad Art. 11. & 35.	

Rubriquen.	Bischweiler. Rechnungen.	Lützelstein. Rechnungen.
Gölzerey.	. . . . .	1704. 1741. p. 174. 1788. p. 125.
Von der Greffe. Jus sigilli gegen die Gebühr.	. . . . .	1741. p. 168. 1788. p. 125.
Heu, von den Unterthanen herrührend.	1603. p. 45. 1659. p. 699. 1703. p. 103. 1741. p. 313. 1788. p. 278.	. . . . .
Holzschuhe-Verkauf.	1729. 1741. p. 106.	. . . . .
Juden-Geleit.	1606. p. 14. 1659. p. 30. 1703. p. 32. 1741. p. 29. 1788. p. 45.	1574. p. 150. sq. Vermuthlich mit Zoll verrechnet.
Juden-Schutz.	1678. 1679.	1788. p. 129.
Von der Jagd.	Von der Herrschaft selbst benutzet.	1658. p. 257. sq. 1701. F. R. f. 21. 1741. Forst Rech. 1788. Forst Rech.

Beylagen.

Guttenberg.	Lettr. P. d. 1780.	Anmerkungen.
Rechnungen. 1788. p. 97.	Art. 16.	
. . . .	Art. 1. Art. 33.	
. . . . .	Art. 11. & 25.	
. . . . .	Art. 16.	
1659. fol. 32. 1701. fol. 43. 1741. p. 38.	Art. 11. & 25.	
1620. p. 40.	Art. 19.	Jährlich 12. Thlr. Das Recht solche anzunehmen und fortzuschicken, Rabiner zu ernennen. ıc. ıc.
Herrschaftswegen benutzet. 1741. p. 42. 1788. p. 70.	Art. 6.	

Beylagen.

Rubriquen.	Bischweiler. Rechnungen.	Lützelstein. Rechnungen.
Kupfer-Handel.	. . . . .	. . . . .
Laudemium.	1788. p. 76.	1788. p. 117.
Lumpen-Handel.	. . . . .	1722. 27.
Mühlen Stampf-Lohe- Walk-Oehl- und Säg-Mühlen.	1659. p. 34. 37. 1703. p. 43. 1741. p. 43. 54. 56. 1788. p. 75.	1574. p. 86. 1741. p. 130. 165. 1788. p. 89.
Von Mahl-Mühlen.	1606. p. 13. 38. 1659. p. 39. 249. 283. 1703. p. 45. 175. 182. 1741. p. 46. 222. sq. 1788. p. 73. 246.	1497. f. 7. 22. sq. 1659. fol. 42. 1678. f. 174. 181. 1701. f. 29. 50. 86. 91. sq. 1741. p. 130. 149. 253. 1788. p. 112. 180.
Von Meltereyen.	1659. p. 60. 1703. p. 63. 1741. p. 70. 1788. p. 100.	. . . . .
Musik-Spiel:	. . . . .	. . . . .

Beylagen. 355

Guttenberg.	Lettr.P. d. 1780.	Anmerkungen.
Rechnungen.		
1741. p. 40. 1788. p. 98.	Art. 11. & 35.	
1788. p. 67.	Art. 11. & 35.	
1788. p. 98.	Art. 16.	Müssen aber in die Elsaßer Papier-Mühlen verkauft werden.
1574. p. 44. 1741. p. 4. sq. 1788. p. 9.	Art. 16.	Auch Oehlmühlen in den Häusern, Oehl im Kleinen zu verkaufen.
1481. f. 11. 12. 23 1574. p. 61. 1659. p. 1. sq. 42. 1701. p. 7. 56. 1741. p. 4. 59. 1788. p. 9. 189.	Art. 11. & 35.	
. . . . . .	Art. 11. & 35.	
1741. p. 41. 1788. p. 94.	Art. 11. & 35.	

З 2

Rubriquen.	Bischweiler. Rechnungen.	Lützelstein. Rechnungen.
Neubruch von öden Feldern.	1659. fol. 251. 266. sq. 1703. p. 36. 66. 1741. p. 74. 77. 247. 1788. p. 102. 244.	1574. p. 126. 1658. fol. 181. b) 1701. fol. 87. 95. 106. 111. 125. sq. 1741. p. 155. 264. 1788. p. 155. 184.
Ohmgeld, Tranksteuer, Schild- und Straußgeld, Wirths-Gulden, Ohm-Geld von Hochzeiten, Irrthen-Hochzeit.	1606. p. 10. 1659. p. 13. sq. 1703. p. 6. sq. 1741. p. 9. sq. 1788. p. 14. sq.	1497. fol. 5. 1574. p. 10. 1659. fol. 61. b) 1701. fol. 41. 1701. fol. 43. 1741. p. 19. 44. 47. 1788. p. 14.
Pfund-Zoll.	1703. p. 28. 1741. p. 34. 1788. p. 26.	1659. fol. 73. 1701. fol. 54. 1741. p. 50. 1788. p. 18.
Ried-Losung.	1606. p. 1. 1659. p. 4. 1703. p. 1. 1741. p. 1. 1788. p. 7.	. . . . .
Rauch-Hüner, Cappen, Gänß.	1606. p. 17. 1659. p. 29. 570. 1703. p. 37. 1741. p. 36. 1788. p. 53.	1497. fol. 7. 30. 1574. p. 187. 1618. fol. 224. 226. 232. 1701. fol. 50. 1741. p. 154. 1788. p. 114.

Beylagen.

Guttenberg.	Lettr. P. d. 1780.	Anmerkungen.
Rechnungen: 1659. fol. 33. 42. 48. 51. 1701. f. 44. 58. ꝛc. 63. 66. 71. 1741. p. 41. 68. 1788. p. 75. 192. fq	Art. 13.	
1481. fol. 12. fq. 1574. p. 40. 1659. fol. 29. 1701. fol. 39. 1741. p. 15. 21. 52. 1788. p. 31. 54. 57.	Art. 14. & 15.	Von Wein, Brandtwein und Bier, auch andern Wasser-Brennereyen.
. . . . .	Art. 11. & 35.	
. . . . .	Art. 11. & 35.	
1481. fol. 15. 1574. p. 31. 1659. fol. 31. 1701. fol. 35. 1741. p. 10. 28. 1788. p. 74.	Art. 11. & 35.	

Rubriquen.	Bischweiler. Rechnungen.	Lützelstein. Rechnungen.
Rauchhaber.	. . . . .	. . . . .
Schazung.	1613. 1659. p. 6. sq. 1703. p. 2. 1741. p. 2. 1788. p. 8.	1605. 1659. fol. 5. b) 1701. fol. 4. 1741. p. 18. 1788. p. 13.
Schlem-Geld.	1659. p. 9. 1703. p. 4. 1741. p. 8. 1788. p. 13. 38.	1497. fol. 12. 1574. p. 149. 1659. fol. 52. 1701. fol. 33. 1741. p. 55. 1788. p. 22.
Strafen und Frevel: Forst-Frevel.	1606. p. 17. 1659. p. 20. sq. 1703. p. 58. 1741. p. 58. 1788. p. 82.	1497. fol. 17. 1574. p. 151. 1659. f. 64. F. R. 1701. fol. 44. 1741. p. 68. 1788. p. 30.

Guttenberg.	Lettr. P. d. 1780.	Anmerkungen.
Rechnungen.		
1481. fol. 26. 1574. p. 64. 1659. fol. 65. 1741. p. 70. 1788. p. 218.	Art. 11. & 35.	
1481. fol. 1. 1701. f. 39. b) sq. 1741. p. 33. 1788. p. 18.	Art. 11.	
1659. fol. 31. 1701. fol. 42. 1741. p. 24. 1788. p. 47.	Art. 11.	
1481. fol. 18. 1574. p. 31. 1659. p. 8. sq. 1701. f. 14. sq. 1741. p. 14. 1788. p. 26.	Art. 8.	Die von der Intendanz angesetzte Forst- und Wald-Frevel hat man bezogen nach Art. 5. der Lettres-Patentes d. 1780. Auch die Strafen in den Königl. Fällen, nur Hochverrath gegen den König ausgenommen nach dem Art. 8.

Rubriquen.	Bischweiler. Rechnungen.	Lützelstein. Rechnungen.
Stand-Geld auf Jahrmarkten.	1659. pag. 47. 1703. p. 39. 1741. p. 38. 1788. p. 56.	1574. p. 8. 1659. fol. 59. 1701. fol. 39. 1741. p. 120. 1788. p. 79.
Vom Salzhandel.	1659. p. 48. 1703. p. 33. 1741. p. 30. 1788. p. 49.	1608. 1659. p. 8. b) 1701. fol 5. b) 1741. p. 49. 1788. p. 17.
Soldaten-Geld. Schloß-Wacht-Geld. Schloß-Holz 100. Claster. von den Gemeinden Guttenberger Amts.	1659. p. 50. 1703. p. 37. 1741. p. 35. 1788. p. 7.	Sind noch fol. 213. b) der 1659r. Rechnung Soldaten gehalten worden. –
Schäffereyen.	1659. p. 68.	1574. p. 88. 89. 1659. fol. 13. 69. 70. 1701. fol. 9. b) 1741. p. 133. ꝛc. ꝛc. 1788. p. 91. ꝛc.
Verborgene Schätze und gefundene Gelder.	1669.	1676.

Beylagen. 361

Guttenberg. Rechnungen.	Lettr. P. d. 1780.	Anmerkungen.
1481. fol. 20. 1574. p. 43. 1701. fol. 38. 1741. p. 31. 1788. p. 93.	Art. 11. 26. 30.	
1696. 1701. fol. 43. b) 1741. p. 38.	Art. 21.	
Sind Pfälzische Miliz Ausschuß in der Herrschaft gewesen vid. 1659r. Rechnung fol. 10. 13. 14.	Art. 11.	Schloß=Holz. Bißheriges Oberamts Besoldungs= Stück.
1481. fol. 19. 1574. p. 38. Vom Haftel Hof; ist hernach erblich begeben worden.	Art. 11. & 35.	
1658.	Art. 20.	

Rubriquen.	Bischweiler. Rechnungen.	Lützelstein. Rechnungen.
Von Stein-Gruben.	. . . . .	1574. p. 180. 1701. fol. 12. b) 1741 ⎫ 1788 ⎭ Forst-R.
Spenglerey, Scheerenschleifen, Gläser- und Teller-Spiel.	1703. p. 60. 1449. 1701. 1728.	1590. 1712. 1720. 1788. p. 126.
Salpeter-Regale.	1606. p. 15. hat 70. fl. ertragen. 1666.	1628. 1670.
Todtfall, Besthaupt.	1606. p. 4. 1659. p. 18. 1703. p. 29. 1741. p. 27. 1788. p. 40.	1497. fol. 18. 1574. p. 152. 1658. f. 46. 1659. f. 64. 1701. f. 43. 1741. p. 64. 1788. p. 65.
Von der Waag.	1666. 1703. p. 44. 1741. fol. 44. 1788. p. 66.	. . . . . .

Beylagen. 363

Guttenberg. Rechnungen.	Lettr.P. d. 1780.	Anmerkungen.
. . . . .	Art. 11. & 35.	
1616. 1741. p. 40. 1788. p. 96. 97. 99. 1696. 1731.	Art. 16.	
1659. fol. 93. 1705. 1728. p. 99.	Art. 22.	
1481. fol. 15. 1574. p. 31. 1659. f. 25. 1701. fol. 27. 1741. p. 20. 1788. p. 65.	Art. 11.	Im Guttenbergischen war 1659. schon 2. p.C. des Vermögens; auch die Schultheissen mußten solches zahlen. Haftet zu Bischweiler hauptsächlich auf den Gütern vid. 1606r. Rechnung p. 4.
. . . . .	Art. 17.	Wird nach dem Tarif, so in den Verordnungen d. 1664. 1670. 1678. 1689. 1690. 1724. und 1742. festgesetzt ist, erheben.

Rubriquen.	Bischweiler. Rechnungen.	Lützelstein. Rechnungen.
Vom Tabac-Accis.	1653. 1659. p. 49. 1703. p. 36. 1741. p. 31. 1788. p. 49.	unter Zehenden.
Wasenmeister.	1703. p. 59. 1741. p. 60. 1788. p. 142.	1701. fol. 55. 1741. p. 170. 1788. p. 128.
Vom Weydstrich, Weydhaber.	. . . . .	1569. im Buch= wald vid. Forst.R. 1579. p. 30. 1701. dito fol. 10. 1701. F. R. f. 19. 1741. F. R. f. 321. 1788. F. R. Rent. p. 192.
Zünfte.	1703. p. 40. 1741. p. 40. 1788. p. 61.	1497. fol. 7. 1659. f. 73. 1701. fol. 54. 1741. p. 163. 1788. p. 116.

Guttenberg. Rechnungen.	Lettr. P. d. 1780.	Anmerkungen.
desgleichen.	Art. 11. & 14.	Accis von Tabac wird Herrschaffts wegen auch in St. Peters-Stifts Zehenden erhoben. Item, so in Gärten gebaut wird vid. 1741r. Rechnung.
1574. p. 31. 1659. fol. 8. 1701. fol. 14. 1741. p. 14. 1788. p. 16.	Art. 11. & 35.	
- - - - -	Art. 11. & 35.	
1659. fol. 3. 1701. fol. 41. 1741. p. 35. 1788. p. 49.	Art. 7.	

Rubriquen.	Bischweiler. Rechnungen.	Lüzelstein. Rechnungen.
Zoll und Weggeld, Brückengeld. Lods & Ventes oder 30. und 50r. Pfenning.	1678. 1702. 1736.	1497. fol. 1. 1574. p. 2. 7. 151. Zoll vom König 1680. supprimirt. Weggeld 1701. f. 40. 1741. p. 124. 1788. p. 81.
Zehenden.	1659. p. 248. 261. 280. 1703. p. 65. 72. von Tabac p. 73. 174. 183. f. 1741. p. 220. 247. 1788. p. 102. 244.	1497. fol. 6. sq. fol. 21. 22. 1574. p. 182. 1658. f. 175. 181. 203. 247. 1659. fol. 71. 1701. fol. 51. 87. 95. sq. 1741. p. 155. 264. sq. 1788. p. 115. 119. 184.
Von Ziegelhütten.	1703. p. 42. 1741. p. 42. 1788. p. 65.	1574. p. 52. 1701. fol. 45. 1741. p. 12. 80. 1788. p. 87.

Guttenberg. Rechnungen.	Lettr. P. d. 1780.	Anmerkungen.
1741. Weggeld p. 38. 1788. p. 92.		Wegen des supprimirten Zolls bewilliget der König den 30. Pfenning von verkauften unbeweglichen= und den 50sten Pfenning von verkauften beweglichen Gütern, ausgenommen, was zur Nahrung der Menschen und des Viehes dient. Art. 28.
1481. fol. 14. 24. sq. 1574. p. 62. 1659. fol. 42. 1701. p. 62. sq. 1788. p. 65. 192.	Art. 13.	
1574. p. 2. 1659. fol. 1. 1701. fol. 7.	Art. 11. & 35.	

Weitere Auszüge.

(I.)

Im Jahr 1664. sind noch Römer-Monathe auf Guttenberg ausgeschrieben worden.

(II.)

Pfalz-Zweybrükken werden bestättiget in denen Lettres patentes d. 1780.

Art. 1. "fernerhin = die Hohe, Mittlere und Untere Gerichtbarkeit, mit der Macht, Amtmänner, Schultheiße, Amtschreiber, Notaires und Gerichts-Bediente zu wählen, zu nennen und zu bestellen.

(III.)

Art. 34. Auch die Bischöffliche Rechte über die Unterthanen der Augsp. Konfeß. nach denen Friedensschlüssen.

(IV.)

Art. 2.3. Desgleichen das Recht, eine Regierung zu Bischweiler anzuordnen, welche per modum appell. in gedachter Herrschaft sprechen kan; — ohne appell. wann die Summe nicht über 500. Livr. salva appellat. an den Rath zu Kollmar, wenn die Summe über 1000. Livr. steiget. — In Polizey, Jagd, Fisch- und Forst-Frevel-Sachen ohne Appell. bis 30. Livr. über 100. Livr. aber salva appellatione. u. s. w.

(V.)

Beylagen.

(V.)

Art. 9. Und sobald diese Regierung etablirt ist, 6000. Livr. für ihren Unterhalt von denen Unterthanen einzuziehen.

(VI.)

Art. 4. In Lehenssachen, in erster Instanz, nach denen im Elsaß hergebrachten Lehens-Gesezen zu sprechen.

(VII.)

Art. 10. Die eröfnete Lehen [feuda oblata ausgenommen,] einzuziehen.

(VIII.)

Art. 7. Die erforderliche Polizey = Geseze, Zunft = Artikel ꝛc. zu machen und zu bestätigen.

(IX.)

Art. 8. Alle Strafen zu beziehen, sogar in den Königlichen Fällen nur Hochverrath gegen den König ausgenommen.

(X.)

Art. 11. 35. Es werden bestättiget dem Herzog und seinen Nachkommen der Besiz aller Herr=schafftlichen Rechten, wenn sie auch schon in denen Lettres = Patentes nicht benannt wären.

(XI.)

Art. 11. Die Beeidigung jeden neuen Bürgers auch der Bürger-Söhne.

(XII.)

Art. 12. Das Recht, bey Vermählung eines Prinzen 24000. Livr. und einer Prinzeßin 12000. Livr. von den gegenwärtig- und künftigen Unterthanen zu erheben.

(XIII.)

Art. 23. Von den Receptoribus bey der Zwey-brückischen Rent-Cammer, Rechnung ablegen zu laßen.

(XIV.)

Art. 27. & 32. Daß alle Herrschaftliche eigenthümliche und Domanial-Güter, welche selbst verwaltet oder durch Domestiquen, Beamte, ꝛc. gebauet werden, so „wie vorhin„ aller Lasten und Anlagen, real und personal, befreyet seyn sollen, ausgenommen der General-Impositionen zur Nothwendigkeit des Staats ꝛc. ꝛc.

(XV.)

Art. 29. Freyheit der Exportation, ohne Weg- und Brücken Zoll zu zahlen, aller Herrschaftl. Früchten, Getreyd, Weinzinnsen, Frücht-Zehenden und anderer Früchten zum Fürstlichen Gebrauch oder zur Nothwendigkeit der Fürstl. Häuser und Schlößer, gegen

Vorzeigung eines Certificats von der Fürstlichen Kanzley.

N. XXXIII.

Schreiben des Königs an seinen Gesandten von Gravell d. d. St. Germain en Laye le 28. Juin 1662.

Monsieur de Gravel. Depuis que votre frere est party d'auprès de moy, quoiqu'il n'y ait que deux jours j'ai receu par l'arrivée de l'ordinaire d'Allemagne des advis de Vienne, de Hongrie & de quelques autres endroits, qui s'accordent tous à dire, que l'Empereur non seulement est sur le point de sacrifier au Turc les interets de la Chrestienté par un accommodement à des conditions indignes & fort préjudiciables à la Religion, mais qu'il n'a point d'autre motif de précipiter cet accommodement, que celuy de mon voyage d'Alsace, qu'il présuppose que je veux faire avec de grandes forces & que la prudence l'oblige à se mettre en Estat de pouvoir s'opposer aux vastes desseins, que j'aye dans l'Empire.

On adjouste à cela, que l'Empereur veut encor se servir du mesme pretexte de mon voyage, pour retarder & peut estre rompre entierement la Diete generalle de l'Empire, que touts les Etats souhaitent si passionnement & avec raison: De sorte, qu'il se trouveroit à la fin, que pour une simple promenade, que j'ay voulu faire partie par curiosité et partie à fin de pourvoir à diverses choses necessaires pour mes places, en voyant moy mesme de mes yeux leurs deffauts & leurs besoins. Il se trouveroit, dis-je, que dans la plus part des

Esprits, qui ne peuvent pas sçavoir le fond de mes bonnes intentions, si je n'en avois esté la veritable cause;

J'aurois pour le moins fourny à l'Empereur un pretexte d'abandonner aux Infidelles les interests de la Religion, & peust-estre encore d'empecher la tenue de la diette, quoiqu'il soit vray que je la souhaite avec la mesme ardeur que le peut faire aucun Prince de l'Empire. Ces deux considerations m'ont si fortement touché & notamment cette, qu'il me put en aucun temps estre imputé que pour la satisfaction particuliere que j'aurois en devoir *des Princes mes amis*, & de donner quelques ordres dans mes places, j'eusse innocemment causés *des dommages irreparables* à la Chrestienté, que je n'ay point eu de peine à me resoudre sur le champ de rompre un voyage, que je vois qui fait tant de bruit sans sujet *& de le remettre à quelque autre saison, qu'il ne puisse donner le moindre* ombrage à personne. Je vous envoye donc ce Courrier exprès en toute diligence afin qu'à l'instant que Vous aurés receu cette depesche Vous alliés trouver en quelque lieu *qu'il soit mon Cousin l'Electeur de Mayence pour lui faire sçavoir cette resolution*, que je viens de prendre de *n'aller pas cette année* en Alsace & de me contenter de visiter mes places de la frontiere de Flandres, luy apprennant les motifs, qui m'y ont *obligé*, & le priant en meme temps de ma part de depêcher un autre Courrier à Vienne avec la meme diligence à fin que le plustot qu'il sera possible l'Empereur sçache, que je suis bien plus près à l'assister [s'il doive estre] *de mes forces contre l'ennemy commun, que je ne serois capable à me prevaloir de son Engagement dans les affaires de Hongrie pour en profiter dans l'Empire, ou je n'ay & n'aurai jamais d'autre visée que d'y maintenir autant qu'il dependra de moy*, le repos & le

*bonheur qu'il a acquis par la paix de Wefiphalie
dont eftant moy mesme garand. Il ne doit pas
croire que j'ai aucune penſée qui ne tende à uſ-
fermir de plus en plus la tranquillité publique.*

*Je deſire auſſi que Vous communiquiés ma re-
folution à tous les autres Electeurs, & Princes
mes Confederés ou par vos lettres, ou par le
moyen de leurs deputés, s'ils en ont à Francfort & principalement à ceux qui fe difpofoient
à me venir voir à Brifac & à Philippsbourg,
leur temoignant à tous que je me prive en cela
d'une grande fatisfaction que je m'eftois promife,
à les embraſſer, & à les aſſeurer de vive voix
de mon affection & de mon eftime; Mais que
j'ay creu, que cette confideration particuliere de-
voit en ce rencontre ceder aux intereſts publics
de la Chreſtienté.*

N. XXXIV.

Auszug Allianz Erneuerungs - Traktats, zwiſchen
Frankreich, und einigen Teutſchen Reichs, Chur-
Fürſten und Ständen. 1663 — 1667. in Bezie-
hung auf die erſtere Allianz von 1658.

&c. &c. Ex hac fervandae pacis conventione
particulari nullo modo laedatur quisquam, five
intra five extra Jmperium. Bella etiam Hifpano
Gallica inde penitus fint exclufa, adeo ut iis
Foederati Electores ac Principes implicari nolint,
nec quoque modo teneantur. Rex Chriftianiffimus
Foederi huic defenfivo accedit, & promittit fervare omnibus modis Inftr. Pacis, & requifitus
affiftere iis, qui idem fervare volunt, quive Electorum, tum omnium & fingulorum Principum
& Imperii Ordinum jura & libertatem fibi cordi

esse sinunt, contra omnes quotquot voluerint, vel tentaverint, eos impugnatum ire, aut in exercitio jurium, libertatumque suarum impedire, Rex Christianissimus promittit arma sua nullomodo applicare vel conferre contra vel Imperium, vel Electores Principesque aut eorumdem Provincias terrasque hostiliter incursare, aut hybernis, contributionibus, aliisve quibuscunque exactionibus bellicis gravare, easve ullo alio modo turbare, nec permittere, ut in praejudicium sacri Imperii, vel Confoederatorum Electorum ac Principum, quicunque iam sint vel Foederi accessuri sint, miles in Galliis *aut in Alsatia* conscribatur, indeque in perniciem illorum educatur, armave, tormenta, vel pulveres tormentarii hostibus ipsorum submittantur. Rex in specie suos quoque reliquos Foederatos, quicunque illi sint, vel futuri sint, intra vel extra Imperium eo disponet, ut pariter bonam & stabilem amicitiam pacemq; servent, cum Imperio, Electoribus & Principibus Foederatis, hisque non nocere, aut praejudicare ullo modo vel directè, vel indirectè, velint, aut faciant.

Verbesserungen.

Seite 121. §. 86. Linie 2. statt anfängliche Unruhen lese anfängliche Böhmische Unruhen.
Seite 130. Linie 6. statt Werke, lese Worte.
Seite 173. Linie 14. statt kam dadurch, lese kam durch..

www.ingramcontent.com/pod-product-compliance
Lightning Source LLC
Chambersburg PA
CBHW022113290426
44112CB00008B/660